REINHARD BONNKE



# EVANGELISATION MIT LEIDENSCHAFT

## DER ALLES ÜBERRAGENDE AUFTRAG

BAND 1

# EVANGELISATION MIT LEIDENSCHAFT

## BAND 1

Reinhard Bonnke
und George Canty

*... damit ich auf alle Weise einige rette.*

1. Korinther 9,22

**Evangelisation mit Leidenschaft**
**Der alles überragende Auftrag**
**Band 1**

Reinhard Bonnke und George Canty
German


ISBN 978-3-937180-32-8
Ausgabe 1, Druck 1

Auflage: 3.000 Exemplare



Umschlag: Brand Navigation, U.S.A.
Satz: Roland Senkel
Fotos: Rob Birkbeck
Oleksandr Volyk
Robert Russell
Mark Theisinger
Roland Senkel
Druck: Schönbach-Druck, Erzhausen

E-R Productions GmbH
Postfach 60 05 95
60335 Frankfurt am Main
Deutschland

www.e-r-productions.com
info@e-r-productions.com

# Inhaltsverzeichnis

# Evangelisation

*So ist doch für uns ein Gott, der Vater,*
*von dem alle Dinge sind und wir durch ihn,*
*und ein Herr, Jesus Christus,*
*durch den alle Dinge sind*
*und wir durch ihn.*
1. Korinther 8,6

Die Wissenschaft erkundet mit ihren technischen Errungenschaften die Himmel und gewährt uns Einblicke in die Schwindel erregenden Weiten von Raum und Zeit. Das endlose All eröffnet sich unserem Blick, unzählbare Galaxien erleuchten das samtschwarze Dunkel mit ihrem Glanz. Unsere Erde hat ihren Platz und besteht inmitten dieser sich ständig bewegenden Unendlichkeit. Der Anblick der endlosen Weiten über uns bringt unseren Verstand an seine Grenzen und überwältigt unseren Geist.

Spielen wir Menschen irgendeine Rolle inmitten der kreisenden Galaxien, der unzählbaren Welten, der kosmischen Staubwolken und der alles bewegenden Kräfte des Alls? Was bewirken unsere schwachen Stimmen, mit denen wir in dieser Unendlichkeit die Botschaft vom Kreuz verkündigen? Welche Bedeutung hat unser Predigen des Evangeliums überhaupt im Verhältnis zu der grenzenlosen Weite kosmischer Aktivität?

Es gibt nur eine ehrliche Antwort auf diese Frage: „Es handelt sich um Gottes Angelegenheiten." Er ist ihre Erklärung, vollständig und ausreichend. Die Schöpfung ist der sichtbare Namenszug des unsichtbaren, allmächtigen Gottes. Er erschuf und formte alle sichtbaren Dinge für sich selbst. Wie ein Schmied auf seinem Amboss gab er ihnen die Form, die auf ihn selbst passte. Gegenüber dieser unendlichen Pracht des Universums sind wir Menschen immens gering. Gleichzeitig sind wir zur Partnerschaft mit Gott berufen. Das ist der Grund, weshalb er zu uns redet. Gott, der Schöpfer, ist zu groß, als dass ein geringeres Werk als das unermessliche Universum ihm genügt hätte.

Die Herrlichkeit der Himmel ist nur ein schwacher Abglanz seiner Herrlichkeit. Die glühenden Nebel sind Juwelen, die beim Vorübergehen von seinen Gewändern fielen und zerstreut wurden. Die Milchstraße ist ein Ring für seinen kleinen Finger. Hiob sagte: *„Durch seinen Hauch wird der Himmel heiter, das sind die Säume seiner Wege"* (Hiob 26,13f).

Gott erschuf alle Dinge und erklärte uns, warum er es getan hat. Er ließ uns nicht in Unwissenheit, sondern gab uns sein Wort, durch das die Schöpfung hervorgebracht wurde. Er stellte uns hier auf die Erde, um mit seinem Wort und für sein Wort zu leben. Er schuf uns Menschen als verständige Geschöpfe inmitten intelligenzloser Staubwolken und wirbelnder Gestirne. Und er gab uns die Fähigkeit, ihm zu vertrauen. Die Bibel erzählt uns die Geschichte von Gott und seinen Menschen, mit denen er zu allen Zeiten geredet hat.

*Ich sah einen Engel hoch oben am Himmel fliegen,*
*der das ewige Evangelium hatte,*
*um es denen zu verkündigen,*
*die auf der Erde ansässig sind,*
*einer jeden Nation und jedem Stamm*
*und jeder Sprache und jedem Volk.*
Offenbarung 14,6

Der einzige Bezugspunkt für die Schöpfung ist der Schöpfer selbst. Nichts existiert für sich selbst. Niemand existiert isoliert von anderen – niemand außer den rebellierenden Sündern, zu denen wir als Menschen geworden sind. Als Ergebnis davon haben wir von Natur aus unseren einzigen Daseinsbezug verloren, nämlich Gott selbst. Wir können uns nicht selbst eine Bedeutung verleihen und ohne Gott sind wir bedeutungslos. Ohne Gott ist unsere ganze Welt, ihre Wirtschaft, ihre Industrie, ihre Regierungen und Institutionen nichtig und völlig sinnlos. Alles brächte nur Verdruss für unsere Seele, alles wäre so inhaltsleer wie der Wind, der von Süden nach Norden und von dort wieder nach Süden weht (siehe Prediger 1,6).

*Du bist würdig, unser Herr und Gott,*
*die Herrlichkeit und die Ehre und die Macht zu nehmen,*
*denn du hast alle Dinge erschaffen,*
*und deines Willens wegen waren sie und sind sie erschaffen worden.*
Offenbarung 4,11

Die Himmel verkünden die Herrlichkeit Gottes und sein Wort spricht sie aus. Das ist das Wort, das wir predigen, die Gute Nachricht, die wir weitergeben. Es gibt kein anderes zuverlässiges Wort. Nur ein Wort, eine Botschaft kann wahr sein, genauso wie es nur einen Grund und nur eine Bedeutung für das Leben überhaupt geben kann. Unveränderlich ist die Tatsache: Wenn der Mensch keinen Bezug zum Evangelium hat, dann hat er zu überhaupt nichts in der Welt einen realen Bezug. Wenn die Welt nichts mit den Gedanken und Plänen Gottes und mit der Gemeinde Jesu Christi zu tun hat, ist sie ziel- und richtungslos.

Das Evangelium erklärt alles, was wir Menschen wissen müssen. Nichts anderes kann das tun. Gott liebt die Menschen und will, dass sie gerettet werden. Wenn das Evangelium abgelehnt wird, versinkt der Geist des Menschen in Dunkelheit. Niemand sonst wird uns erklären, wozu die Welt da ist; kein anderes Licht wird das Geheimnis unseres Seins auf dieser Erde lüften.

Wir haben mehr zu verkündigen als die Vergebung der Sünden und den Eingang in den Himmel. Wir sind dazu berufen, der Welt freundlich auf die Schulter zu tippen, dass sich die Menschen umdrehen und in uns Gott sehen. Sie werden ihn lieben, wenn sie hören, dass der Herr Jesus der Erretter aller Menschen ist. Er lebt für uns und will, dass wir für ihn leben. Er errettet uns für sich selbst und erneuert uns zu seiner eigenen

Ehre. Unsere Predigt endet aber nicht bei der Errettung des Menschen, sondern sie öffnet dem Glaubenden den Blick für das Leben „danach" – ein Leben bei Gott. Alles, was er für uns tut, damit wir es ergreifen, macht ihm Freude.

Gott liebt, weil es ihm Freude macht. Seine Liebe übertrifft jeden Ausdruck menschlicher Zuneigung und macht selbst aus dem Grauen des Kreuzes einen Liebesbeweis. Sein Schmerz um unsretwillen ist die Bestätigung dafür. Es erfüllt ihn mit Freude und Zufriedenheit, sich uns zu schenken und uns mit Wundern zu umgeben und die Gegenwart seiner Erlösten zu genießen.

Wenn wir das Evangelium predigen, sind wir für ihn unterwegs, arbeiten mit ihm zusammen, lieben durch ihn und erfreuen uns an seiner Freude – das ist unser Vorrecht und zugleich die Bedeutung und das Ziel unseres Lebens. Von der ersten bis zur letzten Seite dieses Buches wird diese Inspiration mit Ihnen geteilt. Sie spornt uns dazu an, seine Gemeinde mit dem einen Gedanken zu durchdringen: seine Mitarbeiter zu sein und seinen großen Namen zu verherrlichen. Gott ist der Gott der Errettung. Das ist das ABC und das XYZ unseres ganzen Wissens.

# Vorwort

*Deinen Willen, mein Gott, tue ich gern,*
*und dein Gesetz ist tief in meinem Herzen.*
*Ich will Gerechtigkeit verkünden in der großen Versammlung;*
*siehe, ich will mir meinen Mund nicht stopfen lassen, Herr, du weißt es!*
*Deine Gerechtigkeit habe ich nicht verborgen im Innern meines Herzens;*
*von deiner Wahrheit und von deinem Heil rede ich;*
*ich verhehle deine Gnade und Treue nicht vor der großen Gemeinde.*
Psalm 40,9-11

Gott hat in unseren Tagen die mächtigste Armee des Evangeliums aller Zeiten aufgestellt. Niemals zuvor in der gesamten Geschichte der Gemeinde Jesu wurde solch ein Potenzial an Verkündigung erreicht wie jetzt. Dies könnte ein deutliches Zeichen für die letzten Tage vor der Wiederkehr Jesu sein. Im 21. Jahrhundert sehe ich uns als Missionsbewegung „CfaN" vorbereitet und einsatzbereit. Es ist nicht schwer, sich die Auswirkungen in der ganzen Welt vorzustellen, wenn diese riesigen Bataillone von Christen mit brennenden Herzen erst einmal ausrücken. Die Gemeinde Jesu ist der Arm Gottes und die wirkungsvollste Kraft, um Gutes in der Welt in Gang zu bringen.

Die folgenden Kapitel wollen dazu beitragen, diese irdischen Heerscharen des Herrn zu mobilisieren – dasselbe Ziel, das auch in der Bibel erkennbar ist. Die Verkündigung des Evangeliums ist das großartigste Abenteuer, das dieses irdische Leben uns Menschen bietet.

Um es gewagt modern zu sagen: Gott bietet uns eine Partnerschaft in seinem weltweiten göttlichen Unternehmen an, und seine Branche heißt „Errettung". In diesem Buch geht es nicht um aufgebauschte, dramatische Ansichten oder um eine „anekdotische Theologie", sondern um das Wort Gottes. Es zeigt uns, wie wir uns auf den Weg machen und unserem Herrn Jesus im Dienst für die Errettung von Menschen nachfolgen sollen.

Heutzutage beschäftigt sich die christliche Literatur hauptsächlich mit Hilfen für das christliche Leben und mit speziellen christlichen Bedürfnissen. Dies ist auch durchaus gerechtfertigt. Doch an erster Stelle sollte für uns Christen das Schicksal von etwa 4 Milliarden verlorener Seelen stehen. Das Wort Gottes zeigt uns, wie wir ihnen helfen können.

Gott hat uns Menschen die Gabe der Intelligenz gegeben, damit wir Wege und Möglichkeiten finden, sein Errettungswerk durchzuführen. Wir sind Partner am Evangelium, Leute, die alles unternehmen, um ihre Zeitgenossen zu erreichen, die eine treibende Kraft sind zum Zeugnis für Jesus *„damit wir auf alle Weise einige erretten“* (1. Korinther 9,22).

Wir brauchen dabei natürlich passende Hilfsmittel, müssen planen und organisieren, müssen unsere Kräfte bündeln und die notwendige Ausrüstung haben. Die Gefahr dabei ist jedoch, dass wir uns mehr Gedanken um die Maschinerie als um das Produkt machen. Die Maschine und ihre Wartung sind zwar notwendig, aber nur zu dem Zweck, dass sie ihre Aufgabe weiterhin erfüllen. Organisation kann niemals Menschen erretten, nur Menschen können das bewirken. Ganz gleich, welchen Plan wir anwenden, wir müssen uns immer die Ärmel hochkrempeln und mit anpacken. Das bedeutet, direkten Umgang mit Menschen zu haben. Das wird uns kein Organisationsapparat abnehmen.

Immer wieder werden christliche Gemeinden von Begeisterung ergriffen, wenn neue Wege und Methoden für den Dienst der Evangelisation auftauchen. Es wird die Hoffnung geweckt, dass mit der Anwendung neuester Technik und neuester Umfragen Tausende von Menschen in die Gemeinden kommen werden und somit eine große Erweckung beginnt. Wenn jemand eine neue Idee bekommt, wie das Evangelium noch wirksamer auszubreiten wäre, kann dies sehr effektiv sein, so lange er oder sie die Idee in die Praxis umsetzt.

Andere übernehmen sie vielleicht, und sie kann durchaus funktionieren, wenn ein Mensch mit Begeisterung dahinter steht. Unsere Motivation – in welchem Programm auch immer –, ist die treibende Kraft. Wir sind der Motor. Gott gebraucht keine Methoden, er gebraucht Menschen mit Methoden, keine Gelegenheitsarbeiter. Der Erfolg bei wirklich grundlegender Gemeindearbeit, mit tatsächlichen Bekehrungen, besteht aus 90 Prozent persönlichem Einsatz und 10 Prozent Methodik.

Allerdings: Wenn Methoden und Systeme aus einem bestimmten Kulturkreis der Welt in einen anderen übernommen werden, kann es Probleme geben. Manche Methoden der Evangelisation sind in einem ganz bestimmten Boden gekeimt und unter bestimmten kulturellen Umständen vielleicht die richtigen. Man muss beispielsweise in den USA anders evangelisieren als in den GUS-Staaten. Wenn jemand ein Experte des Orangenanbaus in Florida ist, hilft das einem Landwirt beim Kartoffelanbau in Deutschland nicht weiter. Kein evangelistisches Programm ist universell anwendbar. Bei der Bearbeitung verschiedener Gärten muss man aufgrund der örtlichen Gegebenheiten verschiedene Methoden anwenden. Der Same ist immer der gleiche, der Boden und das Klima jedoch nicht.

Es ist aber in jedem Teil der Welt unabdingbar, das Wort Gottes zu kennen, den Felsen der Heiligen Schrift. Es ist der Schleifstein, an dem wir unser Erntegerät schärfen. Gottes Wort hat in sich selbst die Kraft, Menschen zu erwecken und zu retten. Für uns ist immer heute der Tag, an dem die Garben einzuholen sind; immer jetzt ein Tag der Ernte, der zu feiern ist, so dass wir – überschwänglich ausgedrückt –, die Engel im Glanz der Freude Gottes zum Tanzen bringen können.

Das göttliche Ziel, die Welt zu erretten, soll auch unsere Vision sein. Meine Mitarbeiter und ich machen uns in unserem Missionswerk daran, diese Vision mit allen Mitteln unter Gottes Leitung zur erfüllen. Heutzutage belaufen sich die Bekehrungszahlen in unseren großen Versammlungen auf einige zehn Millionen Menschen. Es werden in manchen Teilen der Welt weit mehr Menschen wiedergeboren als Neugeborene zur Welt kommen. Doch darüber führen die staatlichen Ämter keine Statistiken. Und die öffentlichen und privaten Medien interessieren sich mehr für den baldigen spektakulären Weltuntergang, als für das Kommen des Reiches Gottes.

Der Mensch Jesus Christus ist in unserer Zeit der Moderne wie ein Reiter, der sich siegreich über die Kontinente erhebt. Er hat keine Konkurrenten. Kein Mensch und keine Ideologie können es ihm gleichtun. In einem alten englischen Kirchenlied heißt es: „Er setzt seine Fußspuren auf das Meer und reitet mit dem Sturm daher.“[1]

Der Kommunismus hat 70 Jahre lang mit allen Mitteln versucht, Gott zu beerdigen, doch dann hat Gott die Macht des Kommunismus mit leichter Hand beerdigt. Menschen haben, bildlich gesprochen, immer wieder Jesu Grab festgeklopft, haben ihn für tot erklärt. Aber er stand sozusagen hinter ihnen und klopfte ihnen auf die Schulter – und hat sich immer als der Stärkere erwiesen. Die Feinde Christi werden am Ende der Zeit von den Millionen Menschen, die ihn lieben, zahlenmäßig übertroffen, in den Schatten gestellt und bei weitem überholt.

Ein Popsänger hat sich vor kurzem – wie einst die Beatles – damit gebrüstet, dass er beliebter sei als Jesus. Aber sein Prahlen löste sich in Luft auf, denn die Medien berichteten, dass seine Band sich aufgelöst hat und ihre Hits kaum noch ausgestrahlt würden. Jeder in der Öffentlichkeit völlig unbekannte Mann oder jede unbekannte Frau, die Jesus kennen, wissen es besser. Ihr Herr Jesus lebt auf einer höheren Ebene des Lebens und ist sehr viel bedeutender als jeder, der ihn nicht kennt, ganz gleich, wie reich oder berühmt dieser Mensch sein mag.

Christen werden immer noch ins Gefängnis geworfen, gefoltert und ermordet. Im Jahre 2005 waren es 200.000, hauptsächlich in islamischen Ländern. Diejenigen, die Jesus kennen, würden lieber leiden, als ohne ihn zu leben. Wenn man ihn einmal kennt, kann man gar nicht anders, als von ihm zu reden. Die Bekenner Jesu sind als Märtyrer der wirkliche Adel, dessen die Welt nicht würdig ist. Verlorene Menschen zu erretten ist weit bedeutender, als die Sterne zu erforschen, die der Schöpfer geschaffen hat. Sterne erlöschen, aber *„die, welche die vielen zur Gerechtigkeit gewiesen haben, leuchten wie die Sterne immer und ewig“* (Daniel 12,3). *„Wer aber den Willen Gottes tut, bleibt in Ewigkeit“* (1. Johannes 2,17).

[1] William Cowper: ... he plants his footsteps in the sea and rides upon the Storm.

Diese Welt hat einen falschen Standard, falsche Werte, falsche Götter und falsche Helden. Ihre Ehre ist ein Kranz, dessen Ruhm schnell verwelkt. Manchmal lassen sich auch kirchliche Würdenträger nach diesen weltlichen Maßstäben messen. Doch wahrer Ruhm besteht für einen Christen nicht in menschlicher Anerkennung oder in seinem Bekanntheitsgrad, sondern darin, dass er den Willen Gottes tut.

Dieses Buch hat zum Ziel, diese Wahrheit zu bezeugen und den Leser zu ermutigen, dem Beispiel derer zu folgen, die sich um die Errettung von Menschen bemühen. Es ist wie frisches Brot, das neue Kraft gibt, Energie spendet und Mut einflößt. Der Inhalt entspringt einem reichen Erfahrungsschatz, viel Überlegung und Meditation über dem Wort Gottes, dem Erforschen der wichtigen Thematik der Seelenrettung und der Führung des Heiligen Geistes.

Das erste Buch in der Trilogie zum Thema Evangelisation, mit dem Titel **Wenn das Feuer fällt**, wurde in rund 50 Sprachen übersetzt und bisher von über vier Millionen Menschen gelesen. Das zweite Buch mit dem Titel **Gegen die Zeit**, wurde erstmals 1999 herausgegeben. Diese und zwei weitere Bücher, **Manifestationen** und **Glaube – der Sprung ins Licht**, liefern das grundlegende Lehrmaterial eines Studien-Kurses, den wir als Buch und als Online-Kurs anbieten.

Über mehrere Jahre hinweg haben wir an einem riesigen Projekt, der **Full Flame-Filmserie** gearbeitet. Die hier vorliegende dritte Reihe zum Thema Evangelisation wurde speziell in Verbindung mit dem genannten Projekt verfasst. All unsere Bücher und Filme verfolgen ein und dasselbe Ziel: Gläubige auf der ganzen Welt zu begeistern, wirkungsvolle Zeugen Christi zu sein.

Wir haben nur ein Leben, um unsere Generation zu erreichen. Jeder Gläubige, der andere erreicht, ist ein Teil des Geheimnisses der Verbreitung des Evangeliums. So war es schon immer, *„damit wir auf alle Weise einige erretten“*.

*Evangelist Reinhard Bonnke*

# TEIL 1

*Aber stehe jetzt auf;*

*denn ich bin dir erschienen, damit du mir dienst.*

*Du sollst bezeugen, was du heute erlebt hast und*

*was ich dir in Zukunft zeigen werde.*

*Ich will dich behüten vor deinem Volk und*

*den Heidenvölkern, zu denen ich dich sende.*

*Ihnen sollst du die Augen öffnen,*

*damit sie sich von der Finsternis dem Licht zuwenden und*

*aus der Herrschaft des Teufels zu Gott kommen.*

*Dann werde ich ihnen die Sünden vergeben, und*

*als die Auserwählten Gottes werden sie durch den*

*Glauben an mich in sein Reich aufgenommen.*

Apostelgeschichte 26,16-18

# Kapitel 1

# Etwas fehlt in Exodus

*„Lass mein Volk ziehen!“*
2. Mose 5,1

Ich hatte das erste Buch Mose zu Ende gelesen. Während ich nun die ersten Seiten des zweiten Buchs las, bemerkte ich, dass etwas Vertrautes im Text fehlte. Das erste Buch Mose, Genesis, berichtet uns von Gott, dem Schöpfer, und ich hatte schlichtweg erwartet, dass das Thema Schöpfung auch in Exodus, dem zweiten Buch Mose, ein zentrales Thema sein würde. Das ist es aber nicht. Warum nicht?

Schon bald entdeckte ich – wie ich Ihnen, lieber Leser, gleich darlegen werde – den Grund dafür. Zunächst aber eine erste Kernaussage: Gott ist nicht nur der Schöpfer. Sein Universum sagt zwar schon sehr viel über ihn aus, doch hat er weitaus mehr getan, als all dies zu erschaffen. Ich las weiter und kam zu Kapitel 3, einem ungemein wichtigen Kapitel. Dort treffen wir auf Mose, wie er vor Gott steht und Geheimnisse offenbart bekommt, wundervolle Dinge, die seit Anbeginn der Zeit verborgen gewesen sind, Geheimnisse über Gott selbst.

## Ein Geheimnis wird gelüftet

Wir werden niemals etwas über Gott erfahren, es sei denn, er selbst offenbart es uns. Gottes Persönlichkeit durch menschliche Logik oder Mutmaßungen verstehen zu wollen, kommt dem Versuch gleich, Dunkelheit mit dem Licht eines Streichholzes zu vertreiben. Gott ist Licht. Es ist also zwecklos, ihn im Dunkeln zu suchen. *„Und das Licht scheint in der Finsternis, und die Finsternis hat es nicht erfasst“* (Johannes 1,5). Wer Gott mit Hilfe menschlicher Weisheit finden möchte, ist wie jemand, der mit einer Kerze nach der Sonne sucht.

Und genau das ist der Grund, weshalb ich dieses Buch schreibe: Ich möchte, dass jeder den Herrn kennen lernt und versteht, welche Rolle jedem Einzelnen von uns bei diesem Plan zukommt. Er verspricht in 2. Mose 6-mal: *„Ihr sollt erkennen, dass ich der Herr bin."* In Hesekiel wird dasselbe Versprechen 43-mal wiederholt. Außerdem sprechen in diesem Buch weitere 70 Stellen darüber, wie man den Herrn erkennen kann. Das Ganze geht aber noch viel weiter: Das 2. Mose-Buch zeigt uns, dass der Herr wollte, dass selbst seine Feinde (die Ägypter) erfuhren, wer er war! Daraus lässt sich schließen: Gott möchte, dass die Menschen ihn kennen!

Abraham kannte Gott als einen Freund, dem er voll und ganz vertrauen konnte. Er nannte ihn den Allmächtigen oder den Höchsten. Dennoch wusste er nicht wirklich, wer Gott eigentlich war. Abraham, Isaak und Jakob lernten Gott nie auf die gleiche Weise kennen, wie es Mose vergönnt war. Sie kannten etwas so Wichtiges wie den Namen Gottes noch nicht.

Zuerst müssen wir verstehen, dass „Gott" kein Name ist, sondern ein Begriff, der eine bestimmte Kategorie von Wesen bezeichnet. *„Es gibt viele Götter und Herren"* (1. Korinther 8,5). Als der Apostel Paulus im Jahr 51 n. Chr. nach Athen gereist war, entdeckte er dort einen Altar für den „unbekannten Gott", einen Gott ohne Namen, ohne Identität. Ungefähr 4.000 Jahre zuvor identifizierten die Menschen Gott über das Zeugnis Abrahams. Sie nannten ihn den „Gott Abrahams" und später den „Gott Isaaks" oder den „Gott Jakobs".

Nachdem sich Jakob einmal in ernste Schwierigkeiten gebracht hatte, sagte er zu Gott, er wolle ihn als seinen Gott erwählen, sofern er auf seiner Reise bei ihm bliebe (1. Mose 28,20f). Welch ein gönnerhaftes Angebot! Doch Gott verstand ihn. Jakobs Gedankengänge waren nicht besonders theologisch. Er betrachtete Gott als den Gott seiner Familie, als eine Stammesgottheit – ganz in der Art der Heiden – und Gott war der „Höchste" von allen.

Es ist höchst erstaunlich, dass Gott diese Freiheit zuließ. Die Menschen beurteilten Gott anhand der Taten Abrahams, doch das Handeln des Patriarchen spiegelte leider nicht immer Gottes wahres Wesen wider. Bekanntlich beurteilen wir eine Person danach, mit welchen Menschen sie zusammen ist. Was mögen die Menschen wohl über Gott denken, da er doch mit uns zusammen ist? Was denken Menschen über unseren Gott, über unseren Herrn Jesus, wenn sie uns sehen?

Abrahams Enkel Jakob wollte Gottes Namen kennen, er wollte wissen, wer dieser tatsächlich war. Viele Götter hatten eigene Namen. Jakobs Frau Rahel besaß ja einen ganzen Sack voll von diesen Götterfiguren, die sie in ihrer Satteltasche bei sich trug! Eines Nachts – Jakob zog durch die Wüste und hatte sich gerade auf seinem Nachtlager mit einem Stein als Kopfkissen niedergelassen – begegnete ihm in der stillen Einsamkeit ein geheimnisvolles Wesen. Und Jakob sagte: *„Teile mir doch deinen Namen mit!"* Als Antwort erhielt er nicht mehr als ein: *„Warum fragst du?"* (1. Mose 32,30). Gottes Name blieb also immer noch unbekannt.

Der christliche Bund ist die Vergebung der Sünden und das Versprechen einer Zukunft mit Gott – ein geistlicher Bund.

Vierhundert Jahre später wird, wie wir im 2. Buch Mose sehen, das Thema erneut aufgegriffen und das Geheimnis gelüftet. Gott gibt sich dem Mose als Feuer zu erkennen und zeigt damit etwas von seinem innersten Wesen: *„Gott ist ein verzehrendes Feuer"* (Hebräer 12,29). Mose sah die göttliche Flamme in einem brennenden Busch. Und Gott gab sich ihm mit seinem eigenen Namen zu erkennen, der ihn von allen anderen Göttern unterschied.

Er sagte: *„Ich bin Abraham, Isaak und Jakob erschienen als Gott, der Allmächtige; aber mit meinem Namen YHWH habe ich mich ihnen nicht zu erkennen gegeben"* (2. Mose 6,3). In deutschen Bibeln wird das hebräische Wort JHWH (das Jahwe oder Jehova gelesen wird) normalerweise als HERR in Großbuchstaben übersetzt.

Das ist Gottes Name, mit dem er sich als der lebendige, handelnde und redende Gott identifiziert. Sobald er seinen Namen bekannt gegeben hatte, bewies er ihn durch sein Handeln. Gott führt vor, was er ist. Er bestätigte mit seinen Taten, was er zuvor in Visionen, Träumen und Worten offenbart hatte. Kein anderer „Gott" vollbringt Taten.

Wie verhält es sich nun mit dem Aspekt aus 1. Mose, den ich in 2. Mose vermisst hatte? Als Gott mit Mose sprach, erwähnte er mit keinem Wort, dass er der Schöpfer ist. Normalerweise denken Menschen an Gott als den Schöpfer. Als ich anfing darüber nachzudenken, fand ich es zunächst sonderbar, dass Gott sich Mose nicht als der Gott Abrahams zu erkennen gegeben hat. Doch dann verstand ich den Grund. Es liegt an Gottes Vielseitigkeit. Von Anfang an hat er der Menschheit in vielen aufeinander folgenden Lektionen gezeigt, wer und was er ist. Die erste Lektion begann bei Mose. Heute, viele Jahrhunderte später, befinden wir uns in einer privilegierten Stellung, da schon so vieles über Gott bekannt geworden ist. Mose lernte einige grundlegende Fakten über Gott. Gott sagte ihm: *„Ich bin herabgekommen, um es [mein Volk] aus der Gewalt der Ägypter zu retten"* (2. Mose 3,8).

Gott gab sich selbst in einem neuen Licht zu erkennen; er war mehr als ein Retter. Er rettete nicht nur, wenn er darum gebeten wurde. Als Israel in Ägypten war, bat es ihn nicht um Rettung. Das Volk betete andere Götter an und hatte keinerlei Absichten zu fliehen. Selbst Mose war von dem Unterfangen nicht begeistert. Das Volk war nicht besonders kooperativ und Pharao wollte es unter keinen Umständen ziehen lassen. Dennoch befreite Gott Israel aus eigenem Willen, zu seiner Ehre und zur Erkenntnis seines Namens. Damit bewies er ein und für alle Mal, dass er ein Retter ist, ein Gott, der Unterdrückung hasst, ein lebendiger Gott, der uns erretten möchte.

Gott interessiert sich für Menschen, nicht für Planeten oder Sonnen. Früher oder später merken wir alle, dass wir Hilfe, rettende Hilfe, brauchen. Wären wir nur auf die Hilfe von Menschen angewiesen, würden wir verzweifeln. Wir brauchen zwar andere Menschen, aber es gibt

Dinge, die sie für uns nicht tun können. Uns gilt die Botschaft: Jesus errettet. Niemand sonst kann dies tun.

## Was ist Erlösung?

Im Alten Testament schloss Gott einen Bund mit seinem auserwählten Volk, dass er in allem, was sie im Gehorsam tun würden, bei ihnen sein wolle – ein Versprechen, das er niemals zurückgenommen hat. Zu Anfang wusste das Volk Israel wenig über den Himmel oder die Sünde – was es mit der modernen Welt von heute gemeinsam hat. Errettung bedeutete Befreiung von Krankheit, Feinden, Plagen und Dürren, der versprochene Segen Gottes auf ihrer Hände Arbeit, ihren Häusern und ihren Familien.

Der christliche Bund ist die Vergebung der Sünden und das Versprechen einer Zukunft mit Gott – ein geistlicher Bund. Aber Gottes erste Versprechen der Errettung aus irdischen Fesseln wurden nicht annulliert. Der Apostel Paulus schrieb den Korinthern, die nur das Alte Testament hatten, nach welchem sie sich richten konnten: *„Denn so viele Verheißungen Gottes es gibt, in ihm ist das Ja“* (2. Korinther 1,20). Gott sind Menschen und ihr tagtägliches Leben wichtig, er war schon immer daran interessiert und wird es immer sein. Weil es ihm wichtig ist, errettet er Menschen von einem hoffnungslosen Schicksal, indem er die Sünden vergibt und den Sünder einlädt, mit ihm weiterzugehen.

Im Griechischen hat das Wort „erretten“ auch die Bedeutung von „heilen“. Der Bund Gottes ist sowohl physisch als auch geistlich, genau darin liegt die Kernerkenntnis der charismatischen Erweckung. Pfingsten ist eine physisch-geistliche Erfahrung. Sie verstärkt und bestätigt die Lehren der Bibel und stillt jedes menschliche Bedürfnis des Körpers, der Seele und des Geistes. Gott ist nicht nur ein Gott, der Seelen liebt, sondern einer, der lebendige Menschen liebt. Ganz so, wie er die Fesseln der Versklavung Israels hasste, so hasst er die Fesseln jedes Menschen, der auf irgendeine Art und Weise in der Gewalt des Teufels und der Sünde gefangen ist.

So ist Gott, so war er schon immer und wird es immer sein. Als Adam und Eva gesündigt hatten, war es ihre Not, die ihn dazu bewegte, zu ihnen zu gehen. Nicht nur, um ihnen zu helfen, sondern um sich um all das zu kümmern, was sie über die Welt gebracht hatten, ganz so, als hätten sie wie Pandora nichts als Unheil ausgeschüttet. Der Herr suchte sie: *„Adam, wo bist du?“* (1. Mose 3,9). Adam und seine Frau waren nackt und zitterten; sie versuchten verzweifelt, ihre Schande zu verstecken. Gott stellte sie wieder her und rehabilitierte sie, trotz ihres Versagens. Sein Versprechen ihnen gegenüber umfasste sowohl den physischen als auch den geistlichen Bereich ihres Lebens.

Kein Sünder kann einen Sünder erretten. Wir stecken alle im gleichen Sumpf fest, und keiner von uns kann andere herausziehen. Die Technologie kann die Bedürfnisse unseres Herzens nicht befriedigen. Allein der Allmächtige kann uns anrühren und unsere tiefsten Sehnsüchte erfüllen. Er kann diese Aufgabe niemand anderem übertragen, nicht einmal den Erzengeln Michael oder Gabriel noch einem der mächtigsten Engel im Himmel. Die Fesseln des Menschen sind einzig und allein Gottes Problem. Er sagte: *„Ich, ich bin der Herr, und außer mir gibt es keinen Retter“* (Jesaja 43,11).

Nur Gott kann erretten, aber er macht die Arbeit nicht alleine. Er erwählte Mose, um mit ihm gemeinsam den großartigen Plan zu verwirklichen, das Volk Israel in die Freiheit zu führen. Wenn wir in der Bibel weiterlesen, bemerken wir, dass sich dieses Muster – Gott erwählt sich Menschen, die mit ihm zusammenarbeiten, um seine Ziele zu verwirklichen – ständig wiederholt. Genau das ist der Sinn und Zweck dieses Buches, diese Partnerschaft Gottes und des Menschen zu beschreiben, mit dem Ziel der Errettung der Welt. Der Herr lädt uns ein, ihm dabei zu „helfen“. Er schleuderte Welten, Sterne und Galaxien aus seiner allmächtigen Hand ohne unsere Hilfe, aber er trug dem Mose auf: *„Geh hin, und befreie mein Volk aus der Gefangenschaft!“* Wir arbeiten als Christen nicht nur miteinander, sondern stehen in der Zusammenarbeit mit Gott.

Mose war nicht nur Beobachter, sondern aktiver Teilnehmer, der in der Kraft Jahwes wirkte:

*Der HERR ist mein Fels und meine Burg und mein Erretter,*
*mein Gott ist mein Hort, bei dem ich mich berge,*
*mein Schild und das Horn meines Heils, meine hohe Feste.*
*„Gepriesen!" rufe ich zum Herrn,*
*so werde ich vor meinen Feinden gerettet.*
Psalm 18,3f

Mose war, als er von Gott berufen wurde, ein 80-Jähriger im Ruhestand, der sein Leben still und unauffällig als Schafhirte verbrachte. Aber Gott bugsierte ihn aus seinem geruhsamen Leben heraus, um ihn am grandiosesten Abenteuer aller Zeiten teilhaben zu lassen: Ägypten in seinen Grundfesten zu erschüttern. Mose schlug eine neue Laufbahn der Kühnheit und Kraft ein. Den Weg mit Gott zu gehen ist kein Sonntagnachmittagsspaziergang. Gott zu dienen lässt uns zu seinen Partnern in dem einen brennenden Anliegen werden, um das es in der gesamten Bibel geht – Errettung! Jesus sagte: *„Mein Vater wirkt bis auf diesen Tag, und ich wirke auch"* (Johannes 5,17).

Wenn wir Gott kennen lernen möchten, sollten wir bedenken, mit wem wir es zu tun bekommen. Als Jesus die Fischer aufforderte, ihm nachzufolgen, hätten sie niemals erahnen können, wohin er sie führen würde. Sie lernten, indem sie Zeit mit ihm verbrachten, dann sandte er sie aus an alle Enden der Erde. Von Gott zu lernen ist immer mit Arbeit verbunden. Wir wissen, dass er ein Geistwesen ist, dessen Zorn gegen alles entbrennt, was sich seinem Ziel, die Verlorenen zu erretten, entgegenstellt. In unserer Beziehung zu Gott geht es nicht um Hollywood-Gefühle, sondern um eine Arbeits-Partnerschaft mit einem entschlossenen, starken Erretter.

Sobald wir uns für Evangelisation interessieren, interessiert sich Gott für uns.

Gott erschien Mose als lebendiges Feuer – aber nicht nur, um ihm eine aufregende Erfahrung zu vermitteln. Das Christentum besteht keineswegs nur aus religiösen Gefühlen. Genau darin liegt eine der heutigen schwer wiegenden Irrlehren, die alle Religionen als gleichwertig hinstellt, vorausgesetzt, sie erwecken religiöse Gefühle. Der Herr hat unvorstellbar dringende Arbeit zu erledigen. Diese ist für ihn von solch großer Bedeutung, dass er mehr tat, als Mose zu berufen: Er sandte seinen Sohn, sandte seinen Heiligen Geist und sendet schließlich auch uns als seine Mitarbeiter aus.

Zu Moses Zeiten waren fast alle Nationen von der Sklavenarbeit abhängig. Ungeachtet der politischen oder wirtschaftlichen Strategien der jeweiligen Nationen war und ist Gott immer ein Erretter. Er schuf die erste freie Nation, indem er Ägypten um seine gesamten Sklavenarbeiter brachte. Sklaven arbeiteten sieben Tage in der Woche, aber der Herr hatte andere Regeln: *„Sechs Tage sollst du arbeiten und all deine Arbeit tun"* (2. Mose 20,9). Sein Volk war nicht dazu bestimmt, schweißtreibende Arbeit zu leisten, sollte sich nicht zu Tode schuften. Auch seine Priester durften nicht nach Schweiß riechen, wenn sie vor den Altar traten.

Wir arbeiten mit Gott zusammen, um Menschen freizusetzen. Der französische Philosoph Rousseau prägte ein kommunistisches Motto: „Der Mensch ist frei geboren, und liegt doch überall in Ketten." Die Lehren, die die Unterordnung des Willens des Einzelnen unter den Willen der Gemeinschaft propagierten, schlugen jämmerlich fehl. Sie führten zu politischer Sklaverei, nicht zu Freiheit. Menschen haben viele Probleme und Bindungen sowie Schwäche, Sündhaftigkeit, Maßlosigkeit, Schuld, Unglauben, Furcht und Unsicherheit. Psychologen, Seelsorger und Therapeuten haben damit alle Hände voll zu tun und religiöse Sekten haben starken Zulauf. Wir müssen an die Wurzel des Problems. Es gibt nur eine Ursache persönlicher Bindungen: Sünde; und nur einen Erretter von Sünde: Jesus.

Die nackte Wahrheit über uns ist, dass die Sünde uns alle einschränkt. Gott ist darüber besorgt. Regierungen und ihre Gesetze sanktionieren menschliches Versagen, können aber dessen Ursache nicht beheben. Jesus allein berührt die tiefen Wurzeln unserer Persönlichkeit. Kein anderer hat jemals gesagt: *„Deine Sünden sind vergeben. Steh auf, nimm dein Bett und geh“* (Markus 2,9). Auch hat niemand anderes jemals gesagt: *„Geht hin in die ganze Welt und predigt das Evangelium der ganzen Schöpfung! Wer gläubig geworden und getauft worden ist, wird errettet werden“* (Markus 16,15f). Es gibt keine andere gute Nachricht als die frohe Botschaft der Errettung.

Gottes Identität ist in den Worten von Jesaja 43,3 verborgen: *„Denn ich bin der Herr, dein Gott, der Heilige Israels, dein Retter.“* Ganz ähnliche Worte werden verwendet, um unseren Herrn Jesus vorzustellen: *„Du sollst seinen Namen Jesus nennen, denn er wird sein Volk erretten von seinen Sünden“* (Matthäus 1,21). Jesus wird im Neuen Testament zigmal als „Retter“ bezeichnet, und auf jeder Seite wird er als unser siegender Herr dargestellt. Die mächtige Hand, die den Bergen ihre Form gab, streckt sich nun zu uns aus, um uns zu erretten.

Sobald wir uns für Evangelisation interessieren, interessiert sich Gott für uns. Wir werden zu Menschen nach seinem Herzen. Gott ist viel mehr, als der Schöpfer der Berge und Sterne, auch wenn er diese geschaffen hat. Seine Priorität sind Menschen. Er regiert sein gesamtes Universum mit einem einzigen Ziel: Errettung. Unsere Sorgen sind seine Sorgen, und er fordert uns dazu auf, seine Sorgen mit ihm zu teilen. Das ist unser Missionsbefehl, und die folgenden Kapitel sind dazu gedacht, Sie zu inspirieren und ermutigen, Teil des großartigsten Geschehens im Himmel und auf der Erde zu werden.

## Fragen

Nun, da Sie dieses Kapitel gelesen haben, denken Sie bitte über folgende drei Fragen nach. Dies wird dazu beitragen, wichtige Wahrheiten in Ihrem Gedächtnis zu vertiefen.

1. Der Gott Abrahams wurde zum Gott Moses. Mit welchem Unterschied?
2. Gott erschuf die Erde ohne Hilfe, aber für die Errettung der Welt sucht er unsere Hilfe. Wie können Sie helfen?
3. Jesus errettet physisch und geistlich. Welches Beispiel in der Bibel fällt Ihnen dazu ein?

Kapitel 2

# Jesus sprengt alle Grenzen

*„Ich muss die Werke dessen tun, der mich gesandt hat."*

Johannes 9,4

Jesus machte sich auf, um eine Frau zu treffen – und was für eine Frau! Die Geschichte finden wir in Johannes 4.

Es war ein geradezu idyllischer Tag – strahlender Sonnenschein. Eine junge orientalische Frau in farbenfroher Kleidung näherte sich mit einem Wasserkrug auf der Schulter dem Brunnen. Ein Brunnen in der Nähe ihres Hauses hätte ihr den staubigen Weg erspart, aber die tratschenden Frauen dort hätten sie in ein Gespräch verwickeln können, dem sie lieber aus dem Weg gehen wollte.

Normalerweise kamen keine Männer zum Wasserschöpfen an den Brunnen, aber heute war dort ein Mann. Er saß ruhig im Schatten. Sehr interessant, ... aber er war wie ein Judäer gekleidet. Die Frau zögerte. Ein Mann, ja – aber ein Jude? Sie rückte ihren Schleier zurecht und musterte den Fremden aus sicherer Entfernung. Warum saß er dort? Wenn er wirklich aus Judäa kam, dann hatte er einen Fußmarsch von ein bis zwei Tagen hinter sich.

Sie würde warten, bis er ging. Oh nein, ... er schaute sie an. Und dann geschah das Unerhörte – er sprach sie direkt an! Ein Mann, ein Jude, der zu einer samaritischen Frau sprach! Was wollte er? Er lächelte ihr zu. Dadurch innerlich bestärkt, wandte sie sich ihm mutig zu.

„Gibst du mir zu trinken?" fragte er. Sie starrte ihn an. Ihm zu trinken geben? Reisende trugen immer einen Lederbecher an ihrem Gürtel, aber sie bemerkte, dass er keinen bei sich hatte. Würde er etwa ihren Becher benutzen wollen? Ihrer Einschätzung nach schien er eher harmlos zu sein. Und er hatte eine angenehme Stimme. Sie traute sich sogar ein, zwei Schritte näher an ihn heran, stellte ihren Krug ab, stemmte die Arme in die Hüften und fragte mit einer lässigen Schulterbewegung: „Du, ein Jude, redest mit mir? Was willst du eigentlich?"

In diesem Augenblick veränderte sich ihr ganzes Leben, obwohl sie davon noch vollkommen ahnungslos war. Hier war Jesus von Galiläa, der sozusagen einen Vorschlaghammer gegen die uralte Mauer des Hasses zwischen Juden und Nichtjuden wuchtete. Sie war verblüfft, zu verblüfft, um ihm etwas zu trinken zu reichen. Er unterbrach ihre Gedanken. *„Wenn du die Gabe Gottes erkenntest und wüsstest, wer ich bin, so hättest du mich um Wasser gebeten und ich hätte dir lebendiges Wasser gegeben."*

Wovon sprach der Mann eigentlich? Er wollte ihr zu trinken geben? Wie sollte er das denn machen, wenn er nicht einmal einen Becher bei sich hatte, geschweige denn einen Wasserkrug? Sie blickte zum Brunnen hinüber, dort war das einzige Wasser in Sichtweite. War der seltsame Mann noch ganz richtig im Kopf? Er schien eher charmant zu sein, ganz und gar nicht wie die Juden, die sie getroffen hatte. Aber seine Religion war anders als ihre, vor allem dann, wenn es um diesen Brunnen ging. Der Stammvater Jakob hatte ihnen diesen Brunnen einst gegeben, und von ihm zu trinken war ein religiöser Ritus für die Samariter.

Diese Frau ging jeden Tag zum Brunnen. Jesus wusste, dass das Wasser dieses Brunnens ihren Durst nicht stillen konnte. Kein Getränk hatte das je vermocht, und niemand hatte es ihr geben können. Weder das vermeintlich heilige Wasser noch sexuelle Abenteuer konnten sie befriedigen. Er machte ihr ein Angebot: *„Das Wasser, das ich dir geben werde, wird in dir zu einer Quelle Wassers werden, das ins ewige Leben quillt."*

Der Mann sprach für sie in Rätseln. Lebendiges Wasser von einer Quelle? So etwas gab es nicht. Quellwasser sickerte durch unterirdische Kanäle an die Oberfläche. Lebendiges Wasser war ein offener Strom, der gluckernd und sprudelnd von den Bergen herunterkam. Sie versuchte zu scherzen. *„Dann bist du also größer als unser Vater Jakob, nicht wahr? Größer als Jakob, der uns diesen Brunnen gab? Dann gib mir doch von deinem lebendigen Wasser! Das erspart mir dann immerhin jeden Tag den langen Weg."*

Jesus mag geschmunzelt haben, und sie bemerkte, dass er sie eingehend musterte. Aber, wo war denn nun sein versprochenes Wasser? Stattdessen sagte er: *„Geh hin, rufe deinen Mann und komm hierher!"* Mit einem herausfordernden Blick sagte sie: *„Mann? Ich habe keinen Mann!"* Seine Antwort entzog ihr den Boden unter den Füßen: *„Ich weiß, dass du keinen hast. Aber fünf Männer hast du gehabt und der, den du jetzt hast, ist nicht dein Mann."*

Das Wort drang wie ein Pfeil tief in ihr Gewissen. Sie blickte ihn voller Verwunderung an. Wie konnte er das über sie wissen? Dieser seltsame Mann musste ein Prophet sein. Was konnte sie solch einem Mann schon sagen? Sie war nicht wie andere, die nachdachten, um zu argumentieren und zu diskutieren. Dann kam ihr ein Gedanke: Es gab eine ständige Auseinandersetzung darüber, dass Samariter auf einem Berg, die Juden dagegen in Jerusalem anbeteten. Sie war Samariterin und er Jude. Wer hatte demnach Recht? Das war vielleicht eine gute Verteidigung gegen die messerscharfen Wahrnehmungen dieses Unbekannten.

Der Mensch verändert sich nie. Schwestern und Brüder dieser Frau gibt es auch heute noch. Menschen voller Kritik, die auf jede Art uralter Streitpunkte zurückgreifen, um geistliche Themen abzuwehren und dem eigentlichen Knackpunkt auszuweichen. Worüber sie sprach – nämlich welche Religion Recht hat – ist bis heute bei vielen Leuten nur ein Vorwand und eine Ausrede. Oberflächlich betrachtet mag diese Frage nach der richtigen Religion ihre Begründung haben. Dennoch möchte kaum jemand wirklich eine Antwort darauf haben. Die meisten Menschen befassen sich mit nichts so wenig wie mit der Frage, welche oder ob überhaupt eine Religion die einzig wahre ist. Sie kommen aber auf diese Gedanken, weil sie von der Tatsache „Jesus Christus" ablenken und den Glauben an ihn in Frage stellen wollen.

Jesus wusste, wie es in der Frau aussah und sprach direkt in ihre Seele hinein. Glaube ist kein beliebiges Gesprächsthema, sondern eine das ganze Leben entscheidende Frage. Derjenige, der die Glaubensfrage nur als Diskussionsstoff betrachtet, beweist gar nichts. Er zeigt lediglich seinen Charakter. Die Welt erfindet Fragen und Probleme, um uns Christen zum Schweigen zu bringen. Sie behandeln uns wie eine Dartscheibe, auf der man mit kleinen Wurfspießen Punkte machen kann.

Diese Frau hatte es jedoch mit Jesus zu tun, nicht mit Religion. Von damals bis heute geht es immer noch um Jesus, und er sagt: „Gib mir dein Herz, nicht deine Meinung." Er konfrontiert uns auch heute mit einer Tatsache, die nicht zur Debatte steht. Er ist die Wahrheit; über ihn lässt sich nicht diskutieren. Wir können nicht über die Wahrheit urteilen, sondern die Wahrheit urteilt über uns.

Jesu Antwort entzog der Samariterin erneut den Boden unter den Füßen. Wahre Anbeter, sagte er, brauchen weder nach Jerusalem noch zu diesem Berg zu gehen. Gott hat keinen geweihten Schrein. Das ist Religion. Gott ist bei denen, die aufrichtigen Geistes sind. Kenner der Bibel wissen: Bevor König Salomo befahl, dass jegliche Anbetung nur in Jerusalem stattfinden solle, hatten Anbeter ihre eigenen Altäre errichtet. Sowohl die Juden als auch die Samariter mussten deshalb an bestimmte Orte reisen, um Gott anzubeten.

> Jesus konfrontiert uns auch heute mit einer Tatsache, die nicht zur Debatte steht. Er ist die Wahrheit; über ihn lässt sich nicht diskutieren. Wir können nicht über die Wahrheit urteilen, sondern die Wahrheit urteilt über uns.

Heute haben wir das Versprechen Gottes, dass er uns niemals verlässt. Es gibt keinen Flughafen mit Direktflügen zu ihm. Wir müssen ihn nicht ein Leben lang suchen. Er ist kein Schicksal, kein Heiliger Gral oder ein entferntes Ziel in der Zukunft. Er ist jetzt und hier der stets gegenwärtige Gott. Wir können ihm nicht einmal entkommen. Die einzige Wahl, die wir haben ist, uns von ihm abzuwenden oder uns zu ihm hinzuwenden. Der eine Weg führt in die vollkommene Finsternis, der andere in das vollkommene Licht.

Mose hatte Israel schon vor langer Zeit gesagt: *„Es ist nicht im Himmel oder jenseits des Meeres. Sondern ganz nahe ist dir das Wort in deinem Mund und in deinem Herzen“* (5. Mose 30,13f). Anbetung ist nie fehl am Platz. Es gibt keinen falschen Ort und keinen falschen Zeitpunkt; nur Menschen können falsch liegen, indem sie Dinge mit einer falschen geistlichen Haltung tun.

Das apostolische Wort lautet: *„Ich will nun, dass die Männer an jedem Ort beten, indem sie heilige Hände aufheben ohne Zorn und zweifelnde Überlegung“* (1. Timotheus 2,8). Hesekiel hatte prophetisch zu den samaritischen Vorfahren geredet und nannte Gott mit einem Namen, der ebenfalls in diese Richtung weist: „Jehova Schammah“, d. h. „der HERR ist hier“. Gott wartet nicht darauf, dass der Gottesdienst beginnt. Er ist da, wo wir sind. Wir müssen uns dessen nur bewusst werden.

## Gott ist immer da, wo wir sind

Gäbe es Orte, an denen Gott nicht präsent ist, könnten wir diese niemals finden, denn sobald wir dort ankämen, wäre Gott auch schon da: *„Erhöbe ich Flügel der Morgenröte, ließe ich mich nieder am äußersten Ende des Meeres, auch dort würde deine Hand mich leiten und deine Rechte mich fassen“* (Psalm 139,9f). Gott lässt uns nicht aus den Augen und verliert uns nicht aus seinem Blick. Seine Liebe zu uns wird ganz plastisch in Jesu Gleichnis vom verlorenen Sohn beschrieben. Als der Sohn zum Vater zurückkehrt, rennt der ihm schon auf der Straße entgegen, um ihn herzlich zu empfangen.

Wenn wir an die Türe unseres himmlischen Vaters klopfen, öffnet Gott selbst uns die Tür. Der Herr ist immer da, wo wir sind. Viele Menschen scheinen sich vorzustellen, dass Gott an bestimmten Orten, in Kirchen, an heiligen Stätten, bei Altären und Quellen, in heiligen Ruinen und Kathedralen oder irgendwie atmosphärisch in der Luft schwebend zu finden wäre. Das alles ist vorchristlicher Aberglaube.

Die auf Erweckung zielende Sprache kann – streng theologisch gesehen – den falschen Eindruck erwecken, dass Gott an bestimmten Orten stärker gegenwärtig sei als an anderen Orten – sozusagen ein Gott in Hochform! Das trübt das Bild, das die Heilige Schrift uns über Gott vermittelt. Der Gott der Bibel ist immer in Hochform, er schaltet nie auf Sparflamme und hält nichts zurück. Er hat keine emotionalen Bindungen an Lieblingsorte: *„Jene aber zogen aus und predigten überall, während der Herr mitwirkte“* (Markus 16,20). Jesus sagte: *„Siehe, ich bin bei euch alle Tage bis zur Vollendung des Zeitalters“* (Matthäus 28,20).

Eine französische Übersetzung von Psalm 111,3 besagt: *„Er ist sich selbst immer treu“*.[1] Gott ist voll und ganz Gott, immer und überall. Seine Herrlichkeit bricht durch, wo immer die Umstände eine Gelegenheit dazu bieten. Seine Absichten und Versprechen sind bleibend, unbeeinflusst von Zeit oder Ort, sind niemals zufällig, niemals unbeständig. Er nimmt sich keinen Tag frei und hat nie zu viel zu tun. Seine Aktivitäten verändern sich wohl, er selbst aber nicht. Sein Wunsch, immer das Allerbeste zu erreichen, veranlasst Gott dazu, in bestimmte Umstände und Situationen sowohl global als auch individuell einzugreifen.

Die Samariterin war nicht theologisch bewandert, also war ihre nächste Taktik, Jesus mit seinen eigenen Worten herauszufordern: Er sollte ihr lebendiges Wasser geben. Das tat er, obwohl wir nicht wissen, wie oder wann. Wer auch immer bittet, der empfängt. Die Frau befand sich zu diesem Zeitpunkt anscheinend nicht an einem Tiefpunkt. Ihr Gewissen peinigte sie nicht, es gab keine Tränen, keinen Zerbruch, keine Lebensübergabe noch sonst irgendein Gebet, keine offenkundige Reue und keine übernatürlichen Manifestationen. Aber Jesus rettete sie. Vielleicht auf dem Wege, als sie in die Stadt ging oder wieder zurückkam, empfing sie durch eine innere Erleuchtung ewiges Leben, so unauffällig wie Gras wächst, so trank sie aus dem tiefen Brunnen der Barmherzigkeit Gottes.

[1] « Il est pour toujours fidèle à lui-même » (La Bible en français courant).

Jesus rettet, selbst wenn der Moment der Errettung für uns Menschen nicht immer klar ersichtlich ist. Ein Beispiel dafür: Ungefähr zu dem Zeitpunkt als diese Worte geschrieben wurden, hörten über eine Million kostbarer Menschen in einer der Veranstaltungen während der fünftägigen Evangelisation in Nigeria die Botschaft von Jesus und erfuhren seine erlösende Kraft. Tropischer Regen durchnässte sie Stunde um Stunde wie eine Dusche, aber das konnte ihre Freude nicht schmälern oder sie abschrecken. Sie alle gaben Zeugnis von Jesus Christus und hinterließen ihren Namen und ihre Adresse, um im Glauben weitergeführt zu werden.

## Schwärmerei oder Wohltat des Evangeliums?

Die Samariterin war schon vielen Männern begegnet, aber die Begegnung mit Jesus erfüllte nun ihre Seele. Seltsam widerstreitende Gefühle elektrisierten sie geradezu. Sie rannte auf dem Marktplatz der Stadt umher und sprach von einem Mann, aber nicht von einem der sechs Männer in ihrem Leben, die sie intim gekannt hatte. Aufgeregt mochte sie jeden, den sie traf, gedrängt haben: *„Komm mit, ich muss dir einen Mann zeigen!“* Einige dachten sicherlich: „Was, noch ein Mann? Die und ihre Männer!“ Doch sie überzeugte jeden Mann in der näheren Umgebung davon, mit ihr zu kommen und Jesus selbst zu sehen. Sie verhalf ihnen damit zu einer Begegnung mit Jesus, einem wahrhaft historischen Privileg.

Jesus errettete diese Frau, die in solch zweifelhaften Verhältnissen lebte. Dabei war sie nicht einmal auf der Suche gewesen. Jesus findet auch Menschen, die nicht suchen. Egal, wem wir das Evangelium bringen, es wird die Menschen davon überzeugen, dass sie es schon immer gebraucht haben. Auch wenn sie noch nie von Christus gehört haben, brauchen sie ihn, und sie wissen das, sobald das Evangelium sie erreicht. Das Evangelium ist keine allgemeine Botschaft, die man für jeden, der interessiert sein könnte oder religiös angehaucht ist, durch die Gegend schreit. Die Bibel ist für Menschen, die keinen Glauben haben, um ihnen Glauben zu geben.

Vor 50 Jahren wollte niemand ein Mobiltelefon. Heute meint jeder, eines zu brauchen. Wenn man Jesus predigt, schafft das einen „Markt“, auf dem Errettung angeboten wird, und Jesus errettet „völlig“ (Hebräer 7,25). Er folgt keiner bestimmten Erlösungsmethode oder Doktrin. Er braucht keine besondere Atmosphäre oder religiöse Umgebung. Manche Leute berichten, dass sie das Evangelium hörten, aber noch keine Entscheidung trafen, sich aber wie gereinigt und verändert gefühlt haben, frei von bindenden Gewohnheiten. Eine Vor-Unterweisung der Leute, was Evangelisation bedeutet, ist keine notwendige Voraussetzung für deren Ergebnisse. Das Evangelium schafft seinen eigenen Erfolg und seine eigene Atmosphäre.

Wir müssen zwischen Emotionalismus und der Emotion des Evangeliums unterscheiden. Wir können die Menschen mit Worten bearbeiten, aber das Evangelium arbeitet inwendig **im** Menschen. Das Wort Gottes löst überschäumende Freude und Anbetung aus. Jesus erlöst ohne Lied und Tanz, aber er schenkt uns ein neues Lied und einen befreienden Tanz. Das christliche Leben mag von außen sehr harmlos aussehen, aber genauso sieht ein elektrisches Kabel aus, bis man den Stecker in die Steckdose steckt.

Jesus machte aus der Frau keine religiöse Fanatikerin. Er sagte zu ihr lediglich, sie solle ihren „Ehemann“ zu ihm bringen – und weg war sie. Ob sie ihren Partner brachte, wissen wir nicht, aber sie hat die Quote weit übertroffen und alle anderen Ehemänner herbeigebracht. Das, was sie tat, machte aus ihr – einer ehemals erotisch motivierten Frau – die erste Evangelistin der Welt! Die einzige Botschaft, die sie hatte, war Jesus. Sie konnte nicht über Gott diskutieren; sie wusste nichts Genaues über ihn.

Diskutieren ist auch nicht unsere Aufgabe. Wir preisen nicht eine Religion an, wir sind keine Kirchenpublizisten oder geistliche Versicherungsvertreter. Evangelisation besteht nicht aus aggressiven oder trickreichen Verkaufsmethoden, sondern sie ist schlicht und ergreifend die Frohe Botschaft von Jesus Christus, weitergegeben von einem Herzen und Verstand, die begeistert sind von Jesus.

Die Seele der samaritischen Frau war entflammt. Von demselben Feuer wurden am Pfingsttage auch die Apostel ergriffen. Sie erleuchteten mit ihrer kraftvollen Botschaft die dunkle Welt wie brennende Fackeln, entzündet von der Liebe Jesu. *„Euch nun, die ihr glaubt, bedeutet er die Kostbarkeit",* schrieb Petrus (1. Petrus 2,7). Jesus starb am Kreuz, erstand vom Tode aus dem Grab, fuhr in den Himmel hinauf – und die Jünger verkündigten ihn überall wohin sie kamen.

Am Anfang bombardierten die höchsten gesellschaftlichen Instanzen die Apostel mit Drohungen, was geschehen würde, wenn sie jemals wieder den Namen Jesus erwähnten. Man jagte sie nach demütigenden Peitschenhieben samt ihrer Botschaft davon. Am nächsten Morgen predigten die Jünger wieder von Jesus, direkt vor der Nase der Autoritäten. Und *„sie hörten nicht auf, jeden Tag im Tempel und in den Häusern zu lehren und Jesus als den Christus zu verkündigen"* (Apostelgeschichte 5,42). Der Drang, die Frohe Botschaft zu predigen, war stärker als die Furcht vor allen Drohungen. Der Apostel Paulus drückte dies so aus: *„Wehe mir, wenn ich das Evangelium nicht verkündige"* (1. Korinther 9,16). Dieses Lebensziel ist das eigentliche und wahre Leben.

## Der Autorität Gottes unterstellt

Die Geschichte mit der samaritischen Frau beginnt im Evangelium nach Johannes folgendermaßen: *„Er* [Jesus] *musste aber durch Samaria ziehen"* (Johannes 4,4). Jüdische Reisende umgingen Samaria wann immer sie konnten, es sei denn, Geldangelegenheiten oder Geschäfte führten sie dorthin. Aber bei Jesus war das anders, er „musste" nach Samaria. Und er ging nicht wegen eines Gelderwerbs oder Handels dorthin.

In den Evangelien drückt das Wort „müssen" (griechisch *deo*) immer einen inneren Drang aus, eine persönliche Beunruhigung. Jesus tat den Willen Gottes, als er zum Jakobsbrunnen ging. Wie immer wusste er, dass dies der richtige Ort und Zeitpunkt für ihn war, denn Jesu Aufenthalte waren niemals zufällig. Allein entspannte er ruhig am Brunnen, dort, wo Gott ihn haben wollte. Etwas später kamen seine Jünger zurück und waren entsetzt darüber, ihn in der Öffentlichkeit mit einer Frau zusammen zu sehen. Sie wagten aber nicht, etwas zu sagen, sondern boten ihm lediglich etwas zu essen an. Immerhin hatte er sie zum Einkaufen weggeschickt. Essen? Jesus war jetzt mit etwas völlig anderem beschäftigt: *„Meine Speise ist, dass ich den Willen dessen tue, der mich gesandt hat, und sein Werk vollbringe"* (Johannes 4,34).

> Diskutieren ist auch nicht unsere Aufgabe. Wir preisen nicht eine Religion an. Evangelisation ist die Frohe Botschaft von Jesus Christus, weitergegeben von einem Herzen und Verstand, die begeistert sind von Jesus.

Wir lesen viermal im Johannesevangelium, dass Jesus vom selben inneren Motiv, von diesem göttlichen „Muss" getrieben wurde. Zweimal sagte er: *„Der Sohn des Menschen muss erhöht werden"* (Johannes 3,14; 12,34). Er war sich seines Lebensziels vollkommen bewusst: *„Ich muss die Aufgabe, die Gott mir gegeben hat, erfüllen"*, sagte er (Johannes 9,4), und: *„Ich habe andere Schafe, auch die muss ich herzubringen"* (Johannes 10,16).

Das Lukasevangelium weist noch mehr Beispiele dessen auf, was Jesus angetrieben hat: *„Ich muss in dem sein, was meines Vaters ist"*; *„Ich muss die gute Botschaft vom Reich Gottes verkündigen"* (Lukas 2,49; 4,43). Jesus gab sich keinen Illusionen darüber hin, was es ihn kosten würde. Zweimal sagte er: *„Der Sohn des Menschen muss vieles leiden"* (Lukas 9,22; 17,25). *„Doch ich muss heute und morgen und am folgenden Tag wandern; denn es geht nicht an, dass ein Prophet außerhalb Jerusalems umkomme"*, sagte er (Lukas 13,33). Er erinnerte seine Zuhörer an das, was die Propheten vorhergesagt hatten: *„Musste nicht der Christus dieses leiden?"* (Lukas 24,26). In jedem dieser Verse wird dasselbe griechische Wort „deo" verwendet. Und jedes Mal hat dieses „Muss" mit der Errettung von Menschen zu tun.

Ein römischer Hauptmann bat Jesus beispielsweise darum, seinen gelähmten Diener zu heilen: *„Sprich nur ein Wort und mein Diener wird gesund werden"* (Matthäus 8,8). Jesus war über diesen Glauben erstaunt, aber der Hauptmann erklärte, wie er zu solchem Glauben gekommen war: *„Auch ich bin ein Mensch unter Befehlsgewalt und habe Soldaten unter mir; und ich sage zu diesem: Geh hin! Und er geht.“* Der Hauptmann hatte Autorität, weil er selbst unter Autorität stand. Er konnte Befehle erteilen, weil er selbst Befehlen gehorchte. Dieser römische Soldat hatte mehr als nur Glauben, er hatte begriffen und sah, dass Jesus auch „unter Autorität“, und zwar unter Gottes Autorität handelte. Das bedeutete schlussendlich für den heidnischen Hauptmann, dass Jesus ebenso die Autorität hatte, der Krankheit zu gebieten und dass sie ganz bestimmt würde weichen müssen, wenn Jesus das wollte.

Was immer Jesus tat, das tat er „unter Autorität“. Er tat immer den Willen seines Vaters. Unsere Errettung hing von ihm ab. Sein Wirken diesbezüglich war kein zufälliges Handeln oder eine Nebensächlichkeit. Das war die Schöpfung auch nicht, obwohl sie einfach dadurch geschaffen wurde, dass Gott sprach: *„Es werde Licht“* (1. Mose 1,3). Bei der Errettung geht es jedoch um etwas ganz anderes. Als Jesus zu Maria und Josef sagte: *„Ich muss in dem sein, was meines Vaters ist“* (Lukas 2,49), sprach er bereits über seine Aufgabe der Errettung. Es war Gottes Aufgabe für den Sohn, geboren zu werden; die Errettung der gefallenen Menschheit sollte seine unmittelbare und direkte Aufgabe sein. Er kam auf die Welt, um unser Retter zu sein. Er war das Wort, das bei der Schöpfung **gesprochen** wurde, aber für die Errettung der Welt **kam** das Wort leibhaftig zu den Menschen. Sein Kommen währte sein Leben lang. Es war ein anhaltendes Opfer, das im furchtbarsten Tod seine Erfüllung fand. Das war die Liebe Gottes in höchster Vollendung.

Errettung, Erlösung, Befreiung, das war Jesu großer Auftrag von Gott. Unseren Auftrag finden wir in Markus 13,10: *„Allen Nationen muss vorher das Evangelium gepredigt werden.“* Predigen passiert nicht von alleine, jemand muss es tun. Jünger und Diener Gottes müssen ausgesandt werden und gehen. Das ist der „Galiläische Ruf“, mit dem Jesus seine Jünger ausgesandt hat. Und es ist der „Makedonische Ruf“, durch den der Apostel Paulus nach Europa geschickt wurde. Die Errettung konnte nur durch Christi Gehorsam erreicht werden und wir wiederum müssen dem Auftrag Jesu gehorchen: *„Geht hin in die ganze Welt und predigt das Evangelium der ganzen Schöpfung …“* (Markus 16,15).

Denken Sie darüber nach!

## Fragen

1. Geben Sie drei Gründe dafür an, weshalb Jesus nicht mit der Frau am Brunnen hätte reden sollen und drei Gründe dafür, wieso er es tat.
2. Welche Botschaft machte aus dieser Nichtjüdin die erste Evangelistin der Welt?
3. Warum musste Jesus durch Samaria ziehen?

# Kapitel 3

# Nicht erst morgen ...

*„Jetzt ist der Tag des Heils.“*

2. Korinther 6,2

Wie Evangelisation funktioniert, lernen wir am besten, wenn wir uns anschauen, wie der größte Evangelist aller Zeiten Menschen mit dem Evangelium angesprochen hat.

Jesus hatte sich mit der Samariterin angefreundet und ihr den Weg der Errettung gezeigt. Dann tauchten seine Jünger auf. Er nutzte die Gunst der Stunde, um mit ihnen über Evangelisation und die Arbeiter im Erntefeld zu sprechen. Das, was er zu sagen hatte, ist offensichtlich von zentraler Bedeutung für uns alle, die wir für Jesus Christus arbeiten.

Blenden wir kurz einmal zurück. Jesus hatte der Frau gesagt, sie solle nach Hause gehen und ihren Ehemann holen. Daraufhin hatte sie sich aufgemacht und Jesus sah sie bald wiederum zurückkehren. Mit seinem Ausruf: *„Öffnet eure Augen!“*, forderte er seine Jünger auf, hinzusehen. Was sie da erblickten, überraschte sie. Es war ein vergnüglicher Anblick: Die Frau führte eine große Schar von Männern hinter sich her. Sie war losgezogen, vielleicht um ihren Lebensgefährten zu holen, doch ihre Begeisterung über den Fremden am Brunnen brachte die Männer der anderen Frauen aus der ganzen Stadt dazu, ebenfalls mit ihr zu gehen.

Das war die zweite Überraschung für die Jünger. Ihre erste Überraschung war gewesen, Jesus mit einer Frau – einer fremden Frau – reden zu sehen. Zu jener Zeit wäre es keinem Mann auch nur im Traum eingefallen, so etwas zu tun. Normalerweise sprachen Männer noch nicht einmal mit ihrer eigenen Frau auf offener Straße. Dass ein jüdischer Rabbi in der Öffentlichkeit mit einer Frau so fragwürdigen Ansehens überhaupt redete, bedeutete damals den Bruch sämtlicher sozialer, kultureller und religiöser Regeln. Kannte er denn gar keine Skrupel?

Und was war mit seinem Ruf? Die Wahrheit ist, dass Jesus sich nicht um seinen Ruf sorgte. Für ihn war es wichtiger, Menschen mit der Frohen Botschaft zu erreichen. Der Apostel Paulus schrieb den Philippern über die Selbsteinschätzung Jesu: *„Aber er machte sich selbst gering"* (Philipper 2,7). Er riskierte seinen guten Ruf nicht nur, als es um diese Frau und andere Randsiedler der Gesellschaft ging. Er tat es ständig, als er in die Welt kam und sich dazu entschied, Gemeinschaft mit Menschen zu haben. Er knüpfte Beziehungen zu solchen Menschen, die von anderen noch nicht einmal eines Blickes gewürdigt wurden. Das war es, was ihm am Herzen lag. Die mehrfach verheiratete Samariterin war ein typischer Fall. Er wusste genau, dass sie eine Sünderin war, und sprach dennoch mit ihr wie mit einer Vertrauten. Damit gab er uns ein klares Beispiel seiner Menschenfreundlichkeit und seiner Offenheit.

## Die Art wie Gott handelt

Man sagt, Gleich und Gleich gesellt sich gern. Jesus war uns nicht gleich, dennoch zögerte er keinen Augenblick, mit uns Gemeinschaft zu haben. Christus nimmt sündige Menschen an. Wir müssen das gewaltige Ausmaß dieser Tatsache begreifen. So wie wir es tun, knüpfte auch er Kontakte zu andern Menschen, aber für ihn war es Bestandteil einer göttlichen Strategie. Er erklärte seinen Jüngern, dass das Gespräch mit der Frau zu seinem von Gott gegebenen Auftrag gehörte: *„… dass ich den Willen dessen tue, der mich gesandt hat, und sein Werk vollbringe"* (Johannes 4,34). Für Jesus bedeutete das, *„eine Speise zu essen, die ihr nicht kennt"*.

Die Samariterin hatte ihm nicht zu trinken gegeben, als er sie darum bat, und das Essen der Jünger wollte er in dieser Situation auch nicht haben. Aber das Gespräch mit der Frau hatte ihn mit der tiefen Befriedigung erfüllt, die daraus entspringt, mit Gott direkt zusammenzuarbeiten. Er hatte einen Zweitagesmarsch zurückgelegt, um die Frau zu treffen – er wusste sich von Gott dazu geleitet, und ging diesen ungewöhnlichen Weg, denn *„der Sohn kann nichts von sich selbst tun, außer was er den Vater tun sieht; denn was der tut, das tut ebenso auch der Sohn"*

(Johannes 5,19). Anders ausgedrückt: Der Vater selbst sandte seinen Sohn auf den Weg zu dieser fragwürdigen Person dort am Brunnen von Sichar.

Wir wurden errettet,
um zu dienen,
und wir wurden errettet,
um andere zu retten.

In seinem gesamten Lebenswerk ging Jesus nach einem bestimmten Handlungsmuster vor, dem Handlungsmuster Gottes, das schon im Alten Testament beschrieben wird. Der Christus des Neuen Testaments war ein Abbild des alttestamentlichen Gottes (siehe z. B. die Beschreibungen Jesu in Philipper 2 und Hebräer 1). Gott selbst hatte früher schon Menschen wie diese Samariterin gerettet. Der Sohn Gottes hatte beobachtet, wie sein Vater Menschen, die es nicht verdient hatten, wiederhergestellt und ihnen Barmherzigkeit und Liebe erwiesen hatte. Es begann schon mit Adam und Eva. Unvergesslich ist auch seine Barmherzigkeit König David gegenüber, als er ihm sein doppeltes Verbrechen des Ehebruchs und der Mordanstiftung vergab (2. Samuel 12).

Wir wissen nicht, ob David sich selbst jemals vergeben hat. Aber die Erkenntnis, dass Gott immer noch einen Platz für ihn hatte, brachte ihn dazu, den Psalm 51 zu schreiben, der wie kein anderer ein gebrochenes Herz widerspiegelt. Es ist ein außergewöhnlicher Psalm, der eine bemerkenswerte Einsicht in das Herz Gottes beschreibt. David war seinen Zeitgenossen in jenen vorchristlichen Tagen damit weit voraus: *„Lass mich Fröhlichkeit und Freude hören ... Verbirg dein Angesicht vor meinen Sünden, und tilge alle meine Schuld ... Lehren will ich die Abgefallenen deine Wege, dass die Sünder zu dir umkehren“* (Psalm 51,10-15).

Jesus hatte beobachtet, wie Gott mit dem König David umgegangen war und tat jetzt, was der Vater einst getan hatte. Er reaktivierte die Barmherzigkeit vergangener Tage und behandelte diese sündige kleine Frau so, als ob sie niemals gesündigt hätte. Obwohl sie eine Sünderin war, verurteilte er sie mit keinem einzigen Wort. So verhielt sich Jesus immer. Jeden, den er rettete, behandelte er auf diese Weise, denn so vergibt Gott – uneingeschränkt. An jenem besonderen Tag in Samaria löste Jesus mit seinem Handeln die Buße und den Glauben einer ganzen

Stadt aus. Auch heute geht er noch so vor und wird es immer tun. Lukas erklärt in Apostelgeschichte 1,1, dass die Berichte des Evangeliums alles umfassen, *„was Jesus angefangen hat zu tun und auch zu lehren“*. Gott ist kein Gott der Vergangenheit, er ist kein erloschener Vulkan und schläft auch nicht: *„Nicht schläft noch schlummert der Hüter Israels“* (Psalm 121,4).

Die logische Schlussfolgerung daraus ist: Wenn wir als Christen etwas für die Rettung anderer Menschen zu tun beginnen, tun wir genau das, was Gott uns aufgetragen und selber auch getan hat. Solches Handeln erfüllte Christus mit Freude, und Christen erfüllt es ebenso. Der höchste Lebenssinn besteht darin, Teil der großartigen Dynamik ewiger Errettung zu sein. Gott arbeitet, und er arbeitet mit uns zusammen. Diese Aufgabe ist nicht mühsam, sondern bringt Freude. Wie David schon sagte, ist Freude Teil der Botschaft: *„Lass mir wiederkehren die Freude deines Heils. Lehren will ich die Abgefallenen deine Wege, dass die Sünder zu dir umkehren“* (Psalm 51,14f). Wir wurden errettet, um zu dienen, und wir wurden errettet, um andere zu retten.

## Der richtige Zeitpunkt

Die Begebenheit in Sichar lehrt uns auch etwas über den richtigen Zeitpunkt. Jesus sagte: *„Ich sage euch, hebt eure Augen auf und schaut die Felder an! Denn sie sind schon weiß zur Ernte“* (Johannes 4,35). Während er am Brunnen blieb und wartete, kam eine Menschenmenge aus der Stadt daher – nur Männer, wegen der Sommerhitze ganz in Weiß gekleidet. Sie sahen aus wie ein reifes Erntefeld, dessen Ähren sich im Wind wiegten. Johannes verleiht in seinem Evangelium normalen Situationen oft eine tiefere Bedeutung. Die weißen Gewänder erinnern an ein Erntefeld – ein geistliches Erntefeld.

> Die Erntefelder Gottes in unserer Welt sind schon lange reif zur Ernte. Tatsächlich sind die schlimmsten Zeiten die besten Zeiten für Evangelisation, da Evangelisation Dinge verändert.

Als Jesus zu seinen Jüngern sprach, benutzte er ein damals bekanntes Sprichwort: *„Es sind noch vier Monate und die Ernte kommt"*. Damit sollte angedeutet werden, dass kein Grund zur Eile bestand. Wir haben ähnliche Sprichwörter, so zum Beispiel: „Rom ist nicht an einem Tag erbaut worden", „Eile mit Weile", oder, wie die Spanier sagen würden, „mañana" – „Morgen ist auch noch ein Tag". Die Haltung entsprach ganz dem langsamen und ruhigen Lebenstakt des Orients. Jesus griff dieses für jene Zeit typische Sprichwort auf, kehrte es jedoch um und sprach: *„Sagt ihr nicht: Es sind noch vier Monate und die Ernte kommt? Siehe, ich sage euch: Hebt die Augen auf und schaut die Felder an! Denn sie sind schon weiß zur Ernte."* Es gab keine Zeit zu verlieren.

Die Frau am Brunnen hatte auf ihre Art in die Tat umgesetzt, was Jesus gemeint hat. Sie hatte die Ernte eingeholt. Sie war mit Herz und Hand bei der Sache. Sie war wie Dynamit! Für sie war der richtige Augenblick jetzt. Jesus sah, wie energisch sie ans Werk ging, und sagte deshalb: *„Damit beide, der da sät und der da erntet, sich gemeinsam freuen"* (Johannes 4,36). Oder, wie der Prophet Amos voraussagte: *„Siehe, Tage kommen, spricht der Herr, da rückt der Pflüger nahe an den Schnitter heran und der Traubenernter an den Sämann"* (Amos 9,13).

Die Erntefelder Gottes in unserer Welt sind schon lange reif zur Ernte. Tatsächlich sind die schlimmsten Zeiten die besten Zeiten für Evangelisation, da Evangelisation Dinge verändert. Das Evangelium ist die einzige Kraft, die das Leben von Menschen verändern kann. Eine echte Bekehrung hat bessere Wirkungen als Polizeikräfte oder Gerichtshöfe. *„Jetzt ist der Tag des Heils"* (2. Korinther 6,2). Heute ist der richtige Zeitpunkt. Der Heilige Geist kennt keinen Feierabend. Die Samariterin machte sich keine Gedanken darüber, ob der Zeitpunkt richtig war oder nicht, sie berichtete einfach den Männern auf der Straße von dem, was sie gerade erlebt hatte. Das ist besser als alle Verfahren der Ungläubigen und Weltweisen. Sie verursachen oft nur Probleme und versuchen dann, ihre Fehler durch drakonische und restriktive Gesetze zu korrigieren. Die Begegnung mit Jesus bringt dagegen die Menschen innerlich weiter.

Die Frau ohne Namen ist unser biblisches Vorbild. Sie verbrachte nicht ihr halbes Leben damit, sich vorzubereiten und von einer Schulung zur anderen zu gehen, um als ewiger Student zu enden. Jesus sucht Seelenretter, die sich mit Eifer an die Arbeit machen. Ganz gleich ob Akademiker oder Analphabet – unsere Aufgabe besteht darin, die Welt zu retten. Manche Christen sammeln akademische Qualifikationen, Zeugnisse und Abschlüsse, während andere Menschen hingehen und die Ernte einholen. Das ist wirksamer. Natürlich schadet es indessen nicht, wenn wir uns auf den Dienst an Menschen gründlich vorbereiten lassen.

Die meisten Dinge des täglichen Lebens wie Musik, Tischlerei, Kunst und Schwimmen, erlernen wir durch praktische Einübung. Genauso kann man auch die Prinzipien der Evangelisation erlernen. Jesus sandte seine Jünger auf ein missionarisches Übungsfeld. Sie hatten keine Zeit, sich vorzubereiten und zogen ohne Handbuch, ohne Mitarbeiter, ohne Geld oder ein zweites Paar Schuhe los. Sie litten keinen Mangel und selbst die Dämonen hatten ihnen zu gehorchen. Diese Erfahrung war sehr lehrreich für die Jünger. Konferenzen, Seminare und lange Gebetszeiten sind wichtig; ihr Ziel ist jedoch, Menschen auszurüsten, Gottes Werk zu tun. Und Gottes Werk ist die Errettung der Welt.

## Mit dem Evangelium Unternehmer sein

Im Rahmen unseres Evangelisationsprogramms bei „Christus für alle Nationen“ rüsten wir Tausende von christlichen Arbeitern für den Dienst der Evangelisation zu. Diese Veranstaltungen nennen wir „Feuerkonferenzen“. Alles hat seine Zeit; Lernen hat seine Zeit und Arbeiten hat seine Zeit. Durch Denken allein wird kein Feld gepflügt. Für Jesus war sein Auftrag ein drängendes Anliegen, doch war er nie in Eile. Er gibt auch uns die Anweisung, zu arbeiten „solange es Tag ist“, da schon morgen die Nacht über uns hereinbrechen könnte. Während des Krieges wurden Piloten vor dem Start kurz über ihren Auftrag aufgeklärt, Fragen wurden gestellt und beantwortet. Darauf folgte die einfache Aussage des befehlshabenden Offiziers: „Meine Herren, guten Flug!“

Die Samariterin war „der erste Evangelist" der Welt. Sie führte Menschen mit einer einfachen Einladung zu Jesus: *„Kommt und seht einen Menschen!"* Sie besaß keine Bibelkenntnis, wurde aber, kaum dass sie Jesus kennen gelernt hatte, zum Evangelisten. Das lag natürlich an den besonderen Umständen, die Gott so gewollt hatte und bedeutet nicht, dass unsere eigenen Mitarbeiter alle dieser Frau gleich sein müssten.

Nach seiner Auferstehung beauftragte Jesus seine Jünger: *„Ihr werdet meine Zeugen sein, sowohl in Jerusalem als auch in ganz Judäa und Samaria"* (Apostelgeschichte 1,8). Samaria war der Ort, an den Jesus seine Jünger sandte; dorthin zu gehen, war das Letzte, das sie als Juden hätten tun wollen. Tatsache ist: Sie sind niemals dorthin gegangen. Das taten andere, die später zur urchristlichen Gemeinde dazukamen. Als die Jünger einmal mit Jesus durch Samaria wanderten und von den Bewohnern abgewiesen wurden, hätten sie lieber Feuer vom Himmel fallen lassen, um die Stadt zu zerstören, als dort zu predigen.

Am Ende wurde Samaria von jemandem evangelisiert, der den Missionsbefehl nicht direkt aus Jesu Mund gehört hatte, aber vom Geist Christi erfüllt worden war. Es handelte sich um einen Griechisch sprechenden Mann namens Philippus. Die Apostel hatten ihn damit beauftragt, bei den Mahlzeiten für die Witwen zu sorgen, aber wie bei der Samariterin, drängte auch sein Herz ihn dazu, aufzustehen und zu evangelisieren. Vielleicht schlüpfte er davon und die Apostel bemerkten es erst, als sie Kunde von der Taufe Tausender erhielten, die sich in Samaria durch den Predigtdienst des Philippus bekehrt hatten. Unter ihnen war auch ein hochrangiger ägyptischer Beamter. Wie die Frau am Jakobsbrunnen verfügte auch Philippus nicht über Mitarbeiter oder Organisationen, die ihn unterstützten. Und wie sie war auch Philippus so etwas wie ein Evangeliumsunternehmer. Bei beiden bestand der Unternehmensvorstand aus zwei Personen, nämlich ihnen selbst und dem Heiligen Geist.

Die Umstände brachten mich einmal in eine ähnliche Situation. Als unser erster Missionseinsatz in Afrika zu Ende war, hatten wir niemanden, der uns weiter angespornt oder finanziell unterstützt hätte.

Ich war allein auf weiter Flur und musste deshalb mein ganzes Vertrauen auf den Heiligen Geist setzen. Später lehrte mich die Erfahrung, es niemals anders zu handhaben. Denn Gott ist treu.

## Agenten im Auftrag Christi

Nun aber noch einmal zurück zu der Begebenheit in Johannes 4. Dort fuhr Jesus fort, über Evangelisation zu lehren, als er sagte: *„Denn hierin ist der Spruch wahr: Ein anderer ist es, der da sät, und ein anderer, der da erntet. Ich habe euch gesandt zu ernten, woran ihr nicht gearbeitet habt; andere haben gearbeitet, und ihr seid in ihre Arbeit eingetreten"* (Johannes 4,37f). Bis zu jenem Zeitpunkt hatten die Jünger noch nicht viel geleistet. Demzufolge sprach Jesus von ihrer zukünftigen Arbeit. Das genau ist der Punkt, auf den ich hinaus möchte: Selbst auf kirchenstrategisch unerschlossenem Gebiet ist alles für uns vorbereitet. Die Frau „pflügte" in ihrer Stadt Sichar den Boden für Jesus und er wurde von den Samaritern eingeladen, zwei Tage bei ihnen zu bleiben. Die Männer von Sichar sagten zu der Frau: *„Wir glauben nicht mehr um deines Redens willen, denn wir selbst haben gehört und wissen, dass dieser wahrhaftig der Retter der Welt ist"* (Johannes 4,42). Das war natürlich gut. Dennoch haftete dem Ganzen ein bitterer Nachgeschmack an. Männer hörten nicht auf Frauen, denn in jenen Tagen galten sie in öffentlichen Angelegenheiten nichts. Und trotzdem bleibt die Tatsache: Diese Männer kamen durch die Samariterin zu Jesus, auch wenn sie ihren zündenden Beitrag dazu hinterher herunterspielten. Sie war „die Agentin" Christi, ganz gleich, was die Männer davon hielten.

Philippus ging ungefähr zwei Jahre nachdem Jesus dort gewesen war nach Samaria und baute auf der Grundlage auf, die Jesus gelegt hatte. *„Und es war große Freude in jener Stadt"* (Apostelgeschichte 8,8). Evangelisation ist niemals die Arbeit eines Einzelnen. Der Meister ist mit uns, auch der Heilige Geist und viele andere Verbündete, bekannte oder unbekannte, Engel eingeschlossen. Gott denkt an die Gebete, die Menschen vor langer Zeit gesprochen haben; wir und unsere Arbeit sind seine Antwort auf diese Gebete. Gott vergisst kein einziges Gebet – niemals.

Er möchte, dass wir ihm vertrauen. Wir benötigen keine himmlische Empfangsbestätigung unserer Gebete. Sie kommen sicher dort an und kein Teufel wagt es, ein Gebet im Namen Jesu zu behindern.

In dem Gleichnis vom Fischernetz (Matthäus 13) vergleicht Jesus Evangelisation mit einem Netz, das aufs Wasser hinausgeworfen wird. Es treibt dort auf den Wellen, nichts scheint zu geschehen, doch die Fische schwimmen hinein. Sobald das Netz voll ist, ziehen es die Fischer an Bord und sortieren die Fische. Wenn wir „Menschen fischen gehen", mag es den Anschein haben, dass nichts geschieht. Aber der Heilige Geist wirkt, auch wenn es keinen sichtbaren Beweis dafür gibt. Wir sollten uns nicht davon entmutigen lassen, dass wir nichts sehen.

Die ersten Missionare drangen in den afrikanischen Dschungel vor, um die Menschen weit entfernt lebender Volksstämme mit dem Evangelium zu erreichen und sahen keine großen Erfolge. Seit jenen Tagen haben sich durch die geschichtliche Entwicklung unzählige Veränderungen vollzogen. Heute sind Abermillionen von Menschen besorgt um ihre Zukunft und die einzige wirklich klare Antwort finden sie in der Frohen Botschaft. Menschenmassen – vielleicht die größten aller Zeiten – versammeln sich voller Verlangen, das Wort Gottes zu hören. Sie haben häufig Erfahrungen mit Religion gemacht, jener Art von Religion, die mit Blutvergießen und Körperverletzung verbreitet wird. Es ist eine Religion, die viel verlangt, aber wenig zu bieten hat. Religion, die mit Angst und Unterdrückung einhergeht.

> Philippus, Paulus, Petrus und all die anderen wunderbaren Menschen haben auf uns gezählt, dass wir die Arbeit dort fortführen, wo sie aufgehört haben.

Im Unterschied dazu bringt uns die Frohe Botschaft Freude, Freiheit, Frieden und Hoffnung. Wir haben erlebt, wie an einem Tag mehr Menschen Jesus Christus angenommen haben, als die Bevölkerung Roms zu Paulus Zeiten zählte. Ich bezweifle, dass wir ohne die Opfer und die Hingabe, die Männer und Frauen in den letzten 150 Jahren erbracht haben, heute so viel sehen würden. Wir ernten dort mit Freuden, wo andere Männer und Frauen mit Tränen gesät haben.

Ich empfinde den Gedanken, dass Philippus, Paulus, Petrus und all die anderen wunderbaren Menschen auf uns gezählt haben könnten, einerseits als beinahe erschreckend, andererseits zweifelsohne als aufregend. Wir dürfen die Arbeit dort fortführen, wo sie aufgehört haben. Ihre Last wurde auf unsere Schultern gelegt – Gott sei Dank aber auch ihr Mantel der Vollmacht.

## Belohnungen

Jesus sprach auch über den Lohn: *„Der da erntet, empfängt Lohn und sammelt Frucht zum ewigen Leben“* (Johannes 4,36). Was wir tun, tun wir für ihn. Wir reichen Männern und Frauen, die mit Problemen beladen sind, eine helfende Hand. Aber, *„jeder Arbeiter ist seines Lohnes wert“* (1. Timotheus 5,18). Wir dienen dem Herrn Jesus Christus, und er ist ein großzügiger Arbeitgeber. Arbeitet ein Mensch für Geld, wird er mit Geld entlohnt. Doch Jesus sprach nicht über unsere Lohnabrechnung. Das Glück und die Freude, einen Menschen für Jesus gewonnen zu haben, wird man erst verstehen, wenn man es selbst erlebt hat. Weder das beste Verkaufsgeschäft noch das ausgezeichnetste Produkt oder das größte Bankguthaben können uns mit mehr Zufriedenheit erfüllen, als wenn wir einen Menschen zu Christus führen konnten. Uns liegt nichts daran, die Namen dieser Menschen als einige mehr auf einer Liste abzuhaken. Wir wollen, dass ihre Namen in den Fels der Ewigkeit eingemeißelt werden. Ist der Gedanke nicht erstaunlich, dass das Evangelium nicht Engeln, sondern uns Menschen anvertraut wurde?

Jesus sucht keine billigen Arbeitskräfte. Es geht ihm nicht darum, größtmögliche Gewinne durch Niedrigstlöhne zu erzielen. *„Die Ältesten, die gut vorstehen, sollen doppelter Ehre gewürdigt werden“* (1. Timotheus 5,17). Im griechischen Text steht das Wort *time*. Dieses Wort kommt im Neuen Testament 41-mal vor und wird für gewöhnlich mit *Ehre* übersetzt. Aber an neun Stellen lautet die Übersetzung *Preis*; eine Bedeutung, die das Wort in unserer Bibelstelle haben kann – also ein „doppelter Preis“. Das eigentliche Wort für Lohn ist *misthos*. Was aber interessiert einen armen Arbeiter „doppelte Ehre“? Maleachi 3,5 klärt uns über Gottes Standpunkt auf: *„Ich werde ein schneller Zeuge sein gegen die, die den Lohn des Tagelöhners drücken."*

Jesus vermeidet das Wort „Lohn" nicht. Er sagte: *„Der da erntet, empfängt Lohn"* (Johannes 4,36). Gott gibt reichlich und großzügig. *„Er* – der Mensch, der Gott dient – *geht weinend hin und trägt den Samen zum Säen. Er kommt heim mit Jubel und trägt seine Garben"* (Psalm 126,6). Wie großartig ist dieser Ruf, Menschen zu Jesus zu führen, sie zu segnen, ihnen die Liebe der Familie Gottes entgegenzubringen und Freundschaft mit ihnen zu schließen!

Jesus sagt, wer Opfer bringt, empfängt hundertfachen Ausgleich (Markus 10,30). Franz von Assisi rief Menschen zu einem Leben in Armut auf. Jesus hat das nie getan. Er sandte seine Jünger auf eine Missionsreise und fragte sie hinterher, ob sie Mangel gelitten hätten. Ihre Antwort auf diese Frage lautete: „Nein!" Unser Herr Jesus ist der großzügigste aller Herren. Er ist der König und gibt in königlicher Manier.

## Fragen

1. Evangelisation hat ihre eigene Belohnung. Würden Sie härter oder mehr arbeiten, wenn Sie dafür eine Bezahlung bekämen?
2. Welche Verbündeten haben Sie beim Evangelisieren?

*Ich nenne euch nicht mehr Sklaven,*

*denn der Sklave weiß nicht, was sein Herr tut;*

*euch aber habe ich Freunde genannt, weil ich alles,*

*was ich von meinem Vater gehört habe,*

*euch kundgetan habe.*

Johannes 15,15

Kapitel 4

# Frondienst für Gott?

*„Ich nenne euch nicht mehr Sklaven …*
*Ich habe euch Freunde genannt."*
Johannes 15,15

Wir werden nicht zu Christen, indem wir uns eine besondere Last von Anforderungen auf die Schultern laden. Jesus Christus ist derjenige, der die Lasten trägt; und nicht der, der sie uns auflädt. *„Kommt her zu mir, alle ihr Mühseligen und Beladenen! Und ich werde euch Ruhe geben!"* (Matthäus 11,28). Alles, was wir tun könnten, um ihm zu gefallen, ist vergeblich, wenn wir es in eigener Anstrengung tun wollten.

Zeugen Christi zu sein heißt nicht, Zeugen unserer eigenen Frömmigkeit oder eines Lebens voller Gebote und Verbote zu sein. Dadurch werden nur unnötige Mauern aufgebaut, die Menschen erst einmal überwinden müssen, um überhaupt zu Jesus zu gelangen. Das Leben eines Christen wird in der Bibel zwar mit einem Wettlauf verglichen, aber nicht mit einer Bergexpedition. Das ewige Leben zu predigen bedeutet nicht, ein Heiligungsprogramm zu predigen.

Wir sind uns vermutlich alle unserer Unzulänglichkeiten bewusst. Aber manche Menschen sind Gott gegenüber ängstlich und meinen sogar, sich ständig rechtfertigen oder entschuldigen zu müssen. Ihr christliches Leben ist mühselig. Es scheint, als hätten sie einen strengen und kritischen Gott, der wegen ihrer Fehler und Schwächen ihre Arbeit nur ungern segnet. Sie machen sich Sorgen, dass sie Gott betrübt oder seinen Willen auf irgendeine Art und Weise verfehlt haben könnten.

Ist Gott wirklich so? Verlangt er ständig das Unmögliche? Mein Gott tut das nicht. Wir sind aufgefordert, „mutig" zu ihm zu kommen – nicht verschämt. Wir dürfen vielmehr mit Lobpreis und überschwänglicher Freude in seinen Vorhof kommen und seinen herzlichen Empfang erwarten. Unsere Lieder sollten kein Trauergesang sein, sondern pulsierende Rhythmen unserer Seele, die uns in unser eigenes Zuhause begleiten, wo uns der Vater selbst an der Tür erwartet. In seiner Gegenwart ist Freude in Fülle – für ihn und für uns.

Satan, der „Ankläger unserer Geschwister", schüchtert uns nur zu gerne ein und zeichnet gerne ein falsches Bild von unserer Beziehung zu Gott. Gottes Augen sind heilig, das ist wahr, aber Jesus *„ist uns Weisheit von Gott und Gerechtigkeit und Heiligkeit und Erlösung geworden"* (1. Korinther 1,30). Wir müssen nicht herumkriechen und uns selbst erniedrigen, als seien wir eroberte Gefangene. Wir sollen uns auch nicht erniedrigende Namen zulegen, wie etwa „abscheuliche Sünder" oder „nur Staub".

Ich singe nicht: „Ich bin nur ein Sünder, durch Gnade errettet" [1]. Ich bin nicht mehr *nur* ein Sünder. Ich krieche nicht schuldgebeugt und bedrückt umher, stets in Gedanken daran, dass ich ein Ex-Sünder bin, als sei ich ein Krimineller, der gegen eine Kaution vorübergehend freigelassen worden ist. Nein, ich wurde durch Gnade gerechtfertigt und werde von Gott behandelt, als hätte ich nie gesündigt. Ich bin ein neugeborenes, auserwähltes und geliebtes Kind Gottes. *„Wer will uns dann verurteilen?"* (Römer 8,34).

Bevor wir anfangen, uns zu fragen, ob Gott uns anhört, müssen wir hinhören, was er uns zu sagen hat. Er fordert uns auf, mit ihm und für ihn zu arbeiten. Jesus bietet uns das Dienen als ein nobles Privileg an, nicht als Plackerei oder Langeweile. Er ist unser Vorbild. Er sagte: *„Mein Vater wirkt bis jetzt, und ich wirke auch." „Der Sohn des Menschen ist nicht gekommen, um bedient zu werden, sondern um zu dienen"* (Johannes 5,17; Matthäus 20,28).

[1] I'm only a sinner saved by grace.

Arbeiten, d. h. etwas Sinnvolles tun, entspricht dem Wesen Gottes und die Verpflichtungen des Lebens sind als ein ununterbrochener Liebesdienst gedacht. Gott ist nicht unser Arbeitgeber und wir die Arbeitnehmer, die Untergebenen, die Handlanger. Wir haben Anteile im „Familienunternehmen" unseres Vaters. Jesus sagte: *„Ich bin in dem, was meines Vaters ist"* (Lukas 2,49) und seine Angelegenheiten sind auch die unseren geworden.

## Liebe als Grundlage des Dienens

Was Jesus uns zum Thema Dienen lehrt, wird in Johannes 15,9-17 beschrieben. Gleich die ersten Worte zeigen, wie wichtig ihm die Liebe ist. *„Wie der Vater mich geliebt hat, so habe ich euch geliebt. Dies ist mein Gebot, dass ihr einander liebt, wie ich euch geliebt habe"* (VV 9+12).

> Wir werden nicht zu Christen, indem wir uns eine besondere Last von Anforderungen auf die Schultern laden. Jesus Christus ist derjenige, der die Lasten trägt; und nicht der, der sie uns auflädt.

Liebe als Grundlage des Dienstes wird in der Heiligen Schrift besonders hervorgehoben. Unser erstes Beispiel finden wir im Alten Testament. Dort wird im ersten Buch Mose erzählt, wie Abrahams Enkelsohn Jakob sieben Jahre für die Liebe der schönen Rahel dienen musste. Nachdem in späterer Zeit die bürgerlichen Gesetze anhand der Zehn Gebote definiert worden waren, gab Gott dem ganzen Volke Israel ein neues Gesetz zu einem Dienst aus Liebe. Das zeigt uns, dass nur die Liebe das Gesetz Gottes erfüllen kann.

In 2. Mose 21,1-6 wird ein Mann beschrieben, der Schulden bei seinem Gläubiger abarbeitet. Er musste nicht länger als sechs Jahre arbeiten. Während dieser Zeit konnte er heiraten und eine Familie gründen. Seine Familie gehörte dann jedoch rechtlich gesehen seinem Herrn, dem er diente. Im siebten Jahr wurde er frei und durfte gehen, seine Familie konnte er aber nicht mitnehmen. Wenn er seine Familie liebte und bei ihr bleiben wollte, musste er ein Dienstsklave auf Lebenszeit werden. Er musste sich selbst seinem Herrn hingeben, für die Liebe zu seiner Frau und Familie.

Dieses mosaische Gesetz deutet bereits auf Jesus hin. Nach der obigen Rechtsordnung wurde dem Mann, der auf Lebenszeit dienen wollte, am Türpfosten das Ohr mit einem Pfriem durchstochen. Das hinterließ eine Narbe, an der jeder erkennen konnte, dass dieser Mann sein Leben lang um der Liebe zu seiner Frau und Familie willen zu dienen bereit war. Jesus hat sich Gott auch für uns hingegeben, für immer. Er wurde auch für uns durchstochen. In der Offenbarung, dem letzten Buch der Bibel, erscheint Jesus mit den Wundmalen, die er für uns am Kreuz erlitten hat. Ohne die Liebe ist das Befolgen von Befehlen bloße Erfüllung von Pflichten. Die Liebe macht aus dem Dienen eine Freude. Arbeit kann dann so etwas wie eine herzliche Umarmung werden.

## Freunde Jesu

In seiner Rede spannt Jesus den Bogen noch viel weiter. *„Größere Liebe hat niemand als die, dass er sein Leben hingibt für seine Freunde“* (Johannes 15,13). Diese Worte Jesu sind überall auf der Welt auf Kriegsdenkmälern und Grabsteinen eingraviert. Sie geben dem selbstlosen Sterben für andere einen tieferen Sinn.

Warum rühmte Jesus das Sterben für „Freunde“? Wäre es nicht eine viel größere Liebe, wenn jemand für seine Feinde stirbt? Die Antwort liegt in dem, was Jesus mit „Freund“ gemeint hat. Es ist viel mehr als die normale Freundschaft eines Kameraden. Im Griechischen steht hier *philos*. Bei seiner Gefangennahme nannte Jesus seinen Verräter Judas „Freund“, wie wir in unserer Sprache sagen würden. Er benutzte aber dafür das griechische Wort *hetairos* (ein Mitglied, Erbe der Sippe), nicht das Wort *philos*. Jesus sagte das mit einem ironischen Unterton und zeigte, dass Judas nicht die Art von einem engen Freund war, von dem die Bibel so oft spricht. Die *philoi*-Freunde Jesu waren auserwählte Menschen, Menschen mit einer besonderen Eigenschaft; sie waren vertrauenswürdig.

Im Alten Testament finden wir einige Beispiele für echte Freunde, die bei hoch gestellten Persönlichkeiten eine privilegierte Stellung genossen: *„Sabud, der Sohn Nathans, war Priester und Freund des Königs“* (1. Könige 4,5 Elberfelder; Menge: Vertrauter); oder: *„Amnon hatte einen Freund, sein Name war Jonadab, ein sehr kluger Mann“* (2. Samuel 13,3) und *„Hushai, der Arkiter, der Freund Davids“* (2. Samuel 16,16). Das waren offizielle „Freunde“, keine Adligen, sondern Berater, die bei den Herrschern lebten. Sie waren stets auserwählte Männer.

Jesus sagte zu seinen Jüngern: *„Ich habe euch erwählt“* (Johannes 15,16). Damit meinte er ihre Erwählung als seine „Freunde“. Diese Bibelstelle meint nicht die Errettung zum ewigen Leben. Hier wurden Jesu Jünger als Freunde ausgewählt, um auf eine besondere Weise mit ihm zu dienen.

Früher suchte ein Herrscher manchmal einen Jungen aus, der mit seinem Sohn zusammen aufgezogen werden sollte. Der Prinz und der Junge wuchsen in enger Freundschaft miteinander auf. Der Junge war dazu auserwählt, die Probleme, Geheimnisse und Gedanken des Prinzen zu teilen, besonders dann, wenn der Sohn später die Stellung seines königlichen Vaters einnehmen sollte. Der Jugendfreund wurde sein persönlicher Berater, der ihn durch und durch kannte, mit den Staatsgeheimnissen und Geschäften vertraut war und der immer in enger Verbindung zum König stand – der mächtige Mann hinter dem Thron.

Als Jesus sagte: *„Ich nenne euch nicht mehr Sklaven. Ich habe euch Freunde genannt“*, war es diese Art von Freundschaft, die er meinte. Abraham war solch ein Freund Gottes (siehe 2. Chronik 20,7) und Gott beriet seine Absichten mit diesem Patriarchen. *„Der HERR aber sprach bei sich: Sollte ich vor Abraham verbergen, was ich tun will?“* (1. Mose 18,17). 400 Jahre später hatte Gott einen weiteren Freund – Mose. *„Der HERR redete mit Mose von Angesicht zu Angesicht, wie ein Mann mit seinem Freund redet. Er tat seine Wege kund dem Mose“* (2. Mose 33,11; Psalm 103,7). Das Thema der Freundschaft Gottes zieht sich durch die gesamte Heilige Schrift. Die Propheten sind Freunde Gottes: *„Denn der Herr tut nichts, es sei denn, dass er sein Geheimnis seinen Knechten, den Propheten, enthüllt hat“* (Amos 3,7).

Jesus schuf jetzt die gleiche Vertrautheit mit den Menschen. Er offenbarte seinen Jüngern geistliche Geheimnisse, indem er sagte: *„Ich nenne euch nicht mehr Sklaven, denn der Sklave weiß nicht, was sein Herr tut; euch aber habe ich Freunde genannt, weil ich alles, was ich von meinem Vater gehört habe, euch kundgetan habe“* (Johannes 15,15). Tatsächlich hat er sogar Frauen in seinem engeren Gefolge als Vertraute um sich gehabt, obwohl man damals allgemein Frauen nicht für wirklich vertrauenswürdig hielt (Lukas 8,1-3).

Menschen, die Seelen für Jesus gewinnen, *„haben Christi Sinn“* (1. Korinther 2,16). Es ist unsere Aufgabe als Christen, Gottes Sinn zu kennen und das Evangelium als seine Botschafter zu predigen. Wir überbringen einfach nur die Botschaft. Es ist nicht unsere eigene Botschaft, sondern Gottes Herzensanliegen. Paulus sagte, dass Gott ihm das Evangelium anvertraut und so aus ihm einen Schuldner aller Nationen gemacht hat, bis er ihnen Gottes Botschaft brachte. Das Wort Gottes erleuchtet unseren Verstand. Der Heilige Geist schreibt Jesu Worte wie mit Feuer in unsere Seele und gibt uns die Autorität, sie auszusprechen. Verändert oder verwässert man sie, lösen sie sich in nichts auf und bleiben ohne Wirkung.

Gottes Absicht zu kennen bedeutet nicht, Informationen zusammenzutragen, als handele es sich um eine Reihe von Tatsachen, die man einfach nur verstehen müsse. Gott sendet sein Wort, um sein Ziel zu erreichen. Es ist eine effektive, lebendige Kraft darin. Es gibt kein anderes Buch, das so ist wie die Bibel. Keine anderen Worte, die jemals geschrieben wurden, besitzen die Kraft, so auf uns einzuwirken wie das Wort Gottes.

Es wirkt zuerst im Botschafter selbst, danach in seinen Zuhörern und bringt sie dann in Einklang mit der Botschaft. Die Bibel verteidigt sich selbst. Kritiker kümmern sie nicht, denn sie selbst kritisiert alle Menschen durch die ihr innewohnende Wahrheit. Jesus sagte: *„Wenn ihr meine Gebote haltet* [dass einer den anderen liebe]*, so werdet ihr in meiner Liebe bleiben"* (Johannes 15,10). Das ist sein Versprechen. Er sagte: *„Die Worte, die ich zu euch geredet habe, sind Geist und sind Leben"* (Johannes 6,63). Er spricht von der Liebe, und seine Worte erschaffen Liebe; er umhüllt uns bildlich gesprochen mit Gewändern, gewoben auf dem Webrahmen seiner ewigen Liebe.

## Der König, der für den Diener stirbt

Als Jesus sagte: *„Größere Liebe hat niemand als die, dass er sein Leben hingibt für seine Freunde"*, machte er eine erstaunliche Aussage. Von dem Freund eines Königs wurde erwartet, dass er sein Leben für seinen Herrn riskierte. Wir sahen weiter oben das Beispiel von Huschai, der Davids Freund und Berater war. Als Prinz Absalom rebellierte und versuchte, seinem Vater den Thron abspenstig zu machen, schmeichelte sich Huschai gekonnt bei ihm ein und wurde Mitglied seines Kriegsrats. So brachte er Absaloms Pläne in Erfahrung und nutzte die Flüsterpropaganda einer ganzen Reihe von Menschen, um diese internen Informationen dem König David zuzutragen. Das war ein riskantes Unterfangen. Einer der Kuriere wurde dabei fast geschnappt. David hatte natürlich auch noch andere Freunde, aber Huschai riskierte sein Leben, um eine bestimmte Mission zu erfüllen (2. Samuel 15,30-37).

Nicht nur Huschai, sondern die gesamte israelitische Armee war bereit, für David ihr Leben auf dem Schlachtfeld zu lassen. Er als König wollte mitkämpfen und seine Truppen anführen, aber das wollten seine Freunde nicht. *„Du sollst nicht mit uns ausziehen. Denn Du bist wie zehntausend von uns"* (2. Samuel 18,3). Die Tausende Israels waren bereit, ihr Leben für den König David zu opfern, ließen aber nicht zu, dass er sein Leben für sie riskierte; das wäre undenkbar gewesen.

Jesus ist im übertragenen Sinne unser David, derjenige, dem es gebührt und der es wert ist, dass wir für ihn und seine Sache sterben. Millionen von Menschen haben das getan und tun es noch immer als seine Zeugen, Bekenner und Märtyrer. Das ist die höchste Form der Hingabe. Viele starben einst für David, und viele starben in den letzten zweitausend Jahren für Jesus, Davids großartigen Nachkommen. Auch in diesem Sinne nennt ihn die Bibel den „Sohn Davids".

Vollkommen ungewöhnlich wäre ein König, der für seine Armee stirbt oder der sich vor seine Leibgarde stürzt und einen tödlichen Hieb abfängt. Wir müssen unsere Denkweise anpassen, damit wir die erstaunliche Wahrheit des Evangeliums wertschätzen: Jesus opferte sein Leben für seine Freunde – für uns, die wir doch unser Leben für ihn opfern sollten. Paulus sagt im Blick darauf: „*… kaum wird jemand für einen Gerechten sterben, für den Gütigen möchte vielleicht jemand auch zu sterben wagen. Gott aber erweist uns seine Liebe darin, dass Christus, als wir noch Sünder waren, für uns gestorben ist*" (Römer 5,7f).

## Gottes Herzensschrei auf Golgatha

Diese Überschrift mag dem landläufigen religiösen Glauben von heute lächerlich erscheinen. „Tue recht und scheue niemand", sagt man im Volksmund, und auch die Religionen kommen zu diesem Schluss. Wo kommt da Jesus ins Spiel? Was ist mit der grandiosen Tatsache, dass Jesus auf die Erde kam und sein Leben für uns hingegeben hat? Wenn es nur darum ginge, gut und freundlich zu sein, warum brachte er dann dieses Opfer? War es nur ein tragisches Missverständnis? Welch eine unglaubliche Vermessenheit trauen Menschen sich zu! Ganz normale Männer und Frauen tun das Evangelium als unbedeutend ab, ohne seine ergreifende Botschaft jemals wirklich gehört oder verstanden zu haben. Sie denken nicht darüber nach, dass Millionen Menschen seit 2.000 Jahren gute Gründe für ihre Liebe zu Jesus haben.

Der Herzensschrei Jesu auf Golgatha übersteigt unsere menschlichen Vorstellungen. Das unfassbare Geschehen am Kreuz kann man eher mit dem Herzen fassen. Doch Golgatha ist auch für den Verstand der geschichtliche Beweis der Wahrheit, dass wir Menschen einen Retter brauchen. Das Evangelium ist der Fels, der niemals wankt. Golgatha ist die Stimme Gottes, und Evangelisation ist der fortgesetzte Herzensschrei Jesu von Golgatha aus in alle Welt.

Wir leben im Glauben für Jesus, doch Jesus lebt ganz für uns. Er ist kein „guter Zweck" für uns, sondern, wir sind das für ihn! Wir meinen ihm zu helfen, dabei hilft er uns. Wir verteidigen ihn, aber er verteidigt vielmehr uns. Es ist nicht so, dass wir ihn erkoren haben, sondern er hat uns gewollt: *„Ihr habt nicht mich erwählt, sondern ich habe euch erwählt"* (Johannes 15,16). Wir haben ihn nicht als unseren Herrn erwählt. Er erwählt uns. Wir bauen nicht sein Reich, sondern er tut es durch uns. *„Fürchte dich nicht, du kleine Herde! Denn es hat eurem Vater wohlgefallen, euch das Reich zu geben"* (Lukas 12,32).

Wir werden ihn niemals zum König der Könige krönen, aber er hält Kronen der Gerechtigkeit für seine treuen Dienerinnen und Diener bereit. Jesus verdient viel mehr, als wir ihm jemals geben können. Wenn wir alles getan haben, haben wir doch nur getan, was wir konnten. Was wir für ihn erreichen, ist nichts, wenn wir daran denken, was er für uns erreicht hat. Wir tragen sein Joch, doch er trägt das schwere Ende. Wir waren seine Feinde, waren ohne Liebe zu ihm. Aber er nennt uns „Freunde". Für ihn bedeutete sein Dienen letztendlich, an einem Kreuz zu sterben.

## Seine Mitarbeiter

Jesus diente und lehrte seine Jünger das Dienen zu einer Zeit, als die Hälfte der Bevölkerung aus Sklaven bestand. Roms Wirtschaft war auf Sklaverei gegründet. Größe und Macht eines Bürgers wurden nach der Anzahl seiner Sklaven beurteilt. Nach römischem Maßstab waren die Mächtigen die Guten. Sklaven taten zwar alles, erlernten Sprachen und übten Fertigkeiten aus – und galten trotzdem nichts. Das Soldatengeschlecht von Sparta behandelte einfache Bauern fast wie Kakerlaken. Die Lehre Jesu vom Dienen aus Liebe war für die Menschen seiner Zeit eine wahre Revolution.

Tausend Jahre vor der Blütezeit der Griechen gebot Gott seinem Volke Israel: *„Sechs Tage sollst du arbeiten"* (2. Mose 20,9). Die Heiden arbeiteten sieben Tage die Woche. Die Menschen in Israel jedoch hatten einen Ruhetag. Sie waren die erste freie Nation der Welt. Gott wollte allerdings, dass Israel ihm willig diente, nicht dass sie faul sein oder sich von Sklaven bedienen lassen würden. Gott selbst „arbeitet" ja immer noch und möchte, dass wir diesbezüglich so sind wie er. Jeder Jude erlernte ein Gewerbe oder machte sich auf manche Art und Weise immer auch für andere Menschen nützlich.

Der Apostel Paulus und Aquila, ein Judenchrist aus Rom, waren von Beruf Zeltmacher. Jesus war ein *tekton*, ein Zimmermann oder auch Bauhandwerker. Es wird über ihn im Alten Testament gesagt: *„Siehe, ich komme, in der Rolle des Buches steht über mich geschrieben. Dein Wohlgefallen zu tun, mein Gott, liebe ich; und dein Gesetz ist tief in meinem Innern"* (Psalm 40,8f). Dieser Gehorsam bedeutete für Jesus 20 Jahre Arbeit als Handwerker, drei Jahre des Dienstes aus Liebe zu den Schwachen und Armen, und dann sein Erlösertod am Kreuz. Er hatte sich den Dienern zum Diener gemacht.

Jesus lebte um zu dienen. Sein Kommen hatte nicht im Geringsten etwas mit Eigennutz zu tun. Für ihn gab es keinen Nutzen: *„Der Sohn des Menschen ist nicht gekommen, um bedient zu werden, sondern um zu dienen und sein Leben zu geben als Lösegeld für viele"* (Matthäus 20,28). Das „Dienen" oder „Sichkümmern" ist mit Arbeit verbunden. Das griechische Wort an dieser Stelle lautet *diakoneo* und bedeutet wörtlich „durch den Staub kriechen", d. h. wie ein Sklave für andere zu arbeiten.

Das Evangelium ist der Fels, der niemals wankt. Golgatha ist die Stimme Gottes, und Evangelisation ist der fortgesetzte Herzensschrei Jesu von Golgatha aus in alle Welt.

Jesus wird im Neuen Testament der „Diakon" Gottes genannt. Er gewann nichts für sich und wir gewannen alles durch ihn. Jesus kam für uns auf die Welt, lebte für uns, lehrte für uns, heilte für uns, starb für uns, stand für uns von den Toten auf, fuhr für uns in den Himmel auf und kommt für uns wieder. Er nahm nichts, gab alles und bekam keine Belohnung dafür, außer seinen Wunden. Dann allerdings hat Gott ihn erhöht und ihn in die Position zurückversetzt, die er von Ewigkeit bei Gott hatte und in Ewigkeit behalten wird.

Wir sprechen von den Leiden Christi und von der entsetzlichen Folter-Gewalt, die er ertrug. Aber er empfand eine glühende Leidenschaft für die verzweifelte Situation einer verlorenen Welt. Sein Dienst wurde nicht entlohnt und war unendlich kostspielig: *„Er gab sein Leben in den Tod“* (Jesaja 53,12). Was ist ein Dienst ohne Opfer schon wert? Wenn etwas so einfach und unkompliziert ist, ist es dann wirklich etwas wert? David sagte: *„Ich will dem HERRN, meinem Gott, nicht umsonst Brandopfer opfern“* (2. Samuel 24,24). Paulus sagte: *„Wenn ich aber auch als Trankopfer über das Opfer und den Dienst eures Glaubens gesprengt werde, so freue ich mich und freue ich mich mit euch allen“* (Philipper 2,17).

Paulus, der sich selbst für die ersten Christen „gibt“, ist ein Vorbild, das uns herausfordern soll. Er folgte dem Beispiel seines Meisters, der *„sich selbst zu nichts machte“* (Philipper 2,7), und der *„uns geliebt und sich selbst für uns hingegeben hat als Opfergabe und Schlachtopfer, Gott zu einem duftenden Wohlgeruch“* (Epheser 5,2). Der Schrecken des Kreuzes schimmert bereits 1000 Jahre vorher in Psalm 22,15 durch: *„Wie Wasser bin ich hingeschüttet.“* Wir reden und singen von Lobpreisopfern, aber wie viel Opfer bringen wir im Glauben und in der Liebe tatsächlich dar?

Eine fast beiläufige kleine Geste dieser neuen Dienstgesinnung finden wir in Apostelgeschichte 28,3. Paulus, der mit Königen und Prominenten seiner Zeit verkehrte, sammelte eigenhändig Reisig für ein wärmendes Feuer. Gewöhnlich taten das nur Frauen. Sie waren diejenigen, die schuften mussten. Christus änderte das. Frauen und Männer übten ihre Aufgaben für Jesus aus und lernten von ihm, einander in Liebe zu dienen.

Liebe ist Güte. Liebe ist das höchste Motiv. Liebe ist die Freude und das Privileg, zu Jesu Füßen auch den geringsten Dienst auszuüben. Er verdient mehr, als wir ihm jemals geben können. Wir tun alles, was wir können, aber es ist wenig wertvoll. Dennoch sollten wir alles geben. Was wir erreichen, ist nichts im Vergleich zu seiner hohen Würde. Unser schier unfassbares Privileg ist es, dass er uns zu sich ruft, um mit ihm sein Kreuz zu tragen. Und dann nennt er uns seine „Freunde".

## Fragen

1. Worin besteht die jüdisch-christliche Arbeitsethik?
2. Wie sollte unsere Dienstgesinnung sein?

Kapitel 5

# Wollen was Gott will

*„Ich muss in dem sein, was meines Vaters ist."*
Lukas 2,49

Zeugnis geben und das Evangelium verbreiten sind die wichtigsten Lebensaufgaben der Christen. Wir sind keine Gelegenheitsarbeiter, die Gott aushelfen, wenn wir gerade nichts Besseres zu tun haben. Es ist kein Zufall, dass wir Gottes Sache tun, sondern eine „heilige Berufung". Das können wir am besten von unserem Herrn Jesus Christus lernen.

Im Alter von zwölf Jahren wanderte Jesus mit anderen Pilgern nach Jerusalem und ging seinen Eltern in der großen Menge verloren. Als seine Mutter ihn fand, sagte sie zu ihm: *„Dein Vater und ich haben dich mit Schmerzen gesucht"* (Lukas 2,48). Jesus befand sich nämlich im interessanten Gespräch mit den damaligen jüdischen Theologen. Auf den leisen Vorwurf seiner Mutter antwortete er: *„Ich muss in dem sein, was meines Vaters ist."* Dann ging er allerdings mit nach Hause und arbeitete vermutlich für Joseph als *tekton*, d. h. als Zimmermann.

Die nächsten 18 Jahre verbrachte Jesus wahrscheinlich als einfacher Arbeiter. Als er dann in der Kraft des Heiligen Geistes seinen öffentlichen Dienst begann, brachte Gott seine Freude über ihn mit den Worten zum Ausdruck: *„Dieser ist mein geliebter Sohn, an dem ich Wohlgefallen gefunden habe"* (Matthäus 3,17). Jesus war immer „in dem, was seines Vaters ist", selbst als er noch für Joseph arbeitete. Paulus erklärte später den Sklaven, die Christen geworden waren: *„Ihr dient dem Herrn Christus"* (Kolosser 3,24). Ganz gleich, womit wir unseren Lebensunterhalt verdienen – unsere eigentliche Berufung soll sich in dem entfalten, *„was unsres Vaters"* ist.

Gott ist immer am Werk. Diese Welt ist der Schauplatz seines Errettungswerkes. Aber wir werden ebenfalls hinzugezogen, um zu dienen und Gottes Anliegen für diese Welt mit ihm zu teilen. Wie ist es um das Handeln der Menschen bestellt, wenn wir es in Relation zu Gottes Interessen setzen? Er gibt und gibt. Die Menschen in der Welt nehmen und nehmen.

Gott will, dass wir auf seinen Wagen aufspringen – als seine kampfbereiten Männer und Frauen –, während der Teufel bereits niedergeworfen unter den Rädern liegt. Christen müssen nicht mehr länger nach dem Sinn des Lebens suchen. Es gibt keine größere Befriedigung, als unserer Generation die Errettung anzubieten. Dadurch wird die Welt zwar auch zu einem besseren Ort, doch das ist eine reine Nebenwirkung der eigentlichen Rettungsarbeit mit ihrem in die Ewigkeit reichenden Ergebnis.

Ich spreche hier nicht über irgendeine Art von Hobby. Wir sind auch keine Unterhalter oder Showmaster des Evangeliums. Leider wird die Qualität einer Predigt in den Gemeinden häufig daran gemessen, ob sie den Leuten gefallen hat oder nicht. Damit können wir aber völlig falsch liegen. Die Wirkung einer Botschaft steht und fällt mit ihrem Wahrheitsgehalt und ihrem Einfluss auf das Leben der Zuhörer. Dem Propheten Hesekiel sagt Gott, was seine Zeitgenossen von ihm damals erwarteten: *„Und siehe, du bist ihnen wie einer, der ein Liebeslied singt, der eine schöne Stimme hat und gut zu spielen versteht; und sie hören deine Worte, doch sie tun sie nicht“* (Hesekiel 33,32). Indessen hing, wie viele von uns nur zu gut wissen, die Zukunft der zehn Stämme davon ab, ob sie richtig zuhörten. Sie taten es nicht und wurden dann zwischen den Nationen aufgerieben.

Wir müssen begreifen, wie groß die Bedeutung unserer Botschaft ist. Es geht nicht um unsere Gedanken oder Vorstellungen. Es geht darum, dass Gott jeden einzelnen Menschen vor das Gericht seiner Wahrheit stellen wird. Früher oder später kommt es zur Kollision zwischen dem von Gott gesandten Wort und der gottlosen Welt. Die Bibel nennt diesen Vorgang die „Zeit der Ernte“.

Im normalen Leben bewundern wir die Gaben und Talente von Moderatoren der Unterhaltung, von Spitzensportlern und -sportlerinnen, von großen Musikern, Schauspielern, Denkern und Künstlern. Irgendwann sind deren Vorstellungen dann aber zu Ende – wie ein gutes Essen, und danach ist immer noch alles beim Alten. Das Vergnügen bringt uns kurzweilige Entspannung, wie eine Aspirin-Tablette, die die Schmerzen lindert „ohne das Herz anzugreifen" – so lautet ein gängiger Werbespruch. Das wahre Evangelium ist eine Medizin, die das „Herz angreift", und zwar positiv. Das christliche Zeugnis durchströmt diese Welt wie ein erquickender Strom und belebt unauffällig und deshalb oft unbemerkt alles, womit es in Berührung kommt: die Menschen, die Kulturen der Welt, die Zukunft unseres Planeten und sogar den Himmel, den dieses Zeugnis einst mit der unzählbaren Schar von Erlösten füllen wird.

> Es gibt keine größere Befriedigung, als unserer Generation die Errettung anzubieten.

## Die Botschaft ist mehr als der Botschafter

Die Weisheit des Evangeliums ist nicht die Weisheit des Menschen, der es verkündigt. Wir mögen uns beim Predigen wie Paulus in Korinth mit Furcht und Zittern ans Werk machen, doch das Wort Gottes ist wie ein Hammer, der Felsen zertrümmert. Jesus zitierte einmal Psalm 8,3: *„Aus dem Munde der Kinder und Säuglinge hast du Macht gegründet."* Jeder, der das Wort Gottes hört und ausspricht, ist ein Bollwerk der Wahrheit. Mose glaubte nicht, dass das Volk auf ihn hören, geschweige denn seinen Anweisungen folgen würde. Doch dann gehorchte selbst das gewaltige Meer seiner Stimme und das Wasser teilte sich, als er mit Gottes Autorität sprach.

In den vorhergehenden Kapiteln haben wir darüber gesprochen, dass Mose und seine Heldentaten Ausdruck der eisernen Entschlossenheit Gottes waren, die hebräischen Sklaven aus Ägypten zu befreien. Erstaunlich ist dabei, dass Gott diesen Mose überhaupt als möglichen Anführer in Betracht zog. Obwohl er – ein Findelkind – in der ägyptischen

Königsfamilie erzogen worden war, bekannte er sich zu seinem versklavten Volk. Er ermordete sogar einen ägyptischen Mann und musste deshalb flüchten. Danach war er vierzig Jahre lang nicht mehr als ein einfacher Schafhirte mit einer Aufgabe, die selbst ein kleiner Junge hätte übernehmen können. Doch dann kam der Tag, an dem Gott ihn berief, eine Laufbahn einzuschlagen, die Geschichte machen würde.

Mose ist der Prototyp eines Menschen, den Gott gebraucht. Seit den Tagen der Bibel bis heute wurden scheinbar unfähige Menschen zu herausragenden Dienern Gottes. Wir haben an dieser Stelle weder die Zeit noch den Platz, um die viertausend Jahre alte Liste der „unbedeutenden" Menschen aufzuzählen, die Gott auf so bedeutende Art und Weise gebraucht hat. Wer käme, so betrachtet, überhaupt schon für einen göttlichen Auftrag in Frage?

Viele Christen warten anscheinend darauf, sich endlich reif genug zu fühlen, gute Zeugnisse vorlegen und genug Geistlichkeit vorweisen zu können. Andere haben Probleme damit, ein „leeres Gefäß" zu sein, wissen aber nicht, wie sie die Sache angehen sollen. Was bedeutet „leer" überhaupt – besonders im Hinblick auf Gottes Versprechen, dass er uns füllen und nicht leer machen möchte. Ein häufig gesungener Liedtext lautet: „Zerbrich mich, schmelze mich, forme mich, fülle mich!" [1] Was geschieht aber, nachdem wir von Gott „gefüllt" wurden? Singen oder beten wir den Vers dann erneut? Ist es das, was wir brauchen? Die Uhr tickt unaufhaltsam und es gilt, keine Zeit zu verlieren.

Wir können unsere geistliche Größe weder prüfen noch messen. Aber während wir im Glauben wachsen, können wir schon für Gott arbeiten. David war noch ein Jugendlicher, unreif und draufgängerisch. Gott gebrauchte ihn aber, um einen Steinwurf zu landen, der einen wichtigen Kampf entschieden hat (1. Samuel 17). Wenn wir nicht Obacht geben, kann Frömmigkeit zu Selbstsucht degenerieren, die sich nur noch um die Rettung der eigenen Seele kümmert. Unsere geistliche Motivation stimmt nicht immer mit Gottes Aufforderung überein, im Glauben zu

[1] englisches Original: Break me, melt me, mold me, fill me.

handeln. Intensive Beschäftigung mit unserer eigenen „Perfektion" verleitet uns dazu, uns mit anderen zu vergleichen. Häufig kämpfen sich andere voran in ihrem Dienst für Gott und werden dadurch zur Zielscheibe der Kritik untätiger Christen – ein charakteristisches Merkmal einer selbstzufriedenen Geistlichkeit.

Die Belohnung für eine gesunde Heiligkeit ist einfach, heilig zu sein – und nicht, mächtig zu werden. Das Maß an Vollmacht, das uns zuteil wird, hat nichts mit unserem Maß an Rechtschaffenheit zu tun. Vollmacht ist keine Belohnung, sondern das Geschenk unverdienter Gnade, das uns der Heilige Geist gibt. Den Heiligen Geist empfangen wir durch Glauben, nicht aufgrund unserer Verdienste (siehe Galater 3,2). Würde Gottes Macht nach dem Maß unserer Perfektion ausgeteilt, wer könnte es dann jemals wagen, einen Anspruch darauf zu erheben?

Die Taten des Mose veränderten die Welt für immer, trotz seiner menschlichen Fehler. Es war erstaunlich. Er diente Gott auf so vielerlei Weise – weil womöglich niemand anderes zur Verfügung stand. Abgesehen von der Befreiung der Sklaven war er zum Beispiel auch der erste Mensch, der die Macht des Namens Gottes unter Beweis stellte. Mose breitete ein Banner aus, auf dem der göttliche Name, wie ein Markenzeichen des Himmels, stand. Der prophetische Ruf Moses gilt heute von der Berufung her jedem wiedergeborenen Gläubigen. Mose bewies außerdem auch, dass Gott der Freund und Held der Unterdrückten und der Feind der Tyrannen ist. Heute stehen wir als Nachfolger Jesu auch in den Fußstapfen des Mose und werden in die Welt gesandt, um genauso zu beweisen, dass Gottes Wort kräftig wirkt.

> Gott errettet nur diejenigen, die durch uns erfahren, dass er retten will. Wenn wir das tun, was wir tun können, wird Gott das tun, was wir nicht tun können. Tue das Mögliche, und er tut das Unmögliche.

Wenn gläubige Christen den Dienst der Evangelisation auf die leichte Schulter nehmen, tun sie das normalerweise aus zwei Gründen:

entweder, weil sie denken, dass es nicht besonders wichtig ist, oder weil sie denken, dass es ihnen „nicht liegt". Für sie ist Gott allmächtig und kann das alles alleine bewerkstelligen. Er braucht uns dazu nicht wirklich. Vielleicht ist der Gedanke gar nicht so einfach zu verdauen, aber das entspricht nicht Gottes Absicht darüber, wie die Dinge laufen sollen. Wir sind seine „Hände" auf Erden, dazu hat er uns erschaffen. Gott ist am Werk, aber er hat es voll und ganz uns überlassen, die Frohe Botschaft in alle Welt zu tragen. Wenn wir versagen, hat er keinen Plan B. Es liegt also an uns, das Evangelium glaubwürdig auszuleben und vollmächtig auszurufen.

Der Schöpfer hat die Regeln festgelegt und uns in die Welt gestellt, als Instrumente, durch die er seine Pläne umgesetzt haben will. Wenn seine Arbeit getan werden soll, dann mit uns oder überhaupt nicht. Dafür gibt es einen guten Grund. Gott hat besondere Freude daran, wenn die Gottlosen sich zu ihm wenden; und weil er seine Kinder liebt, möchte er uns mit derselben göttlichen Freude segnen. Die Einladung zu seinem großen Fest lautet: *„Gehe ein in die Freude deines Herrn!"* (Matthäus 25,21.23). Der Herr möchte, dass wir in seinem Dienst erfolgreich sind – und Freude daran haben.

Ein Freund erzählte mir folgende Begebenheit: Als er ungefähr vier Jahre alt war, benutzte sein Vater, der Schreiner war, eine zweirädrige Handkarre, um damit Holz und Werkzeuge zu transportieren. Manchmal setzte er den kleinen Jungen auf die Karre und nahm ihn mit. Eines Tages wollte mein Freund seinem Vater dabei helfen, die Karre zu schieben. Kurz vor ihrem Ziel stellte der Vater den Jungen auf den Boden, legte seine kleinen Händchen an die Griffe und sagte zu ihm, er könne jetzt helfen.

Die Leute vor dem Haus sahen, wie die beiden daherkamen, und Papa erzählte allen stolz, wie sein Sohn ihm „geholfen" habe. Ein Vierjähriger geht nicht gerade schnell und hat auch nicht die Kraft, um eine schwere Karre zu schieben. Papa wäre besser und schneller ohne die Hilfe seines Sohnes vorangekommen. Allerdings kam hier ein anderer

Grundsatz zum Tragen: Die Freude seines Sohnes war für den Vater meines Freundes eine größere Befriedigung und wichtiger als die ungehinderte Geschwindigkeit.

Der allmächtige Gott möchte, dass wir unsere Hände an seine Karre legen; jeder so wie er es kann. Mose konnte die ägyptischen Plagen nicht schaffen, aber er rief sie herbei. Er hatte keine Macht über Wind und Wasser, aber das Meer teilte sich auf sein Wort hin. Als einzelner Mann hätte er eine ägyptische Armee niemals besiegen können, aber mit Gott zusammen tat er genau das. Welch ein Rollenwechsel für einen Schafhirten. *„Bei dem Herrn ist Rettung"* (Jona 2,10), aber der Herr arbeitet nie im Alleingang. Er erwählt Freiwillige, die mit ihm zusammenarbeiten. Gott errettet nur diejenigen, die durch uns erfahren, dass er retten will. Wenn wir das tun, was wir tun können, wird Gott das tun, was wir nicht tun können. Tue das Mögliche, und er tut das Unmögliche.

## Kühnheit und Mut

Wir wollen uns Mose, unser großes biblisches Vorbild eines Dieners Gottes, noch einmal anschauen. Er war der demütigste Mensch auf Erden (4. Mose 12,3), aber bestimmt nicht der mutigste. Er hatte keine Armee und Israel war nicht mehr als ein unübersichtlicher Haufen von Stämmen. Dennoch schnappte Mose dem Pharao seine gesamten Sklavenarbeiter und deren Viehherden unter der Nase weg, denn *„nicht eine Klaue darf zurückbleiben"* (2. Mose 10,26). Mose vereinte seine Kräfte mit diesem Gott und entwickelte kühnen Mut und Elan. Gott nahm ihm sein verzagtes Herz und gab ihm das Herz eines Kämpfers.

Mose ging seinen Auftrag mit so viel Souveränität und Weisheit an, dass die Kunde von seinen Taten sich überall wie ein Lauffeuer verbreitete. Den Hirtenstab in der Hand und seinen alten Hirtenmantel auf dem Leib, ging er direkt von der Schafweide in den Thronsaal des Pharao. Er schritt durch sämtliche bewachten Tore und beschlagenen Palasttüren, bis er endlich in dem in atemberaubender Pracht erstrahlenden

Audienzsaal vor Pharao stand. Der kannte den Mann Gottes nicht. Er war ein Niemand, den Gott zu einem Jemand mit einer entschiedenen und kompromisslosen Botschaft gemacht hatte: „Lass mein Volk ziehen!" Pharao und sein Hofstaat starrten diesen fordernden Mann – der offensichtlich kein Diplomat war – ungläubig an. Ich kann mir vorstellen, dass sie in schallendes Gelächter ausbrachen. Gott aber war auf dem Kriegspfad gegen ihn, und der mächtigste Herrscher der damaligen Welt hatte keine Chance gegen Mose – und Gott.

> Der Errettergott sandte damals Mose und er sendet in dieser Zeit uns mit derselben Botschaft: „Lass mein Volk ziehen!"

Der Errettergott sandte damals Mose, und er sendet in dieser Zeit uns mit derselben Botschaft: „Lass mein Volk ziehen!" Unser Zeugnis und die Evangelisation werden von der Welt verachtet, sie versucht sie zu ignorieren. Aber wir ziehen Gottes Rückendeckung an wie ein Magnet. Paulus sagte, er sei *„unbekannt und wohlbekannt"* (2. Korinther 6,9). Er konnte zu König Agrippa sagen, dass nichts von dem, was er erlebt hatte, *„in irgendeinem Winkel"* geschehen sei, sondern öffentlich bekannt war (Apostelgeschichte 26,26). Unser Einsatz für Gott ist offenkundig und der Welt ein lästiges Übel. Sie versucht zwar, es zu ignorieren, doch ohne Erfolg.

Die Königin von England hat weder John Wesley noch George Whitfield oder irgendeinen anderen bekannten Evangelisten zum Ritter geschlagen. Doch diese Männer hatten die Aufmerksamkeit einer viel wichtigeren Person, nämlich Gottes, auf sich gezogen. Da fällt mir eine kleine Geschichte ein: Eines Tages rief jemand in der christlichen Gemeinde an, in die der US-Präsident ging, und fragte, ob dieser im Gottesdienst sein werde. Man antwortete ihm, dass man nicht wisse, ob der Präsident kommen würde, aber man erwarte auf alle Fälle Gott, was dem Anrufer doch weitaus wichtiger sein sollte.

Die Arbeit der Gemeinde Jesu hat ein globales Ausmaß. Gläubige, die wir noch nie gesehen haben, sind unsere Verbündeten. An den Küsten der Kontinente werden gestrandete Menschen geborgen, um die sich keine Organisation der Welt kümmern möchte. Doch alle Menschen können errettet werden, denn Gott erschuf sie, um sie zu erretten. Die Frohe Botschaft ist sein Plan für jedes Leben hier auf Erden. Auch für den schlimmsten Verbrecher gibt es Hoffnung. Die Hölle ist nicht für die Massen ausgestattet; der Himmel erwartet sie schon! Niemand ist für das ewige Feuer geschaffen. Und im Himmel ist für alle Platz, die sich zu Gott bekehren.

Wir können uns von Mose, dem ersten Botschafter in Sachen Errettung, noch weiter ermutigen lassen. Er fühlte sich alles andere als fähig. Er dachte, die Anführer der Stämme Israels würden ohnehin nicht auf ihn hören. Warum sollten sie auch? Mose war in ihren Augen vielleicht nur ein fremder Greis, der die irre Wahnvorstellung hatte, Gott hätte ihn gesandt, um der ganzen ägyptischen Weltmacht zu trotzen. Konnte er wirklich die gesamten Sklavenarbeiter Pharaos wegführen, in ein Land, in dem Milch und Honig fließen sollten? Und was den Gott betraf, der ihn gesandt haben sollte, so war er kein Gott, den sie kannten – und schon gar keiner der wichtigen ägyptischen Götter.

Allen Widerständen zum Trotz stattete Gott Mose mit überzeugenden Beweisen seiner Macht aus. Er räumte jeglichen Zweifel aus, und die hebräischen Sklaven folgten ihm bis auf den letzten Mann, als er sie aus Ägypten herausführte. Das Volk war nicht besonders zivilisiert, eher unbeständig und götzendienerisch. Es ließ sich tatsächlich schnell von aufrührerischen Persönlichkeiten aufhetzen, wusste Moses Bemühungen nicht zu schätzen und warf ihm sogar vor, er hätte sie entwurzelt und mit leeren Versprechungen aus Ägypten gelockt. Zu ihrem Unglück hörte Gott ihre Nörgeleien, vergab ihnen auch manche Torheit, doch am Ende widerfuhr ihnen das, wovon sie ohnehin furchtsam beseelt waren, nämlich dass sie Kanaan niemals mit eigenen Augen sehen würden. Allesamt starben sie noch vor dem Einzug ins Gelobte Land. Erst die zweite Generation nahm das Land jubelnd und mit Siegesrufen ein.

So wie Gott damals Mose aussandte, sendet er heute uns aus, um die Gefangenen Satans zu befreien und die Welt zu verändern. Möglicherweise fühlen wir uns minderwertig und fragen uns: „Wer bin ich schon? Ich bin doch gar nicht qualifiziert." Nun, Mose war auch nicht qualifiziert und stellte genau dieselbe Frage: „Wer bin ich?" Darauf antwortete ihm Gott, dass es nicht darum ging, wer Mose war, sondern wer er, Gott, sei – und er würde bei ihm sein (2. Mose 3,11f).

Wir sind vielleicht nur ganz gewöhnliche Menschen, nur der „Gemeindehaufen"! Das Fernsehen macht sich über uns lustig und stellt uns als fanatische „religiöse Spinner" hin. Wenn es um Skandale in Kirchen und Gemeinden geht, sparen Tageszeitungen nicht an Druckertinte. Kriminelle machen Schlagzeilen, aber es schert keinen, wenn sie sich bekehren und Christen werden. Doch was macht das schon aus? Gott interessiert sich nicht für die Schlagzeilen in den Medien.

Die Gemeinde ist Gottes Mose der Jetztzeit, durch den Heiligen Geist ausgestattet und befähigt, ausgesandt, um die Welt und ihren Lebensstil herauszufordern. Gott sandte Propheten wie Jesaja zu Menschen, von denen er wusste, dass sie nicht zuhören würden. Manchmal fühlen wir uns vielleicht wie Jesaja, so, als ob wir zu Menschen sprechen würden, die nicht hören wollen.

Doch unsere Zeit sind die Tage des Heiligen Geistes. Auf Jesu Auftrag hin gehen wir in die Welt und sehen voller Freude, wie Sünder Buße tun. Verkündigen wir den Menschen, was Gott sagt und er wird tun, was wir in seinem Auftrag sagen. Wenn Gott sagt: „Geh!", gibt er uns die Kraft zu gehen. Lasst uns in Jesu Namen gehen! Diejenigen, die das Wort ablehnen, sind wie die Holzspäne auf dem Werkstattboden des Schreiners.

## Teile die Freude deines Herrn

In seiner Vision, die im Buch der Offenbarung beschrieben wird, sah Johannes eine offene Tür im Himmel und Szenen unübertrefflicher

Herrlichkeit. In Kapitel 4 berichtet er, dass 24 „Älteste", Wesen von nie gesehener Schönheit, nebeneinander auf ihren prächtigen Thronen saßen. Bei ihnen waren vier „lebendige Wesen", große unsterbliche Geister aus den unendlichen Weiten der Engelswelt. Alle beteten Gott an.

Zuerst galt ihr Lobpreis dem Schöpfer: *„Du bist würdig, unser Herr und Gott, die Herrlichkeit und die Ehre und die Macht zu nehmen, denn du hast alle Dinge erschaffen, und deines Willens wegen waren sie und sind sie erschaffen worden"* (Offenbarung 4,11). In Kapitel 5 berichtet Johannes, dass dieser erstaunliche Chor um eine unzählbare Schar erweitert wurde: *„Und ich sah: und ich hörte eine Stimme vieler Engel und ihre Zahl war Zehntausende mal Zehntausende und Tausende mal Tausende, die mit lauter Stimme sprachen: Würdig ist das Lamm, das geschlachtet worden ist. Und jedes Geschöpf, das im Himmel und auf der Erde und unter der Erde und auf dem Meer ist, und alles, was in ihnen ist, hörte ich sagen: Dem, der auf dem Thron sitzt, und dem Lamm den Lobpreis und die Ehre und die Herrlichkeit und die Macht von Ewigkeit zu Ewigkeit!"* (Offenbarung 5,11-13). Die Anbetung des Schöpfers wurde zur Anbetung des Lammes, des Erretters. Das ist Jesus, der uns erlöste, als wir Gefangene der Sünde waren. Er bezahlte für uns das Lösegeld mit seinem eigenen Blut, das er am Kreuz auf Golgatha vergossen hat.

Diese Szenen der Anbetung sollen uns begeistern und ermutigen. Sie zeigen uns, wie das wahre Ende sein wird, und sie sind eine Vorschau dessen, was unser Zeugnis bewirken wird. Die Erlösten füllen die Straßen der Stadt Gottes, während Engel sie zur Rechten und Linken säumen. Sie, meine Leserinnen und Leser, werden dort sein und ich werde dort sein, wenn wir dem Lamm folgen. Wir werden in genau der Schar stehen, die Johannes sah, zusammen mit Petrus, der zu Pfingsten die erste Evangeliumspredigt aller Zeiten hielt, und zusammen mit Philippus, der als erster Evangelist heidnisches Gebiet betrat, um Jesus zu verkündigen. Paulus, der Apostel, wird dort sein; Luther und Wesley, Missionare und Evangelisten, Pastoren, Lehrer, Mütter und Väter und Liederdichter; all jene, die über die Zeiten hinweg von Jesus und seiner Liebe erzählt haben.

Das sind die in Gottes Augen Würdigen, seine Helden. Ihre Stimmen vereinen sich zu dem Gesang vieler „Wasser", das sind Ströme der Hoffnung. Niemand wird vergessen werden. Liebesmüh ist niemals vergeblich. Das Paradies ist nicht verloren. Freude bricht sich Bahn, wie mächtige Meereswogen, erhabene Melodien erfüllen die unendlichen Weiten des Himmels; sie reichen weit fort bis hin zu den entferntesten Gestaden des Universums – Chöre, Orchester, grandioses Orgelspiel, alles bricht in Jubel aus über das Lamm, unseren Erretter und Erlöser!

Jesus, der in der Offenbarung als das Lamm verehrt wird, sagte, als er noch auf der Erde war: *„Kommt, mir nach! Und ich werde euch zu Menschenfischern machen"* (Matthäus 4,19). Wenn unser Weg sich nicht mit dem seinen vereint, führt er ins Leere.

Errettung ist bei dem Herrn, die Hilfe der Könige ist wertlos, sagt die Bibel. Doch Gott ruft uns, um an der Errettung der Welt und an seiner Freude teilzuhaben: *„Gehe ein in die Freude deines Herrn!"* Das ist ein großes Wort für uns sterbliche Menschen. Mir fällt nichts Größeres ein, das wir tun könnten, als werbende Zeugen Jesu Christi zu sein. Nichts anderes kommt dem gleich.

## Fragen

1. In diesem Kapitel wird Mose als Gottes Botschafter dargestellt. Fallen Ihnen noch andere Personen der Bibel ein, die Botschafter Gottes waren?
2. Warum bittet Gott Sie um Ihr Vertrauen und um Ihre Mitarbeit?

# TEIL 2

*Jetzt habe ich erkannt,*

*dass der Herr seinem Gesalbten hilft,*

*aus seinen heiligen Himmeln wird er ihn erhören*

*durch Heilstaten seiner Rechten.*

Psalm 20,6

# Kapitel 6

# Wechselnde Trends?

*„Damit ich auf alle Weise einige rette.“*

1. Korinther 9,22

Die erste Evangelisation in Europa fand bei einem Frauentreffen an einem Flussufer statt. Kurz darauf saßen die Prediger im Gefängnis. Es muss nicht immer alles so schwierig sein, obwohl sich bei Paulus und Silas auf diese Weise sicher einige bekehrt haben (Apostelgeschichte 16,16-34).

Wussten diese ersten Evangelisten, wie man losziehen sollte, um Menschen im heidnischen Europa für Jesus zu gewinnen? Jesus sagte: „Geh!“, aber er gab keine weiteren Anweisungen. Die Apostelgeschichte zeigt zwar eine bemerkenswerte Strategie und Führung direkt durch den Heiligen Geist, aber die Apostel mussten an jedem Ort ihren eigenen missionarischen Ansatz finden.

In Apostelgeschichte 16,11-15 wird beschrieben, wie die Apostel zum ersten Mal von Antiochia, in Syrien, loszogen. Paulus reiste schon zum zweiten Mal ins Ausland, aber dieses Mal reiste er von Ost nach West, von Asien nach Europa. Das bedeutete eine zweitägige Schifffahrt über die Ägäis und von Troas nach Makedonien im nördlichen Griechenland. Er und seine Begleiter reisten nach Philippi, das damals eine römische Kolonie war, und blieben einige Tage dort, um die Stadt kennen zu lernen. Sie erfuhren, dass sich einige jüdische und andere gottesfürchtige Frauen am Fluss zum Beten trafen und machten sich am Sabbat auf den Weg dorthin.

Es lebten sehr wenige Juden in dieser Gegend. Einer Gruppe von zehn Männern war es gestattet, eine Synagoge zu gründen, aber den Frauen war das verwehrt. Sie durften allerdings überall beten. Die Jünger setzten sich am Fluss zu ihnen und sprachen über Jesus. An diesem Tag bekehrte sich der erste Mensch in Europa, eine Geschäftsfrau namens Lydia. Sie und ihr ganzes Haus wurden an den Herrn Jesus gläubig und ließen sich taufen. Sie lud die Apostel danach ein, eine Zeit lang bei ihr zu bleiben.

Paulus ging mit seinem Mitarbeiter Silas weiterhin zum Gebetsort am Fluss, und eines Tages begegnete ihnen auf dem Wege eine Magd. Die folgte ihnen überallhin und schrie heraus, dass die Apostel wirklich Diener Gottes wären. Sie hatte nämlich einen Wahrsagegeist. Paulus ärgerte sich darüber und gebot dem unreinen Geist zu weichen. Dafür warf man ihn und Silas ins Gefängnis. Diese berühmte Geschichte endet schließlich mit einem Erdbeben und der Bekehrung des Kerkermeisters (Apostelgeschichte 16,27-34).

Das war der Anfang. So wurden die ersten Christen in der westlichen Welt für Gott gewonnen. Die beiden ersten Evangelisten suchten und ergriffen die winzigste Gelegenheit für die Botschaft Gottes. Damals war es für Männer wohl kaum üblich, am Fluss zu sitzen und mit Frauen zu reden. Ebenso wenig war es üblich, dass jemand im Kerker um Mitternacht laut zur Ehre Gottes zu singen anfing. Es war also eine vollkommen neue Idee, wenigstens eine durchdringende Botschaft des Evangeliums in die Dunkelheit der Nacht hinauszurufen.

Diese unerschrockenen Pioniere machten sich um Bräuche oder Kirchentraditionen keinerlei Gedanken. Jede Gelegenheit zum Predigen, egal wo, war ihnen recht. Mit ihrer unternehmerischen und fantasievollen Kühnheit drangen sie in die heidnische Welt ein, die von uraltem Aberglauben beherrscht war.

Unser Leben und unsere heutige Kultur wurden immerhin christianisiert und sind völlig anders, als das Leben im antiken Europa war. Überall auf der Welt ist eine gewisse Kirchenroutine sichtbar. Üblicherweise versteht man unter dem Dienst für Gott eine konfessionelle Gemeindearbeit und verkündet das Evangelium von einem bestimmten Standort aus. Das mag man für die beste Vorgehensweise halten, aber es ist sicher nicht der einzige Weg, das Evangelium dorthin zu bringen, wo es noch nicht bekannt ist.

Die allenthalben verbreitete Gemeindetradition erklärt den „Evangelisationsgottesdienst“ zur einzigen Methode. Man hat oft sogar eine bestimmte Zeit dafür reserviert, meistens an Sonntagabenden, als sei dies im Gesetz, das Mose am Sinai empfing, so festgelegt. Sehr oft wird in solchen Versammlungen aber lediglich bekehrten Leuten gepredigt. Darum birgt diese Methode genauso wenig Aussicht auf Erfolg, wie das Angeln in einem Spülbecken. Das mag eine Gemeinde in ihren eigenen Augen als „evangelistisch“ qualifizieren, ihre Methode steht aber im krassen Gegensatz zu der Tatsache, dass kein Apostel jemals in einem Kirchengebäude gepredigt hat.

Ich möchte keine Methode von der Hand weisen. Schließlich gab es zur Zeit der Apostel sowieso noch keine Kirchen. Ich möchte nur deutlich machen, dass Paulus' und Silas' Vorgehen in Philippi noch heute ein Vorbild und eine Herausforderung ist. Großartige Persönlichkeiten der frühen Kirchengeschichte wie Paulus, Petrus, Silas und Barnabas haben das Risiko auf sich genommen und Orte aufgesucht, die für sie sogar gefährlich sein konnten. Um von Jesus zu predigen, nahmen sie auf sich, möglicherweise gedemütigt und hinausgejagt zu werden.

Tatsächlich scheint es doch eher so gewesen zu sein, dass feindselige Aufstände in Synagogen und gleichzeitige Erweckungen für Paulus ganz normale Alltagserfahrungen waren. Die Welt wusste ja noch nichts von Gott und seinem großartigen Errettungswerk. Darum sprachen die ersten Christen darüber, wo auch immer sie gerade waren. Ihre Methoden und Mittel der Verkündigung waren einfach und schlicht: alles immer und überall zu geben und zu tun, was das Evangelium betraf. Sie hatten eine neue Botschaft und waren davon völlig erfüllt, enthusiastisch und eifrig.

Oft sagt man, Gott gebraucht Menschen, nicht Methoden. Das ist nur die halbe Wahrheit. Gott benutzt Menschen, die Methoden benutzen, die sie ihren individuellen geistlichen Impulsen verdanken. Ohne einen guten Ansatz bekommt man nichts auf die Beine gestellt; wir müssen evangelisieren, auf die eine oder andere Art und Weise.

Um kreativ zu denken, muss man umsichtig denken, so sagen die Experten. Sich Gedanken über die Verbreitung des Evangeliums zu machen, erfordert Kreativität; da gilt *„Liebe – mit all deinem Verstand"* (Matthäus 22,37). Evangelisation ist die größte Aufgabe in der Haushaltung des Königreiches Gottes, mit vielen verschiedenen Facetten und Ansätzen. Jeder Mensch spielt dabei eine eigene Rolle als ein bestimmter Teil des Leibes Christi und zugleich als Einzelner im täglichen Leben. Was können wir noch besser machen?

Unter evangelistischer Dynamik verstehen wir vielleicht, mit der Bibel in der Hand vor Massen von Menschen zu stehen, die gebannt an unseren Lippen hängen, und ihnen das Evangelium zu predigen. Aber wir wissen, dass nur wenige Christen solche Ambitionen in die Tat umsetzen können. Dennoch kann Evangelisation Tausende von Möglichkeiten bieten, wenn wir aus Chancen, die sich uns für das Evangelium auftun, das Beste machen.

Alles, was wir sind und haben, könnte im Dienst für Gott eingesetzt werden. Das beinhaltet auch Kreativität, Fantasie und das tatkräftige Umsetzen dieser Ideen. Es müssen nicht nur Pastoren, Leiter oder Gemeindevorstände sein, die neue Mittel und Wege einführen. Fast alle Gemeinden haben talentierte Mitglieder, Männer und Frauen, die in ihrem eigenen beruflichen Bereich erfolgreich sind. Ihr Know-how und ihre Fähigkeiten können dazu beitragen, ihre Gemeinde in der Evangelisationsarbeit zu fördern und zu leiten.

Manche Gemeinden und kirchliche Organisationen haben gelegentlich Methoden angewandt, die von Werbeagenturen entworfen wurden. Der Nachteil davon ist jedoch, dass die säkulare Werbung normalerweise keine Erfahrung damit hat, ein „Produkt" wie das Evangelium zu „verkaufen". Die üblichen Verkaufsartikel auf dem Markt sind Dinge, die die Menschen haben wollen. Das Evangelium muss jedoch viel mehr Kaufwiderstand überwinden, manchmal sogar offene Feindschaft. Hier ist die christliche Antwort in einem Geist der Liebe wahrscheinlich der beste Weg zum Erfolg.

Von Zeit zu Zeit kommen neue Methoden der Gemeindearbeit in Mode. Wenn sie anwendbar erscheinen, können sie übernommen werden. Was jedoch in einem bestimmten geografischen Bereich, mit einer geschulten Leiterschaft oder durch Menschen mit einer bestimmten Vision erfolgreich war, muss nicht unbedingt in einer anderen Umgebung oder unter anderen Bedingungen der richtige Ansatz sein. Es schadet nicht, alles was in der Verbreitung des Evangeliums erfolgreich war, auszuprobieren oder nachzumachen. Aber manche Kirchenpraktiken wurden zu hochheiligen Traditionen und durch Wiederholung oder Gewohnheit – noch lange nachdem sie wirkungslos geworden waren –, am Leben erhalten. Das wird als „Treue" gerechtfertigt. Nun, man kann auch in einer ausgefahrenen Spurrille „treu" bleiben.

Ansätze und Methoden haben sich in evangelistischen Gemeinden wie die Jahreszeiten abgewechselt. Sie wurden als „Trends" bezeichnet. Alle haben sie wahrscheinlich als neue Idee begonnen, vom Heiligen Geist hervorgebracht und von enthusiastischen Arbeitern umgesetzt. Aber diejenigen, die den Stab aus der Hand der geistbewegten Zeugen Jesu übernehmen, brauchen dieselbe Dynamik und Energie. Methoden sind von menschlicher Antriebskraft abhängig und nur dann effektiv, wenn ihre Umsetzung durch ständig neue geistliche Impulse lebendig bleibt. Sie funktionieren nicht automatisch wie Maschinen.

Natürlich sind nicht alle neuen Ideen sinnvoll und manchmal können sie das Ergebnis eigener Interpretation einzelner Bibelverse sein. Einer meiner Kollegen hat einmal eine ganze Anzahl von Briefen erhalten, in denen erklärt wurde, dass das „Scheitern" der Kirche heutzutage den Frauen zuzuschreiben sei, weil die ihr Haar schneiden und keine Kopfbedeckung während der Anbetungszeit tragen. Die Kernaussage war, dass Gott Menschenseelen der Verdammnis überlässt, weil Frauen aus der Gemeinde zum Friseur gehen. Jesus sagte, dass er seine Jünger in eine Welt von Wölfen hinausschickt, und dass sie so klug sein sollen wie die Schlangen. Also ist es wichtiger, dass Menschen gerettet werden, als äußerliche Traditionen zu erhalten.

Dann sind da noch die „Propheten" mit ihrer eigenen „Privathotline" zu Gott. Sie erzählen uns gerne „was der Herr zur Gemeinde spricht", als würden sie ein unglaubliches Geheimnis lüften: „Tut das und es wird Erweckung kommen, Menschenmassen werden in die Kirche strömen", sagen sie. Doch Personen und Gruppen, die behaupteten, Gott hätte ihnen gezeigt, dass ihre Art und Weise die einzig wahre Methode sei, haben oft Spaltungen hervorgerufen. In Bezug auf kreative Ansätze und nützliche Gemeindestrukturen haben sie den Zusammenhalt für ein einheitliches Zeugnis des Leibes Christi dadurch geschwächt. Die Desillusionierung ihrer Gefolgsleute kommt meistens zu spät, und die von ihnen verursachten sektiererischen Spaltungen halten leider an.

Die Gemeinde ist kein Verein zur Erhaltung alter Bräuche. Wir arbeiten für Gott und nicht für Systeme; wir bedienen keine Automaten. Neue Wege müssen nicht falsch sein, nur weil sie neu sind. Die Umstände und Veränderungen der Gesellschaft und die Lebensart der Menschen erfordern von Christen, dass sie sich konstant damit befassen und mit der Frage auseinandersetzen, wie sie den Bedürfnissen ihrer Zeit gerecht werden können.

Manche Pastoren geben es auf, neue Methoden auszuprobieren, weil sie nicht die erhofften Resultate erbracht haben. Diese Methoden waren vielleicht zu vielversprechend, aber sie können dennoch nützlich sein. Es ist besser, Neues auszuprobieren, als an Traditionen festzuhalten, die wenig im Vergleich zu all der dafür notwendigen Anstrengung hervorgebracht haben. Wir müssen unseren Verstand und unsere Erfahrung gebrauchen

> Wenn wir Gottes Arbeit tun, müssen wir sie wirklich tun und dürfen es nicht ausgeklügelten Strategien oder Systemen überlassen, die Arbeit ohne uns zu erledigen.

und alles prüfen und ausprobieren, was der Ausbreitung des Evangeliums dienlich ist.

Der springende Punkt ist, dass man generell davon ausgeht, es müsse eine hundertprozentig richtige Methode oder gute Art und Weise geben, die eine reiche Ernte hervorbringt und das gesamte evangelistische Bemühen um vieles einfacher gestaltet. Manche glauben, dass mehr Gebet die Antwort und der Weg zur Erweckung wäre. Andere denken, dass Lobpreis der Schlüssel zum Erfolg sei; und wiederum andere sind mehr für die Anbetung … oder das Singen neuer Lieder. Das Einführen neuer Gemeindestrukturen, neuer Formen von Organisation oder einer neuen Bibellehre – irgendetwas muss doch das große Geheimnis in sich tragen, wie man die verlorenen Schafe in die christliche Herde führen kann.

Das ist alles reine Spekulation, aber einige sind sich indessen so sicher, dass sie die Heilige Schrift nach einer fehlenden Strategie oder Formel durchsuchen. Wenn sie auf irgendeinen Anhaltspunkt stoßen, der ihre Theorie untermauert, rufen sie: „Heureka!“, (ein griechischer Ausdruck für einen wichtigen Gedankenfortschritt). Tatsächlich sagt die Bibel aber nirgends, dass es ein solches Allheilmittel für erfolgreiches Predigen gibt. Es wird niemand dazu ermutigt, davon auszugehen, dass es einen einzigen richtigen Ansatz dafür gibt, den man in jeder Situation anwenden kann und der immer zum Erfolg führt.

In Wirklichkeit gibt es weder ein System noch eine Organisation, die die Welt automatisch für Jesus gewinnen könnte. Die unbekehrte Welt wird nicht wegen christlicher Aktivitäten in Begeisterung ausbrechen, so als hätten sie im Lotto gewonnen. Denn Gemeinden funktionieren auf andere Art und Weise. Die meisten Menschen haben im Vorfeld kein Interesse an dem, was christliche Gemeinden tun. Menschen ohne Jesus können sich aus manchen Dingen in Gemeinden keinen Reim machen, wenn sie mal in die hinterste Bank schlüpfen und den Gottesdienst beobachten. Das Predigen des Evangeliums allein ergibt für sie keinen Sinn, bis der Heilige Geist beginnt, ihr Herz und ihren Verstand für das Reden Gottes zu öffnen.

Der gesunde Menschenverstand ist ein Teil unseres Gabenpaketes, das wir von Gott bekommen haben. Und diese Gaben müssen wir für die Rechenschaft, die wir von unserem Glauben ablegen sollen, einbringen. Wenn wir nur ein Talent haben – oder auch nur ein halbes –, und uns selbst als nicht besonders begabt erachten, müssen wir dennoch all das wenige geben, das wir haben. Alles, was wir sind und haben, wird für Gottes Sache benötigt. Wir sind ein Teil des wichtigsten Unterfangens in der Welt. Die Menschen ohne den Heiligen Geist nutzen ihre Intelligenz, und das sollten die Gläubigen mit Hilfe des Heiligen Geistes auch tun. Die Welt hat ihre Prioritäten und Interessen, und die Gläubigen stehen Tag für Tag unter dem Druck, sich diesen anzupassen. Es wäre so einfach, wie die Welt zu denken und die Prioritäten der Welt anzunehmen. Aber das brächte uns nicht weiter.

Ohne das Licht des Evangeliums würde die Nacht über uns hereinbrechen und die Welt würde wieder in heidnische Barbarei, abergläubische Furcht und moralische Verwirrung versinken. Wo immer wir anständige, freie und glückliche Menschen sehen, voller Anteilnahme und Freundlichkeit, ohne jegliche Verdorbenheit und Angst, können wir sicher sein, dass diese Tugenden vom Christentum geprägt wurden, d. h. von Jesus. Christen lernen von ihrem Meister.

Christus brachte uns Leben und Unsterblichkeit. Ganz gleich, welche Werte die Nationen aufgerichtet haben, die besten und höchsten davon kamen durch Jesus in die Welt. Bevor der Tod besiegt wurde, war das Grab ein dunkler Ort oder bestenfalls eine zwielichtige Zone, bevölkert von den Schatten ehemals lebendiger Menschen. Die Aussicht auf den Tod war ein dunkles Leichentuch, das über der menschlichen Rasse ausgebreitet war. In diesem dritten Jahrtausend beobachten wir, was geschieht, wenn die christliche Hoffnung verloren geht, die einzige Hoffnung, die wir je gekannt haben. Sie lautet: *„Jesus Christus, der den Tod zunichte gemacht, aber Leben und Unvergänglichkeit ans Licht gebracht hat durch das Evangelium“* (2. Timotheus 1,10).

Es gibt fromme Leute, die keiner Gemeinde angehören. Das ist unbiblisch. Sie drehen ihr eigenes Ding, stehen – wie sie sagen – „auf eigenen Beinen“ und behaupten, dabei dem Geist Gottes zu folgen. Doch der Heilige Geist streift nicht umher wie ein Irrlicht und verleitet uns auch nicht zu falscher Freiheit. Er ist der Geist der Ordnung und der Treue. Wir sind Mitarbeiter Gottes. Es ist ein gemeinsames Unternehmen und niemand sollte isoliert am Rand stehen, ohne die von Gott gebotene Gemeinschaft mit anderen Christen zu pflegen. Kann man in einer Gemeinde wirklich nicht bleiben, so gibt es sicher eine andere, in der man seine geistliche Heimat finden kann. Es handelt sich in der Gemeinde Jesu nicht um einen Privatkrieg von Konkurrenten, sondern um die Verbindung aller Christen in der Liebe Gottes.

Wenn einzelne Christen den Kranken die Hände auflegen, sollte das wie die Hände aller Christen sein. Der Evangelist steht im Glauben auf zum Predigen, und die Gemeinde sollte hinter ihm stehen, ganz so wie Petrus, der zu Pfingsten mit den 119 vom Heiligen Geist Erfüllten aufstand und sagte: *„Wir sind alle Zeugen“*; sie waren alle eins in Jesus (Apostelgeschichte 2,32). Das ist die gottgegebene Einheit, die großartigste dynamische Kraft in der Welt. Jesus setzt *„alles, was er angefangen hat“* (Apostelgeschichte 1,1) durch seine Gemeinde fort, die sein Leib ist. Zusammenarbeit ist einer der Hauptansätze, um Menschen für Jesus zu gewinnen. Das ist das biblische Muster.

Es gilt, dasselbe Wort mit demselben begabenden Heiligen Geist und denselben mitfolgenden Zeichen und machtvollen Ergebnissen zu predigen. Die „Strategie“, die in der Bibel am meisten erwähnt wird, ist Zusammenarbeit. Es ist wichtig, *„die Einheit des Geistes zu bewahren durch das Band des Friedens“* (Epheser 4,3). Wenn wir wiedergeboren sind, werden wir Teil der Gemeinde, wie die Glieder eines Leibes. Manche sind wie Hände, andere wie die Füße, andere wie das Gehirn, und wir alle haben eine Stimme. Es ist die gemeinsame Stimme aller Mitarbeiter (1. Korinther 12,14-27).

Dogmatische und psychologische Systeme bringen keine Erweckung hervor. Ausgefeilte Strategien erretten nicht. Der Psalmist trifft den Nagel auf den Kopf, wenn er sagt, er vertraue nicht auf Wagen und Rosse: *„Jetzt habe ich erkannt, dass der Herr seinem Gesalbten hilft, aus seinen heiligen Himmeln wird er ihn erhören durch Heilstaten seiner Rechten“* (Psalm 20,6).

Gläubiges Gebet, unsere lebendige Beziehung zu Gott und unser Gehorsam gegenüber seinem Wort sind immer noch die Hauptsachen, wenn es um die Rettung von Menschen geht. Jeder kann seinen Beitrag leisten, jeder kann etwas tun, aber die eigentliche Arbeit besteht darin, Zeugnis zu geben. Das ist die eine gemeinsame Strategie für die Rettung der Verlorenen. Gottes Wort hat sich nicht verändert. Doch es passiert nichts, wenn Menschen das Wort Gottes nicht von uns zu hören bekommen.

Zusammenfassend lässt sich sagen: Wenn wir Gottes Arbeit tun, müssen wir sie wirklich tun und dürfen es nicht ausgeklügelten Strategien oder Systemen überlassen, die Arbeit ohne uns zu erledigen. Das neueste Buch über die angeblich perfekte Evangelisation kann ganz schnell zum neuesten Trend werden. Brandneue Formulierungen und reißerische Varianten biblischer Lehren werden als „Bestseller“ gehandelt – gewöhnlich gefördert von Herausgebern, die in erster Linie den Verkaufserfolg im Blick haben.

Die Welt ist noch immer nicht Gottes Freund. Keine neue Bibelübersetzung oder akademisch-wissenschaftliche Abhandlung wird die Leute dazu bewegen, ganz schnell mal in die Kirche zu stürzen. Manchmal hört man sagen, dass die alten Quellen volkstümlicher Verkündigung wieder geöffnet werden müssen. Aber warum versiegten sie eigentlich? Üblicherweise wurden sie vorher mit allerlei unbiblischen modernen Ideen und Theorien verschlammt.

Archimedes (griech. Mathematiker und Physiker um 300 v. Chr.) sagte: „Gebt mir einen festen Punkt und einen genügend langen Hebel, und ich werde die Erde aus den Angeln heben." Die Gemeinde ist der von Gott gegründete feste Punkt und das Evangelium ist ein solcher Hebel. Unser Ziel muss sein, das Evangelium in jedes einzelne Zuhause in der Welt zu bringen. Ich habe das in verschiedenen Ländern getan, indem ich mein evangelistisches Büchlein „Vom Minus zum Plus" an jeden Haushalt verteilen ließ. Das sollte keine Abkürzung zur nationalen Erweckung sein (wie manche glaubten), sondern ein ehrlicher Versuch, mehr Menschen mit dem Evangelium zu erreichen. Diese Initiative hat viele unserer Zeitgenossen zu Jesus geführt.

Wir müssen mit allen möglichen Mitteln die Arbeit tun oder denjenigen helfen, die sie tun, um die sechs Milliarden Menschen, die auf dieser Welt leben, zu erreichen. Das sind mehr als alle früheren Generationen, die bis zum heutigen Tag auf dieser Welt gelebt haben. Und dieser Umstand eröffnet der Gemeinde die größte Chance aller Zeiten. Sie verlangt große Anstrengungen, Unternehmungsgeist und Kühnheit von uns heutigen Christen. Zu 6 Milliarden Menschen die Frohe Botschaft zu bringen, beinhaltet Opfer an Zeit, finanzieller Unterstützung, Fantasie und Vorstellungskraft, Einfallsreichtum und Hingabe. Es gibt mindestens 600 Millionen wiedergeborene Christen – das ist einer von zehn der Weltbevölkerung. Ich möchte diese riesige Streitkraft zur Herrlichkeit Gottes ausrüsten helfen. Ich möchte, dass der Himmel angesichts dessen, was durch uns geschieht, jauchzt und sich freut, wie nie zuvor.

Heutzutage gibt es viel mehr Möglichkeiten, das Evangelium jeder Kreatur zu predigen, als in den Tagen der ersten Christen. Mit modernen technischen Anlagen können Christen heute mehr Menschen mit dem Evangelium erreichen, als alle Christen in den vergangenen 2.000 Jahren zusammen. Das kann man sicherlich als die in der Bibel angekündigte Endzeitsituation bezeichnen, die uns mahnt, miteinander die Ernte Gottes beizeiten einzubringen.

Die Zeit ist knapp. Wir haben kein Jahrhundert oder zwei, um die Menschen zu erreichen, die heute leben. Unsere Generation von Christen muss die jetzt lebenden Generationen aller Völker erreichen. Keiner darf untätig sein. Sogar Kinder können ein paar Garben einholen. Die Ernte ist reif, aber der Arbeiter sind wenige – das trifft auch heute noch zu. Heute ist der Tag des Heils.

## Fragen

1. Gibt es Dinge, die sich im Dienst der Evangelisation für die Gemeinde verändert haben?
2. Welche Rolle spielt der gesunde Menschenverstand in unseren missionarischen Aktivitäten?

# Kapitel 7

## Wie fing es an?

*„Sondert mir nun Barnabas und Saulus zu dem Werk aus, zu dem ich sie berufen habe.“*
Apostelgeschichte 13,2

Die ersten Jünger gaben am Anfang Zeugnis von Jesus, ohne vorher Erfahrungen gesammelt zu haben; ohne eine erprobte Methodik, ohne Strategien und ohne Schulungsseminare. Wie gingen sie dabei vor?

Alles begann, als Jesus – ein gebürtiger Judäer – eines Tages am Strand entlangging und auf eine Gruppe galiläischer Fischer stieß. Er fragte sie, ob sie mit ihm gehen wollten, um Menschenfischer zu werden. Aus diesen „ungeschliffenen Rohdiamanten“ machte er Apostel und Weltveränderer, unvergessliche Persönlichkeiten, die in die Geschichte der Menschheit eingegangen sind.

Als Christus in den Himmel aufstieg, lag die Zukunft des Glaubens an das Evangelium einzig und allein in ihren Händen. Diese Männer waren Einheimische, die in ihrem ganzen Leben nicht weiter gereist waren, als ihre Fischerboote sie bringen konnten. Es waren Männer voller Eifer und unbeirrbarer Opferbereitschaft. Ihnen verdanken wir unser Wissen über Gottes Plan der Errettung. Die Menschheit steht tief in ihrer Schuld, denn sie brachten die ersten Strahlen wahrhaft zivilisierten Lebens in unsere Welt. Mit der Zeit durchdrang das Wort Gottes die Gesellschaften und Kulturkreise der gesamten Völkerwelt. Marcus Aurelius, ein Intellektueller und Stoiker, wurde 161 n. Chr. Kaiser von Rom und ließ Worte Jesu in die Mauern der Stadt einmeißeln. (Leider hat er als Kaiser später aus politischen Gründen die Christen in Rom verfolgt).

Die ersten Konvertiten, d. h. die zu einem anderen Glauben Übergetretenen, waren Juden, die Christen wurden, und die erste Gemeinde entstand in Jerusalem, der jüdischen Hauptstadt. Tausende kamen zum Glauben an Jesus, darunter viele Tempelpriester. Ungefähr 20 Jahre lang blieben die Apostel in Jerusalem und bauten ihr Glaubens- und Arbeitsprogramm dort auf, während viele Christen wegen der über sie gekommenen Verfolgung in alle Welt zogen (Apostelgeschichte 8,1). Die Gemeinde konzentrierte sich auf den Tempel als ihren Versammlungsort (Apostelgeschichte 6,7). Es dauerte einige Jahre, bis sie eine Vision für die gesamte Welt entwickelten, und Gott zeigte ihnen den Weg dorthin (Apostelgeschichte 21,20).

Johannes schrieb zu einem späteren Zeitpunkt: *„Denn so hat Gott die Welt geliebt …“* (Johannes 3,16). Die jüdischen Gläubigen sahen in Jesus zunächst nur den seit Jahrhunderten von Gott versprochenen Messias Israels. Selbst als Jesus von den Toten auferstanden war, verstanden die Apostel dieses Wunder nur im Lichte der Wiederherstellung Israels (Apostelgeschichte 1,6). Jesus legte seine Hand jedoch auf die gesamte Welt. Er sagte: *„Ihr werdet meine Zeugen sein, sowohl in Jerusalem … und bis ans Ende der Welt“* (Apostelgeschichte 1,8). Das griechische Wort für „Ende“ ist *es-chatos*, was auch als „der letzte Winkel der Erde“ übersetzt werden kann.

## Aufruhr und Aufbruch

Für die Verbreitung des Evangeliums in alle Nationen hinein bereitete Gott einen Mann vor – den Apostel Paulus. Zwar war er von Geburt römischer Bürger, aber dennoch durch und durch jüdisch. Er nannte sich selbst *„Hebräer von Hebräern“* (Philipper 3,5). Sein persönliches Interesse lag darin, sein eigenes Volk zu retten (Römer 9,1-4), doch Gott berief ihn außerdem dazu, das Evangelium in die Nationen zu tragen (Apostelgeschichte 13,1).

Paulus ließ sich für einige Zeit in Antiochia, einer heidnischen Stadt mit einer großen jüdischen Gemeinde, nieder. Das ermöglichte es ihm, beide

Kulturen – die jüdische und die griechische – kennen zu lernen. Nach einiger Zeit begab er sich mit dem Segen der Gemeinde in Antiochia auf seine erste große Reise. Davon ist schon im vorhergehenden Kapitel die Rede gewesen. Wie wir von seinen Reiseberichten wissen, kümmerte er sich unabhängig davon, wo ihn sein Weg hinführte, hauptsächlich um seine eigenen Landsleute.

Die Apostel merkten, dass dies Gottes „Methode" war, das Evangelium bekannt zu machen. An einem neuen Ort angekommen, suchte Paulus zuerst immer die Synagoge auf. Diese jüdischen „Schulen" gab es im gesamten Mittelmeerraum. Juden, die das Leben in fremde Länder gebracht hatte, oder die durch ihre Geschäfte dorthin gelangten, bildeten schnell typische Kolonien in den Städten des Römischen Reichs und pflegten dort die mosaischen Traditionen. Petrus schrieb seinen ersten Brief an die jüdischen *„Fremdlinge in der Zerstreuung von Pontus, Galatien, Kappadozien, Asien und Bithynien"*, alles Gebiete in Kleinasien (1. Petrus 1,1). Auch Paulus war ein Diaspora-Jude. Er wurde im jüdischen Stadtteil von Tarsus in Zilizien geboren, einer großen Stadt im Südosten der heutigen Türkei (Apostelgeschichte 22,3).

Hunderttausende Juden waren aus ihrer Heimat geflohen, um der brutalen Unterdrückung ihrer Besatzer zu entgehen. Nachdem das Assyrische Reich vernichtet und das jüdische Volk 600 v. Chr. in die Babylonische Gefangenschaft geführt worden war, litt der in Israel verbliebene Rest der Juden ununterbrochen unter der Gewaltherrschaft seiner Feinde. Ein Jahrhundert vor Christus beschloss der Syrer Antiochus IV., die Religion der Juden durch Verfolgung und regelrechtes Abschlachten der Bevölkerung zu vernichten. Die Opfer dieses Feldzugs werden in Hebräer 11 genannt. Juden, die aufgrund dieser Ereignisse nun zerstreut in der Fremde lebten, wurden zu den Bindegliedern, die Paulus nutzte, um auch die Heiden, d. h. die Nichtjuden, zu erreichen.

Paulus kam zwei oder drei Jahre nach der Auferstehung Christi in Damaskus zum Glauben und *„sogleich predigte er in den Synagogen, dass Jesus der Sohn Gottes ist"* (Apostelgeschichte 9,20). Das wurde seine künftige

Strategie. In Jerusalem *„sprach* [er] *freimütig im Namen des Herrn. Und er redete und stritt mit den Hellenisten“* (Apostelgeschichte 9,28f). Auf seinen Reisen von einem Land zum nächsten knüpfte er immer zuerst einen Kontakt zu den Menschen in den Synagogen vor Ort, wo er als jüdischer Rabbi nach damaliger Sitte öffentlich lehren durfte. Für gewöhnlich versuchten seine eifersüchtigen jüdischen Gegner, ihm Widerstand zu leisten. Wenn er sich dann an die Heiden wandte, löste er damit jedes Mal sowohl Aufruhr als auch Erweckung aus.

Vor diesem Hintergrund wirkten die Pioniere des Evangeliums. Es war eine mutige und abenteuerliche Arbeit, Mittel und Wege zu finden, um die Welt zu erreichen. Paulus nutzte jede Gelegenheit, die sich ihm dazu bot, riskierte es, gedemütigt und abgelehnt zu werden, *„damit er auf alle Weise einige rette“* (1. Korinther 9,22). Die Christen waren kreativ, verwegen und hielten nicht krampfhaft an einer Strategie oder Idee fest. Nicht nur Paulus, sondern auch die durch ihn Bekehrten riskierten es, an Orte zu gehen, von denen sie nicht wussten, ob man sie dort freundlich empfangen oder verjagen würde.

Paulus predigte das Evangelium zwei Jahre lang im Lehrsaal des Tyrannus in Ephesus (Apostelgeschichte 19,9). In Athen debattierte er mit ortsansässigen Juden, mit epikureischen und stoischen Philosophen, und er musste sich vor dem Areopag, dem athenischen Gerichtshof, verantworten. Dieser entschied über Fragen der Moral und Religion. Als nicht öffentliche Instanz bot das Gericht dem Apostel nicht viele Zuhörer, doch Paulus vertrat die Ansprüche Christi auch vor dieser „Kultusbehörde“ in Athen klar und kompromisslos.

Einige der Zuhörer wurden von der Botschaft überzeugt, so auch Dionysius, ein Mitglied des Gerichtshofs. In Rom predigte Paulus später über den gekreuzigten Christus und schreckte nicht davor zurück, die Menschen daran zu erinnern, dass Rom dieses schrecklichen Verbrechens der Kreuzigung an Jesus von Nazareth schuldig war. Vor ihm hatte schon Petrus die jüdische Volksmenge in Jerusalem für den Tod Jesu verantwortlich gemacht. Auch Stephanus sprach furchtlos und warf den religiösen Führern vor, dem Heiligen Geist schon immer widerstanden zu haben. Er wusste, der Preis für seine schonungslose Offenheit würde hoch sein, doch verlangte die Dringlichkeit seiner Botschaft dieses Risiko (Apostelgeschichte 7).

Die Legende erzählt, dass sich die Apostel trafen, um zu entscheiden, wer von ihnen welches Land evangelisieren sollte. Es herrscht große Gewissheit darüber, dass Thomas und wahrscheinlich auch Bartholomäus nach Indien gezogen sind und dort schließlich auch für das Evangelium starben. Diese Pioniere legten einen ungeheuren Unternehmungsgeist und Mut an den Tag.

Wir leben heute in einem Zeitalter, das einst tief greifend von der christlichen Lehre beeinflusst worden ist. Wir können uns nur schwer vorstellen, wie es für die Apostel gewesen sein muss, in die geistliche und moralische Nacht jener Zeit vorzudringen. Alle ihre Gewohnheiten, die Kultur, der Aberglaube und die Moral einer ganzen Welt waren damals von gottloser und größtenteils barbarischer Natur, trotz der militärischen Größe und äußeren Pracht des Römischen Reichs.

## Jüngerschaft als Lebensstil

Das Evangelium dehnte sich allmählich aus wie die Flut nach der Ebbe. Seine Pioniere waren nicht nur Apostel und Evangelisten, sondern ein Heer von einfachen und unbekannten Gläubigen. Die Hälfte von ihnen waren Sklaven, die sich mutig der Gefahr des Leidens oder Sterbens für Jesus Christus stellten. Ein bewegendes Zeugnis dafür fand man in den Ausgrabungsstätten des alten Rom. Man fand eine Wandkritzelei an einer Küchenwand, in der ein Hofpage verspottet wurde. Sie zeigt die Karikatur eines gekreuzigten Mannes mit einem Eselskopf und darunter die Worte „Alexamenos betet seinen Gott an". Dieser junge Mann hatte

Das Evangelium dehnte sich allmählich aus wie die Flut nach der Ebbe. Seine Pioniere waren nicht nur Apostel und Evangelisten, sondern ein Heer von einfachen und unbekannten Gläubigen.

offensichtlich keine Angst davor gehabt, in den Kammern der Hofpagen seinen Heiland Jesus Christus zu bezeugen, ihn anzubeten und von seinem Tod am Kreuz zu sprechen. In eine andere Wand hatte jemand eingekratzt „Alexamenos ist treu" – womöglich stammte der Satz von Alexamenos selbst, der sich durch den Spott seiner Zeitgenossen nicht erschüttern ließ.

Den Christen dieser ersten Zeit kam es gar nicht in den Sinn, den Missionsbefehl Christi nicht auszuführen. Das war doch das Lebensprogramm der Jünger, die Grundessenz ihres Christseins. Bis zum Beginn des 4. Jahrhunderts – genauer gesagt bis 313 n. Chr. –, musste jeder, der sich zu Jesus bekannte, ständig mit dem Tode rechnen. Lange bevor das Römische Reich offiziell christlich wurde, sprach man jedoch davon, dass die Städte und Marktplätze Roms voll von Christen, die heidnischen Tempel dagegen menschenleer geworden waren.

Junge Christen waren jederzeit bereit, für Christus zu sterben und stellten sich selbst der Obrigkeit, die nach ihnen fahndete. Sie gaben sich Jesus Christus voll und ganz hin. Seine unvergleichliche Größe überragte seine unscheinbare Geburt in einem Viehstall, sein Leben in einem armseligen orientalischen Dorf und seinen schmachvollen Tod am Kreuz. Er wurde nicht nur geliebt, er wurde angebetet. Jeder Jude wusste von Kind auf, dass es einen Gott gibt, der einen Retter nach Israel senden würde – den Messias, d. h. den *Gesalbten*. Noch nie hatte es jemanden wie ihn gegeben, keiner der alttestamentlichen Propheten kam Jesus gleich. Auch nach ihm hat es nie wieder jemanden wie ihn gegeben.

## Deutlich wie ein Farbfoto

Christus gebot uns nicht, Rituale einzuhalten, um errettet zu werden und in den Himmel zu kommen. Er selbst ist unsere Errettung. Er trug uns lediglich auf, durch die Taufe und durch Brot und Wein beim geheiligten Mahl seiner zu gedenken. Er sagte, dass wir das Brot brechen und den Wein zu seinem Gedächtnis trinken sollen (Lukas 22,19). Paulus ergänzte diese Anweisung durch die Worte Jesu: *„So oft ihr dieses Brot* *esset und diesen Kelch trinket, sollt ihr den Tod des Herrn verkündigen, bis dass er kommt"* (1. Korinther 11,23-26). Wenn wir das Evangelium von Jesus Christus predigen, müssen wir genau wissen, von wem wir sprechen. Der Name Jesus ist kein magischer Glücksbringer, kein Markenzeichen oder abgenutzter Slogan. Wir beziehen uns im lebendigen Glauben auf ihn – den Christus der Bibel – und auf alles, was er nach dem Willen Gottes für uns geworden ist.

Das Alte Testament bietet uns einen groben Umriss von Jesus, das Neue Testament hält sozusagen ein Farbfoto von ihm für uns bereit. Das Alte Testament spricht über Gott, und Jesus sagte, es spreche auch über ihn. Er erfüllte die Schrift, ließ sie in seiner Person sichtbar werden, indem er sie selbst verkörpert hat. Sein Staunen erregendes Leben ist der Beweis für die zuverlässigen Voraussagen der Propheten. In ihm sind alle Verheißungen Gottes erfüllt. Und er ist doch noch viel mehr als das. Johannes der Täufer bezeugte ihn, doch er sah Jesus weit über sämtliche Prophezeiungen hinauswachsen. Und so verkündete er: *„Er muss wachsen, ich aber muss abnehmen"* (Johannes 3,30).

> Sein Wort ist die Grundlage unseres Lebens. Weder die Schöpfung noch die Geschichte kann mit einem Ersatz für Jesus aufwarten. Er ist die Vervollständigung des Lebens.

Gott offenbarte sich nicht nur als Gott, sondern gab sich selbst eine Identität und einen Namen. Er sprach mit Mose: *„Und sie werden erkennen, dass ich, der Herr, ihr Gott bin, der ich sie aus dem Land Ägypten herausgeführt habe"* (2. Mose 29,46). Wir haben die Partnerschaft zwischen Gott und Mose bereits weiter vorne beschrieben bekommen. In diesem Buch der Bibel wird diese Aussage von der Befreiung aus Ägypten 7-mal gemacht. Es gibt viele Vorstellungen darüber, wer oder was Gott ist. Der wahre Gott aber ist der Erretter-Gott. Wir beginnen beim Lesen der Bibel mit Gott dem Schöpfer und Gott dem Versorger, dem Richter und dem Gott der Heiligkeit. Doch wir kommen schnell auch zu der Erkenntnis Gottes als dem Retter, dem Heiler, dem Hirten, dem Allgegenwärtigen.

Johannes beschreibt in seinem ersten Brief, wie großartig Christus die Welt von der Bosheit und dem Teufel befreit hat und sagt: *„Wir wissen aber, dass der Sohn Gottes gekommen ist. Dieser ist der wahrhaftige Gott und das ewige Leben“* (1. Johannes 5,20). Jesus beruft uns Menschen zu seinen Zeugen. Wir geben Zeugnis von *diesem* Christus, dem Christus aller Herrlichkeit, von dem uns Gottes Wort von alters her berichtet. Dieser Christus ist weder eine Legende noch ein Gespenst oder eine fiktive Gestalt, sondern der Eine, der sich durch seine einzigartige und unfassbare Größe und ebenso durch seine unfassbare Demut und Liebe auszeichnet.

Wir bezeugen Jesus, weil er das ist, was er zu sein behauptet. Er offenbarte sich uns zu unserem Vorteil, als unsere Hoffnung. Er erschuf uns dazu, ihn zu kennen und er stillt unsere Ruhelosigkeit und Sehnsucht. Jeder Mensch fühlt ein Verlangen nach ihm, ohne zu wissen, was ihm eigentlich fehlt, ohne sich dessen bewusst zu sein. Das fehlende Etwas ist Jesus. Er stellt sich unserem unwissenden Suchen. Die Menschheit hat Tausende von Glaubenslehren und religiösen Wundermitteln hervorgebracht, doch Evangelisation bietet die Antwort auf die letzten Fragen der Menschen, indem sie ihnen Jesus vor Augen stellt.

In Athen fand Paulus den Altar für einen unbekannten Gott und sagte: *„Was ihr nun, ohne es zu kennen, verehrt, das verkündige ich euch“* (Apostelgeschichte 17,23). Wir tun genau dasselbe; den Menschen, die Jesus nicht kennen, erzählen wir von ihm. Ohne ihn ist nichts vollständig. Gott sprach: *„Es ist nicht gut, dass der Mensch allein sei“*, (1. Mose 2,18) und erschuf eine Frau für Adam. Er sagte außerdem auch: *„Der Mensch* [lebt] *nicht vom Brot allein, sondern von allem, was aus dem Mund des Herrn hervorgeht“* (5. Mose 8,3). Sein Wort ist die Grundlage unseres Lebens. Weder die Schöpfung noch die Geschichte kann mit einem Ersatz für Jesus aufwarten. Er ist die Vervollständigung des Lebens.

Das Johannes-Evangelium beginnt mit einem großartigen Satz: *„Im Anfang war das Wort.“* Er gebraucht dieses Wort mit seiner faszinierenden Bedeutung für Jesus. Für die Griechen war das Wort, die Kraft oder das Sein, die allen Dingen zugrunde lagen, heilig, unerreichbar und unergründbar. Auch die Juden sprachen von dem Wort, der Stimme Yahwehs. Johannes erklärt uns, dass Jesus all das war und noch viel mehr: *„In ihm war Leben, und das Leben war das Licht der Menschen“* (Johannes 1,4) – das Licht der Intelligenz, des Selbstbewusstseins und des Gottesbewusstseins.

## Eine evangelistische Botschaft

Die Frohe Botschaft ist immer evangelistisch, sie soll mündlich verkündet werden. Die Wörter, die im Neuen Testament für Evangelisation verwendet werden, sind immer mit der Bedeutung „reden“ gepaart. Die Frohe Botschaft ist nicht etwa die bloße Theorie eines Buches, ein versteinerter Gedanke, sondern eine lebendige mündliche Verkündigung. Sie soll ausgesprochen und gehört werden. Das Wort Gottes ist lebendig. Es ist voller Leben. Die Bibel existiert heute nicht deshalb, weil sie wie ein altes Schriftstück aufbewahrt worden ist. Sie ist kein Ausstellungsstück in einem Museum, sondern sie lebt. Lebendiges aber muss nicht konserviert werden.

Als Paulus zu den Einwohnern Athens sprach, „verkündete“ er die Frohe Botschaft. Für den Begriff „Frohe Botschaft“ verwendete er das Wort *euangelion*, was nicht nur für „eine Botschaft“, sondern für „eine *gute* Botschaft“ steht. Das deutsche Wort „Botschaft“ bezeichnete jemand einmal als „eine wichtige, für den Empfänger bedeutungsvolle Nachricht, die durch einen Boten überbracht wird“. Wir haben eine gute Nachricht zu überbringen, nicht nur gute Information. Die Frohe Botschaft ist immer eine persönlich überbrachte, aus dem Mund des Boten, der eine wunderbare Entdeckung gemacht hat.

Typisch hierfür ist der Bote, der den Athenern die Nachricht überbrachte, dass ihr Heer die Schlacht gegen die Perser (490 v. Chr.) bei Marathon gewonnen hatte. Diese „Meldung vom Sieg“ war für die harrenden Athener ein „euangelion“. Noch viel mehr ist eine vom Heiligen Geist gewirkte, mündlich oder schriftlich geäußerte Nachricht vom

Sieg Jesu über Sünde, Tod und Satan. Die Frohe Botschaft , wie sie etwa auch hier in diesem Buch vermittelt wird.

Wir dürfen und müssen sagen: Die Frohe Botschaft verkündet eine für alle Menschen gültige Veränderung im Weltgeschehen. Sie bringt die Nachricht von einer gewonnenen Schlacht und dem Sieg über einen großen Feind. Das Markusevangelium beginnt mit dem Vers: *„Anfang des Evangeliums* [euangelion – gute, frohe Botschaft] *Jesu Christi."* Diese Worte stammen von der Aussage des Engels bei der Geburt Jesu: *„Ich verkündige euch eine Botschaft, die das ganze Volk mit großer Freude erfüllt"* (Lukas 2,10 HfA). Er benutzte dasselbe griechische Wort für „gute Botschaft" und fügte ein weiteres hinzu, nämlich das griechische Wort *chara* für „große Freude". Paulus sagte, er schulde sowohl den Juden als auch den Heiden etwas – er wusste, dass sie das Recht hatten, die Frohe Botschaft zu hören und die Freude zu erleben, Jesus zu kennen.

Es werden verschiedene Wörter benutzt, um die Verkündigung des Evangeliums zu bezeichnen, so z. B. sprechen, reden, ankündigen und bekannt machen. Es fällt nicht schwer, sich vorzustellen, wie jemand seinem Arbeitskollegen die Frohe Botschaft zuflüstert, fast wie ein Verschwörer, der verhindern möchte, dass seine Feinde ihn hören. Drei Wörter werden ganz besonders im Zusammenhang mit der Frohen Botschaft verwendet: *kerygma*, *euangelizo*, *martyreo*; sie bedeuten „Verkündigung, eine gute Botschaft verkündigen" und „Zeugnis ablegen".

Einige moderne Gelehrte sprechen gerne über *kerygma* (griech. Verkündigung) und was das Wort für sie bedeutet. Für mich liegt es offen auf der Hand, dass *kerygma* sich darauf bezieht, Jesus Christus zu verkünden – er ist der Inhalt der Botschaft. In Römer 16,25 spricht Paulus von der *„Predigt* [kerygma] *von Jesus Christus"*. Er sprach über das, was der Inhalt der Frohen Botschaft ist, nicht über das Predigen als Handlung.

Die Apostel gaben nicht alles Private auf, um eine freudlose Glaubenslehre zu predigen. Manch ein moderner Wissenschaftler scheint nicht zu verstehen, dass das, was die Apostel verkündeten, für sie aufregend und wunderbar gewesen sein muss, sonst wären sie niemals so weit gereist, um davon zu erzählen. Sie gingen in die Welt hinaus, weil Jesus selbst und die Freude an ihm der Inhalt von *kerygma* waren. Kein Mensch hätte sich jemals so etwas ausdenken können. Es ist auch in keiner anderen Religion oder Philosophie zu finden.

Die wunderbare Offenbarung Gottes in Christus öffnete uns Menschen die Sphäre des Himmels, und sie ist doch vergeblich geschehen, wenn sie nicht von uns weitergesagt wird. Gott möchte, dass wir an seinem großartigen Vorhaben teilnehmen. Wir können vielleicht nicht wirklich verstehen, warum Gott ausgerechnet auf uns Menschen zählt bei diesem so bedeutungsvollen Unterfangen, aber das ist nun einmal das Erstaunliche an seinem Plan. Er weist uns eine einzigartige privilegierte Rolle zu.

*Euangelion* – die Frohe Botschaft – ist ein Paulus-Wort. Es kommt 76-mal im Neuen Testament vor und wird dabei 56-mal im Zusammenhang mit Paulus verwendet. Es bezeichnet die gute Nachricht des ewigen Lebens, der Auferstehung, der Wahrheit, des Friedens, der Errettung. Heutzutage wird das Wort *euangelion* nicht mehr im Zusammenhang mit weltlichen Ereignissen benutzt, etwa in der Literatur. Es ist ein rein christlicher Begriff geworden, denn die Frohe Botschaft ist einzigartig und überragend – und allein auf die Person des Jesus Christus bezogen.

> Gott möchte, dass wir an seinem großartigen Vorhaben teilnehmen. Er weist uns eine einzigartige privilegierte Rolle zu.

In seinen Predigten sagte Johannes der Täufer: *„Tut Buße! Denn das Reich der Himmel ist nahe gekommen“* (Matthäus 3,2). Das klang eher nach einer Warnung oder einer Drohung als nach einer Nachricht, über die man sich freuen konnte. Dagegen lesen wir in Matthäus 4,23, dass Jesus *„das Evangelium des Reiches* [predigte]*“*. Johannes der Täufer verkündete die Nachricht nicht als gute Nachricht, aber Jesus tat das. Johannes sagte die gute Nachricht zwar schon vorher, aber Jesus brachte sie der ganzen Welt.

Das Wort *euangelion* ist keine Ankündigung oder das Versprechen einer Sache, die erst noch eintreten muss, sondern die Verkündigung dessen, was schon eingetreten ist. Durch das Predigen setzt man es nicht erst in Gang oder lässt es Wirklichkeit werden, es ist vielmehr schon eine Tatsache. Das Wunderbare an der Frohen Botschaft ist: Sie erzählt uns, was Gott bereits getan hat. Das Kreuz ist die Tatsache, an der niemand rütteln kann. Es ist mehr als nur Worte, mehr als nur eine Theorie, als ein System oder eine Lehre.

Jesus kam tatsächlich auf die Erde, starb und stand am dritten Tage vom Tode auf. Nichts kann das annullieren. Genau darum geht es in der Frohen Botschaft, um den Felsen, auf dem wir sicher stehen können. Aufruhr, Wirren, Veränderungen und Kriege der Welt schlagen gegen diesen Felsen; Sturmwinde und wütende Meere stellen seine Stärke auf die Probe, doch er hält allen Widrigkeiten unerschütterlich stand.

Die modernen Technologien und Möglichkeiten können sich zwar mit dem Kreuz beschäftigen, sie können es aber nicht beseitigen. *„Gott, der uns mit sich selbst versöhnt hat durch Christus … und ihnen ihre Übertretungen nicht zurechnete"* (2. Korinther 5,18f), steht selbst dafür ein. Es ist geradezu so, als ob er Gefangenen sagen würde, dass die Türen zu ihren Zellen alle aufgeschlossen sind. Wer daran glaubt, kann die Zelle als freier Mann verlassen. Jesus sagte zu dem toten jungen Mann in Nain: *„Jüngling, ich sage dir, steh auf"* (Lukas 7,14). Den Gläubigen wurde der „Dienst der Versöhnung" anvertraut und als Christi Botschafter sagen wir: „Versöhnt euch mit Gott". Gott hat uns mit sich selbst versöhnt, ganz gleich, wie tief unsere Feindschaft ihm gegenüber sein mag (siehe 2. Korinther 5,17-20).

Das andere, häufig im Zusammenhang mit der Verkündigung der Frohen Botschaft verwendete Wort ist *martyreo* und bedeutet „Zeugnis geben". Von diesem Wort ist das deutsche Wort „Märtyrer" abgeleitet. Christen, die für Christus starben, wurden Märtyrer genannt. Es waren Menschen, die ihr Leben aufgrund ihres Zeugnisses verloren und ihren Glauben durch ihr Opfer bezeugt haben. Der erste Märtyrer war

Stephanus. Sein Tod wurde von einem jungen Mann beobachtet, der nach seiner Bekehrung niemals über das hinwegkam, was er dort gesehen hatte. – Es war Saulus von Tarsus, der spätere Apostel Paulus.

Johannes schreibt von dem *„Zeugnis* [martyria] *Gottes"* (1. Johannes 5,9). In 4. Mose 17,7 und 2. Mose 25,22 ist Gott im Zelt der Begegnung und in der Lade des Zeugnisses sein eigener Zeuge für die Gültigkeit seiner Offenbarung. In diesem Sinne bedeutet *martyreo* die Bestätigung eines Geschehnisses. Der Ausdruck bezog sich auf die Erinnerung an ein Ereignis, über das man beispielsweise vor Gericht als Augenzeuge sprach.

Johannes verwendet in seinem Evangelium und in seinen Briefen *martyreo* 43-mal, aber kein einziges Mal die Wörter *euangelion* oder „Frohe Botschaft". Warum? Das Johannes-Evangelium ist das Evangelium ständiger Handlung und andauernder Erfahrungen. Zeugnis geben war für ihn nichts, was man hin und wieder tat, sondern eine generelle Lebenseinstellung. Unser Leben verstand er als die ständige Erinnerung und als Zeugnis von der Wahrheit Jesu. Das, was Jesus für die Gläubigen getan hat, sollten sie als seine Anhänger glaubwürdig bezeugen.

Jedes dieser drei wichtigen Wörter beinhaltet denselben Gedanken: Wir sollen das sein, was wir predigen. Der Botschafter empfiehlt durch sein eigenes Leben die Botschaft, die er predigt. Wenn wir Christus predigen, sind wir Christen. Wenn wir den Heiligen Geist predigen, sind wir geisterfüllt. Auf diese Weise offenbart sich Gott heute in vielen Teilen der Welt. Sein Wort wird in uns zu „Fleisch", das jeder mit seinen Augen sehen kann.

Wir müssen lediglich das sein, was Gott aus uns macht. Und das werden wir durch den lebenslangen Prozess der Umwandlung in das Bild Jesu Christi (Hebräer 13,20f).

## Frage

Welche Strategie wandte Paulus an, um das Evangelium zu predigen?

*Der Gottlose verlasse seinen Weg*

*und der Mann der Bosheit*

*seine Gedanken!*

*Und kehre um zu dem Herrn,*

*so wird er sich über ihn erbarmen,*

*und zu unserem Gott,*

*denn er ist reich an Vergebung.*

Jesaja 55,7

# Kapitel 8

# Lehrstücke des Meisters

*„Er kann völlig erretten."*
Hebräer 7,25

Gottes guter Plan war angesichts der menschlichen Starrköpfigkeit nicht durchsetzbar. Die Anwendung von göttlicher Gewalt wäre hier auch nicht die richtige Antwort gewesen. In diesem Kapitel sehen wir die ersten Beispiele einer anderen Art von Macht – die Macht der Erlösung.

Ein Mann ist noch lange kein guter Ehemann, nur weil er seine Muskeln spielen lässt. Gott wollte uns nicht durch rohe Gewalt erretten. Tatsächlich wusste noch niemand etwas von der ewigen Errettung. Das Gesetz des Mose sagt darüber nichts aus. Gott hat sich diese Aufgabe selber auf die Fahne geschrieben. Er hat sich sozusagen selbst angestrengt und in seiner Liebe Opfer aufgebracht, bis hin zum Blut seines Sohnes, das für uns vergossen wurde. Denn *„ohne Blutvergießen gibt es keine Vergebung"* (Hebräer 9,22).

Gott bereitete schon am Tag der Schöpfung eine solche Erlösung vor. Auch die Schöpfung hatte für Gott ihren Preis. Ein Wort von ihm schuf die ganze Welt, aber er wusste, dass sie später sein Blut, seinen Schweiß und seine Tränen kosten würde. Die sechs Schöpfungstage, in denen alles erschaffen wurde, fanden ihren Höhepunkt in den sechs Stunden, die Jesus am Kreuz gehangen hat. *„Das Lamm, das geschlachtet war von Grundlegung der Welt an"* (Offenbarung 13,8) wurde dort offenbar. Errettung ist die Hauptschlagader, durch die das Leben spendende Blut in der ganzen Bibel – in symbolischer und in tatsächlicher Weise – fließt. Als Gott die Bäume erschuf, war einer davon für das Kreuz auf Golgatha bestimmt.

In der Bibel wird beschrieben, wie nach der Schöpfung die Sintflut kam. Wir lesen: *„Die Erde aber war verdorben vor Gott, und die Erde war erfüllt mit Gewalttat“* (1. Mose 6,11); der Erdboden war mit all dem durch Gewalt und Hass vergossenen Blut befleckt. Als Kain seinen Bruder Abel ermordete, schrie dessen Blut vom Ackerboden zu Gott (1. Mose 4,10). In Hosea 6,8 sagte Gott, dass Gilead eine Stadt *„voller Blutspuren“* sei und in Psalm 106,38 werden wir daran erinnert, dass *„das Land durch ihre Blutschuld entweiht“* war.

Die Gewalttaten der in Sünde gefallenen Menschen waren von einem solchen Ausmaß und stellten eine solche Provokation dar, dass Gott beschloss, dem Übel durch eine große Flut ein Ende zu setzen. Nach der Sintflut sagte er zu Noah: *„Wer Menschenblut vergießt, dessen Blut soll durch Menschen vergossen werden“* (1. Mose 9,6). Mord muss durch ein Gericht verurteilt werden; Blut muss durch Blut gesühnt werden. Gott gab dieses Gesetz, weil selbst die Wassermassen der Sintflut die blutbefleckte Erde nicht gereinigt hatten.

Etwa 500 Jahre später gab Gott dem Mose die Zehn Gebote. Unter den Opfergaben, die ein Mensch Gott darbringen konnte, befand sich keine Gabe, mit der man einen Mord hätte sühnen können. Es gab dafür keine Vergebung. Andere Sünden konnten durch das Blut eines Tieres „zugedeckt“ werden. Aber das war nicht genug, um die Kriege und das Blutvergießen der Jahrhunderte zu sühnen.

Jesus sagte, dass *„das Blut aller Propheten, das von Grundlegung der Welt an vergossen worden ist, von diesem Geschlecht gefordert werde“* (Lukas 11,50). Nach dem Prinzip „Blut für Blut“ sollte der Mensch vor dem Morden bewahrt werden, aber es konnte die verlorene Gemeinschaft mit Gott nicht wiederherstellen. Dazu war mehr notwendig. Einzig und allein das Opferblut des Lammes Gottes konnte das durch Gewalt vergossene Blut bedecken. Gott hatte einen Tag der Versöhnung bestimmt, an dem *„das Blut seines eigenen Sohnes“* vergossen werden musste (Apostelgeschichte 20,28). Seit Golgatha gilt für alle Menschen die Botschaft Gottes: *„Das Blut Jesu, seines Sohnes, reinigt uns von jeder Sünde“* (1. Johannes 1,7).

## Gottes Erbarmen mit seinen Menschen

Das Erbarmen Gottes, das mit Jesus auf die Welt kam, ist uns so vertraut und bekannt, dass viele es nicht recht zu schätzen wissen. Wir haben ein deutliches Beispiel für das Erbarmen Gottes in der Bekehrung des Saulus von Tarsus. Er, der gegen den auferstandenen Christus wütete, wurde zu Paulus, dem Apostel für die Völker der Erde. Er war sich der Bedeutung dessen aber voll und ganz bewusst, als er sagte: *„Überströmend aber war die Gnade unseres Herrn mit Glauben und Liebe, die in Christus Jesus sind."* Er sprach über seine persönliche Erfahrung und fügte dann hinzu: *„Das Wort ist gewiss und aller Annahme wert, dass Christus Jesus in die Welt gekommen ist, Sünder zu erretten – von welchen ich der erste bin"* (1. Timotheus 1,14f). In anderen Worten: Seine Erfahrung mit dem erbarmenden Gott konnte auch die Erfahrung jedes anderen Menschen werden.

Etwa 600 Jahre vor Christus wurde der Prophet Hesekiel mit der Gerichtsbotschaft betraut: *„Zu Trümmern, Trümmern, Trümmern mache ich das Land!"* und Jesaja, einer der größten Propheten, war schon etwa 100 Jahre früher zum Predigen eines göttlichen Gerichts ausgesandt worden, damit *„das Herz dieses Volkes verhärtet werde, damit es mit seinen Augen nicht sieht und mit seinen Ohren nicht hört und sein Herz nicht einsichtig wird und es nicht umkehrt und Heilung für sich findet."*

> Errettung ist die Hauptschlagader, durch die das Leben spendende Blut in der ganzen Bibel fließt.

Das sollte so lange währen, bis *„die Städte verwüstet sind und das Land zur Öde verwüstet ist"* (Hesekiel 21,32, Jesaja 6,10-12). Gott sandte auch den Propheten Jeremia in dieser dunklen Zeit mit einer ähnlich deprimierenden Botschaft aus: *„Siehe, ich bestelle dich an diesem Tag über die Nationen und über die Königreiche, um auszureißen und niederzureißen, zugrunde zu richten und abzubrechen, um zu bauen und zu pflanzen"* (Jeremia 1,10).

Etwas, was kaum erwähnt wird und doch sehr verblüffend ist, ist die Tatsache, dass der einzige Bericht in der Bibel über Suchen und Finden vor Jesu Zeit in Verbindung mit Sauls Eseln steht (1. Samuel 9,20). Es ist zwar heilsgeschichtlich belanglos, aber ich möchte es dennoch erwähnen. In dem Werk, das Jesus vollbrachte, stellt Gott seine Autorität und heilende Kraft unter Beweis, als ein Gott, der den Menschen sucht. Jesus verkündete, dass er der wahre Hirte sei und dass alle, die ihm ohne göttlichen Auftrag vorangegangen waren, Diebe und Räuber waren; er war gekommen, um *„zu suchen und zu retten, was verloren ist“* (Lukas 19,10).

> Tausende wanderten am ersten Tag von Pfingsten in das Reich Gottes hinein.
> Das Reich Gottes wurde auf diese Weise durch die „Gewalt“ des Glaubens eingenommen.

Die ersten Beispiele für Erlösung finden wir in den Evangelien. Jesus, mit einem Herzen voll Gnade und Wahrheit, behandelte die Menschen immer auf gleiche Art und Weise. Er zeigte die Kraft und den Willen Gottes zu erretten, indem er Menschen, die von der Gesellschaft ausgeschlossen und ausgestoßen waren, durch seine herzliche Zuwendung für sich gewann.

In Matthäus 11,12 finden wir einen Vers, der uns Rätsel aufgibt; hier sagt Jesus: *„Dem Reich der Himmel wird Gewalt angetan und die ihm Gewalt antun, reißen es an sich.“* Dieses Wort drückt seine Vorfreude darüber aus, dass die Menschenmassen nach seinem Leiden in allen Nationen das Reich Gottes im Glauben erstürmen werden. Christus gab seinem Apostel Petrus die Schlüssel des Evangeliums, um die Tore zum Vaterhaus Gottes zu öffnen. Tausende wanderten sofort am ersten Tag von Pfingsten in das Reich Gottes hinein und ließen die Macht Satans hinter sich. An diesem Tag setzte sich der niemals endende Strom geretteter Seelen in Bewegung. Das Reich Gottes wurde auf diese Weise durch die „Gewalt“ des Glaubens von unzählbaren Scharen eingenommen.

# Gottes Segen für arge Sünder

Die ersten Menschen, die ins Reich Gottes eingingen, waren diejenigen, die Jesus selbst berufen hatte. Dieser erste Personenkreis hatte die Errettung direkt durch Jesus zugesichert bekommen. Sie sind uns ein Vorbild darin, wie auch wir evangelisieren und den Menschen die Errettung anbieten können. Zwei oder drei Beispiele wollen wir etwas genauer betrachten.

Die ersten beiden berufenen Jünger Jesu waren Andreas und sein leiblicher Bruder Simon, den Jesus „Kephas", d. h. „Fels", oder Petrus genannt hat (Johannes 1,40). Zugleich berief Jesus auch die Brüder Jakobus und Johannes (Markus 1,16-20). Am Tag darauf berief Jesus den Philippus, der wiederum Nathanael mitbrachte (Johannes 1,43-51). Diese vier Fischer aus dem Dorf Bethsaida am See Tiberias waren die ersten Jünger Jesu.

Jesus sagte, dass Gott sie ihm gegeben habe (Johannes 10,29; 17,9.24). Die Theologen rätseln darüber, dass wir nichts davon lesen, in welcher Weise sie ihrer Sünden überführt worden sind oder Buße getan haben. Dennoch legten sie Glauben an den Tag, vertrauten und folgten Jesus voll und ganz, obwohl sie ihn kaum kannten, geschweige denn wussten, wer er wirklich war. Jesus war zu der Zeit noch völlig unbekannt. Es scheint, als hätte er diese einfachen Leute spontan, aus seinem eigenen souveränen Willen heraus, errettet; er wusste allerdings, was in den Menschen war (Johannes 2,25).

Beim Evangelisieren wird oft erwartet, dass der Prediger dem klassischen Muster folgt, z. B. seine Zuhörer um ein Handzeichen zu bitten, wenn sie sich bekehren wollen. Es mag jedoch sein, dass manchmal nach außen hin kein sichtbares Anzeichen der Bekehrung zu sehen ist. Tatsache ist jedoch, dass Jesus wusste und dass Gott weiß, was tief im Inneren der Seele und Persönlichkeit eines Menschen vor sich geht. Man kann Gott nichts vormachen, ihm keine Bekehrung vortäuschen. Er kann tief in das Herz jedes Einzelnen sehen.

Selbst wenn später in Samaria Sündenerkenntnis und tiefe Reue auf die Predigt des Philippus gefolgt sein sollten, ist uns auch das nicht überliefert. Aber es heißt in dem Bericht über eine dort geschehene große Erweckung: „*... es war eine große Freude in der Stadt*“ über das Werk des Heiligen Geistes. Philippus war eigentlich einer von sieben Diakonen, aber er hatte die Gabe, mit Vollmacht von Christus zu predigen. Bald darauf war die Bestätigung wahrer Errettung für alle in der Stadt ersichtlich, denn es geschahen Zeichen und Heilungen, und die zum Glauben gekommenen Menschen empfingen den Heiligen Geist und redeten in verschiedenen Sprachen („Zungen“, Apostelgeschichte 8,4-17).

Jesus sagte einmal zu seinen frommen Gegnern: „*Wenn ich aber mit dem Finger Gottes Dämonen austreibe, so ist also das Reich Gottes zu euch gekommen*“ (Lukas 11,20). Das Zeichen des gegenwärtigen Himmelreichs war die Vollmacht Jesu, unreine Geister auszutreiben, doch erwies sich seine Macht weit größer darin, die Menschen zu erretten.

Jesus schockierte die religiösen Führer, weil er Menschen, die öffentlich gesündigt hatten, nicht verachtete, sondern segnete. Die damaligen jüdischen Theologen glaubten nämlich, solche Sünder seien verflucht, weil sie das Gesetz des Mose und die religiösen Traditionen nicht achteten. Aber Jesus freundete sich mit den Sündern an. Er sagte: „*Den Armen wird gute Botschaft verkündigt*“ (Matthäus 11,5). Das war revolutionär. Bei den religiösen Perfektionisten waren die armen Sünder abgeschrieben, Jesus hingegen predigte ihnen das Reich Gottes, vergab ihnen ihre Sünden und heilte sie, wenn sie krank oder gebunden waren.

Den größten Aufruhr gab es, als sich Jesus mit dem Zöllner Zachäus einließ, einem herzlosen Mann, der bereit war, seine Seele um des Geldes willen zu verkaufen. Er war ein zweifelhafter Lakai der römischen Besatzungsmacht und niemand wollte etwas mit ihm zu tun haben. Er hatte sich in seiner Geldgier selbst in so etwas wie einer Zelle aus Gold eingesperrt. Doch als er von Jesus hörte, ging er hin, um ihn wenigstens auf der Straße vorbeigehen zu sehen. Als die Menschen dort den verhassten Zöllner sahen, waren sie vielleicht entschlossen, ihn nicht durchzulassen. Sie stießen ihn vermutlich herum und gaben ihm zu verstehen, dass er nicht willkommen war.

Also schluckte Zachäus seinen Stolz hinunter und kletterte auf einen Baum; er war sich sicher, dass er von dort aus einen Blick auf diesen Mann Jesus werfen konnte, der zum Stadtgespräch geworden war. Natürlich war er in diesem „Hochstand" unübersehbar. Sicherlich zeigten einige mit dem Finger auf ihn und lachten ihn aus. Dann kam Jesus vorbei, schaute zu ihm hoch und befahl ihm, rasch herunterzuklettern, weil er bei ihm einkehren wolle.

## Befreiende Evangelisation

Zachäus konnte kaum glauben, was geschah. Jesus bat ihn um seine Gastfreundschaft. Und Zachäus *„nahm ihn auf mit Freuden"* (Lukas 19,6). Dieser Abend sollte Zachäus ewig in Erinnerung bleiben. Zachäus wird als ein berechnender Mensch geschildert. Er hätte jedoch niemals damit gerechnet, auf jemanden wie Jesus zu treffen. So einen Mann hatte er sich vermutlich niemals vorgestellt. Er fühlte sich, als wäre sein Innerstes vor den freundlichsten Richter der Welt gebracht worden. Jesus hatte Mitleid mit ihm – er liebte ihn sogar. Die zutiefst beschädigte Seele des Zachäus saugte sich mit der Zuneigung Jesu voll, wie ein Schwamm mit Wasser. Dann kam ihm ein Gedanke, der ihm noch nie zuvor gekommen war – den Armen Geld zu geben. Jesus sagte dazu: *„Heute ist diesem Haus Heil widerfahren"* (Lukas 19,9). Das war aber nur ein Vorgeschmack von dem, was noch folgen sollte.

> Unsere Sorge ist nicht ein guter Ruf, sondern so viele Menschenleben wie nur irgend möglich durch das Evangelium zu erneuern.

Diesen Betrüger zu retten, kostete Jesus etwas – nämlich seinen guten Ruf. Zachäus arbeitete für die Besatzungsmacht, das verhasste Rom, und die Menschen sahen, wie Jesus sich mit ihm anfreundete. Das schadete seiner Beliebtheit beim Volke. Für seine Feinde war es ein gefundenes Fressen. Seine Antwort auf ihre Skepsis machte auf seine Kritiker vielleicht nur wenig Eindruck, aber sie brachte Jesu Charakter ans Tageslicht: *„Der Sohn des Menschen ist gekommen, zu suchen und zu retten, was verloren ist."* Diese Aussage charakterisiert Jesus, unsern Herrn, vortrefflich. Wenn diese Tugend auch an uns sichtbar wird, beweist das lediglich, dass wir dem Vorbild Jesu folgen. Unsere Sorge ist nicht ein guter Ruf, sondern so viele Menschenleben wie nur irgend möglich durch das Evangelium zu erneuern.

Niemand hatte zuvor in Israel eine persönliche geistliche Bekehrung gekannt. Der Besuch Jesu bei Zachäus bewies, dass dies möglich war. Propheten hatten es vorhergesagt, aber nie mit eigenen Augen gesehen. Die Prophezeiung Jesajas beispielsweise war: *„Der Gottlose verlasse seinen Weg und der Mann der Bosheit seine Gedanken! Und kehre um zu dem Herrn, so wird er sich über ihn erbarmen, und zu unserem Gott, denn er ist reich an Vergebung"* (Jesaja 55,7). Viele Gottlose verließen damals jedoch ihre Sündenwege nicht, weil die geistliche Bedeutung ihrer Errettung ihnen zu jener Zeit noch nicht aufgegangen war.

Wir wissen aus den Psalmen, wie die ganz normalen Menschen zu dieser Zeit – etwa 1.000 Jahre vor Christus – waren. Sie versteckten ihre Gefühle nicht, aber sie riefen Gott nie an, die Bösen etwa zu erretten. Ganz im Gegenteil, sie baten Gott ganz offen darum, die Himmel zu öffnen und die Gottlosen zu zerstören. Gott öffnete zu der von ihm bestimmten Zeit tatsächlich die Himmel, aber dann kam Jesus herunter – jedoch nicht, um zu zerstören.

Johannes der Täufer, der letzte Prophet des Alten Bundes, erwartete eigentlich schon das Gericht, aber Jesus war nicht in die Welt gekommen, um die Menschen zu richten, sondern zu erretten (Johannes 3,17). Das war nicht die Art von politischer Befreiung oder militanter Errettung, von der der Psalmist gesprochen hatte! Jesus kam nicht mit dem Schwert in der Hand. Am Kreuz ertrug er selbst genau das Urteil, das die Frommen des Alten Bundes über Sünder gefällt und als Strafe verlangt hatten.

## Errettung für Geist und Leib

Einen weiteren, sehr ermutigenden Bericht über Jesu Errettungswerk finden wir in Markus 2,1-12 und Lukas 5,17-26. Jesus war in einem Hause in Kapernaum – vielleicht war es sein eigenes. Er hatte die Aufmerksamkeit der religiösen Führer, der Pharisäer und Schriftgelehrten aus vielen Orten, auch aus Jerusalem, auf sich gezogen. Wahrscheinlich waren „Schnüffler" von den religiösen Autoritäten dorthin geschickt worden, um ihn auszuspionieren. Das Haus war zum Bersten voll mit Menschen.

Da tauchten vier Männer auf. Sie trugen einen Gelähmten auf einer Trage, konnten aber wegen der vielen Menschen nicht bis zu Jesus vordringen. Das Haus hatte jedoch nach orientalischer Art ein flaches Dach und eine Außentreppe, die zum begehbaren Dach hinaufführte. Sie waren entschlossen, sich nicht zurückweisen zu lassen und waren voller Glauben für ein Wunder. So trugen sie den Gelähmten auf das Dach, das lediglich aus Holzlatten, Stroh und Ästen bestand, zu der Stelle, wo Jesus unten im Haus redete. Sie deckten das Dach ab und ließen ihren Freund ganz einfach buchstäblich zu Jesu Füßen hinab – ohne jede Erklärung.

Diese Szene beleuchtet den eifrigen Glauben dieser vier Männer. Wir lesen, dass *„Jesus ihren Glauben sah"* (Markus 2,5). Ich gehe davon aus, dass dies für jeden ersichtlich war und ich frage mich, was die religiösen Häupter über solch einen einfachen, erwartungsvollen Glauben gedacht haben mögen.

Als Jesus **ihren** Glauben sah, antwortete er und sagte dem Gelähmten: *„Deine Sünden sind vergeben."* Wie konnte ihm Jesus seine Sünden aufgrund des Glaubens seiner Freunde vergeben? Sünde und Krankheit waren in der damaligen Denkweise eng miteinander verbunden, so wie auch Vergebung und Heilung. Mit anzusehen, dass der Mann geheilt wurde, war für die Anwesenden der Beweis, dass dem Kranken tatsächlich vergeben worden war.

Weil die Sünde des gelähmten Mannes durch Jesus weggewaschen worden war, stand er auf und ging geheilt davon. Ganz in diesem Sinne lesen wir im Neuen Testament: *„Und das Gebet des Glaubens wird den Kranken retten, und der Herr wird ihn aufrichten, und wenn er Sünden begangen hat, wird ihm vergeben“* (Jakobus 5,15). Wenn Jesus einem geplagten Menschen wirklich die Sünden vergeben konnte, dann war dessen körperliche Heilung daraufhin ebenso möglich. Dort in Kapernaum hatte niemand solch ein Wunder erwartet. Die frommen Skeptiker stellten Jesu Vollmacht, die Sünden zu vergeben, vehement in Frage.

Vergebung bedeutet nicht, dass das große Buch im Himmel rein gewaschen wurde. Nein, wir selbst wurden rein gemacht - nach Leib, Seele und Geist. Unserem Gewissen wurde die frühlingsfrische Reinheit gegeben, die anhält.

Jesus fragte sie, was denn leichter zu sagen sei: *„Dir sind deine Sünden vergeben“* oder *„Steh auf und geh umher.“* Offensichtlich konnte kein anderer Mensch sagen: *„Dir sind deine Sünden vergeben“*, also stellte Jesus das Ausmaß seiner Macht exemplarisch fest: *„Damit ihr aber wisst, dass der Sohn des Menschen Vollmacht hat, auf der Erde Sünden zu vergeben – sprach er zu dem Gelähmten: Ich sage dir, steh auf und nimm dein Bett und geh nach Hause“* (Lukas 5,22-24).

Vergebung bedeutet im Neuen Testament nicht, dass jenes große, dicke Buch im Himmel, in welchem unsere Sünden notiert werden, rein gewaschen wurde. Nein, wir selbst wurden rein gemacht – nach Leib, Seele und Geist. Unserem Gewissen wurde die frühlingsfrische Reinheit gegeben, die anhält. Jesus vergibt Menschen auf der Erde auch heute noch ihre Sünden – oft mit physischen Auswirkungen, sodass in vielen Fällen auch die Krankheiten von den begnadigten Sündern weichen.

Das bedeutet, dass Errettung nicht einzig und allein geistlich zu verstehen ist; sie ist beides, sowohl geistlich als auch körperlich zu erleben. Schon das Alte Testament wiederholt unablässig diese Botschaft, (z. B. in Psalm 103,1-5). Gott schuf Himmel und Erde. Er hat der physischen und materiellen Welt, die er erschuf, nicht sein Interesse entzogen. *„Denn so hat Gott die Welt geliebt …“* (Johannes 3,16). Die Erde ist genauso ein Bereich seines Interesses und seiner Handlungen, wie es auch der Himmel ist. Wir sollen beten: *„Dein Wille geschehe, wie im Himmel so auch auf Erden“* (Matthäus 6,10). Das beinhaltet gewiss auch Wunder und göttliche Vorsehung. Genauso, wie er einen perfekten Himmel gemacht hat, möchte er auch eine perfekte, neue Erde schaffen.

Ein Kapitel der Bibel, 5. Mose 28, zeigt uns die Wahrheit über die Welt, in der wir leben. Das lehrt uns, dass Gottes Segen auf allem liegt, was wir haben oder tun, wenn wir ihm gehorchen. In Psalm 1,3 steht geschrieben: *„Alles, was er tut, gelingt ihm* [dem Frommen].“ Diese Botschaft ist wirklich großartig und wohltuend. Gott hat die Welt auf dem Fundament seiner Güte gegründet. Gott ist gut. *„Und Gott sah alles, was er gemacht hatte, und siehe, es war sehr gut“* (1. Mose 1,31). Sünde und Ungehorsam stören die natürliche Ordnung der Dinge. Der Glaube stellt sie wieder her und bringt die getrennten Einzelteile in unserem Leben wieder zusammen.

Dieser Glaube zieht sich auch durch das ganze Alte Testament. Gott hat sich nicht aufgrund eines besonderen Bundes oder wegen einer besonderen Abmachung mit Israel durch die Natur offenbart. Sondern er hat auf diese Art und Weise die Welt erschaffen und ihre Nutzung dem Menschen übergeben. Der Schöpfer hat aber niemals seine Rechte an seiner Schöpfung aufgegeben, wie manche Philosophen mutmaßen.

Die Wahrheit des Evangeliums befindet sich im Einklang und in Übereinstimmung mit der Wahrheit der Schöpfung. Es ist der Gott der Schöpfung, der uns errettet, weil wir ein Teil seiner Schöpfung sind. Er unterscheidet nicht zwischen Natürlichem und Geistlichem. Er errettet uns dort, wo wir sind, und so, wie wir sind. Gott erfasst immer das Gesamtbild

Der Schöpfer hat aber niemals seine Rechte an seiner Schöpfung aufgegeben. Die Wahrheit des Evangeliums befindet sich im Einklang und in Übereinstimmung mit der Wahrheit der Schöpfung.

von allem, was er erschaffen hat. Das Wort des Evangeliums ist eine physisch-geistliche Kraft. Der Unglaube der Menschen gibt Gott sehr oft keinen Handlungsraum. Doch *„ohne Glauben ist es unmöglich, Gott zu gefallen“* (Hebräer 11,6). Jesus errettet Menschen, die Gefühle haben, die immer physische und zugleich psychische Wesen sind. Er errettet menschliche Wesen aus Fleisch und Blut, keine Geistwesen.

## Glaube, der das Dach abdeckt

In Lukas 5,17f haben wir gelesen, dass – als das Wunder der Heilung des Gelähmten stattfand – *„des Herrn Kraft da war, damit er heilte“*. Es ist doch tragisch, dass die einzige Person, die dort geheilt wurde, durch das Dach hinabgelassen werden musste. Soweit es uns bekannt ist, wurde bei dieser Gelegenheit sonst niemand mehr geheilt, obwohl das Haus voller Menschen war. Vermutlich waren viele von ihnen krank. Wahrscheinlich waren solche religiösen Leute dort, die keinen lebendigen Glauben hatten. Doch Jesus tat augenscheinlich nichts für sie; er hat ihnen weder ihre Sünden vergeben, noch hat er sie geheilt.

Manche Gemeinden befinden sich in dieser traurigen Situation. Menschen kommen, um Gott anzubeten, als säße er mit einem gütigen Lächeln nur auf seinem Thron und lausche unseren Gebeten und Gesängen. Man erwartet in vielen Gottesdiensten nicht, dass etwas geschieht, außer, dass man in vager Geistlichkeit annimmt, dass das Singen und Beten den Menschen guttut. Ich hoffe, das tut es auch, aber wo bleibt die Antwort Gottes? Diese Routine wiederholt sich Woche um Woche; nichts geschieht und es wird nicht so gepredigt, dass etwas geschehen könnte.

Jesus ist oft nur ein geladener Gast, der höflich auf Abstand gehalten wird, in einer fiktiven geistlichen Dimension, nicht aber in der konkreten Situation. Eine Manifestation seiner Gegenwart würde sehr wahrscheinlich die althergebrachte Würde und Ordnung der meisten Gottesdienste durcheinanderbringen. Die vier Freunde des Gelähmten kamen zu genau so einer Versammlung von skeptischen Zuhörern – und rissen das Dach auf. Das ist charakteristisch für den neutestamentlichen Glauben. Er ist dynamisch – er deckt das Dach ab!

> Von Evangelisten wird erwartet, dass sie „Jünger machen", aber sie können aus den Neubekehrten nicht sofort geistlich erwachsene, reife Christen machen.

Ein weiteres Beispiel für Errettung finden wir in Lukas 7,36-50. Hier lesen wir von einer Frau, die ein sündiges Leben in ihrer Stadt führte und so bekannt war, dass sogar die Pharisäer sie kannten (ich frage mich: warum wohl?). In der Geschichte wird besonders betont, dass diese Frau von den religiösen Menschen verachtet und absolut gemieden wurde.

In dieser Gegend war es üblich, dass Gäste zum Essen bei Tische lagen. Es gab keine Stühle, man lag auf Teppichen, stützte sich mit dem linken Arm ab und aß mit der rechten Hand. Die bloßen Füße streckte man hinter sich aus. Die Tafel war wahrscheinlich draußen im Innenhof des Hauses und im warmen Sonnenschein aufgebaut worden, wo es mehr Platz gab.

Niemand hinderte die Frau daran, ins Haus zu kommen – vielleicht war es normal und üblich, Besucher frei ein- und ausgehen zu lassen. Während Jesus am Tisch lag und aß, trat sie hinter ihn, goss ein besonders kostbares Parfüm auf seinen Kopf und seine Füße – und fing an zu weinen. Ihre Tränen benetzten seine Füße und wuschen die dunkle Schminke ihrer Augen weg, so dass schwarze Tropfen auf Jesu Füße herabfielen. In der Angst, ihn beschmutzt zu haben, fiel sie auf ihre Knie, nahm ihr langes Haar und versuchte, die geschwärzten Tränen wegzuwischen. Dann küsste sie seine Füße wieder und immer wieder.

Was für eine Szene! Welch eine überfließende Liebe! Wir reden hier über Errettung. Genauso wie der hier beschriebene Vorgang ist Errettung; keine eingefrorene Theorie in einem theologischen Lehrbuch. Wie viele Gemeinden würden heutzutage solch eine leidenschaftliche Verehrung gestatten? Dennoch finden wir sie in der Bibel – ein Beispiel dafür, was es bedeutet, Vergebung zu empfangen. Diese Frau wusste, dass ihr vergeben worden war. Sie hatte Jesus wohl schon früher getroffen und dort war ihre Befreiung wohl auch geschehen. Sie fühlte sich auf eine so mächtige Art und Weise rein und nutzte die Gelegenheit, Jesus zu danken. Ihre ganze Persönlichkeit war vollkommen verändert. Das ist Errettung.

Die ersten Europäer, die das Evangelium hörten, waren der römische Hauptmann Kornelius mit seinem ganzen Haus in Cäsarea an der Westküste Israels. Jesus setzte nach seiner Auferstehung fort, was er auf Erden begonnen hatte. Die Bekehrung von Kornelius war ganz typisch für Jesu Wirken, obwohl es diesmal durch einen Apostel geschah (Apostelgeschichte 10). Es war Petrus, der von seinem Herrn die Vollmacht verliehen bekommen hatte, das Evangelium genauso zu predigen, wie Jesus es getan hat. In diesem Fall führte Gott ihn zu einem Nichtjuden, der allerdings sehr gottesfürchtig war. Das war damals ganz gegen das jüdische Empfinden des Petrus.

Die Predigt, die er in Cäsarea hielt, handelte einfach von Jesus. Ihre Kernaussage war: *„Jeder, der an ihn glaubt, empfängt Vergebung der Sünden durch seinen Namen“* (Apostelgeschichte 10,43). Seine Worte waren das Herzstück des Evangeliums und ihre Wirkung war elektrisierend. Gott bewirkte hier den Durchbruch in die Welt außerhalb der jüdischen Tradition. Alle Zuhörer im Hause des Kornelius wurden mit dem Heiligen Geist erfüllt und redeten in neuen Zungen, als dem klaren Beweis dafür, dass Gott am Werke war, der den Körper und den Geist des Menschen geschaffen hat.

Unser Predigen wird immer voller Kraft sein und von Gott *„durch mitfolgende Zeichen“* bestätigt werden, solange wir Jesus voller Glauben und in Erwartung seines sichtbaren Eingreifens predigen – gesalbt vom Heiligen Geist.

Von Evangelisten wird erwartet, dass sie „Jünger machen“, aber sie können natürlich aus den Neubekehrten nicht sofort geistlich erwachsene, reife Christen machen. Jesus hat auch nicht jeden, der seiner Predigt zuhörte, zu einem Jünger gemacht. Er hat an manchen von ihnen gearbeitet, um aus ihnen Jünger zu machen. Darum liebten ihn viele Menschen.

Aus neu bekehrten Leuten Jünger und Jüngerinnen zu machen, ist die Aufgabe der Gemeinde. Die Frau, die Jesu Haupt salbte und seine Füße küsste, war keine Jüngerin im klassischen Sinn. Aber da ihr viel vergeben worden war, sagte Jesus, liebe sie deshalb viel – und die Liebe ist in Gottes Augen größer als alles andere (1. Korinther 13).

## Fragen

1. Wie gelingt eine christliche Arbeit ohne Zwang und Druck von außen?
2. Was lehrt uns Jesus über Vergebung?

*Sie irrten in der Wüste, auf ödem Weg,*

*sie fanden keinen bewohnten Ort.*

*Hungrig waren sie und durstig,*

*es verschmachtete in ihnen ihre Seele.*

*Da schrien sie zum Herrn in ihrer Not:*

*Aus ihren Bedrängnissen rettete er sie.*

*Er leitete sie auf rechtem Weg,*

*so dass sie zu einem bewohnten Ort gelangten.*

Psalm 107,4-7

# Kapitel 9

# Schlüsselworte zur Errettung

*„Ich werde dir die Schlüssel des Reiches der Himmel geben."*
Matthäus 16,19

Wenn wir ein Glas kaltes Wasser trinken wollen, drehen wir einfach den Hahn auf. Wasser ist eine tolle Sache. Ohne Wasser ist Leben nicht möglich. Nur Gott konnte Wasser erfinden, und Gott ist der Einzige, der uns damit versorgen kann. Täglich lässt er Millionen von Tonnen davon vom Himmel herabregnen.

Mit der Errettung verhält es sich genauso. Wir können sie jederzeit anzapfen und doch kommt sie einzig und allein von Gott. Leben – das Leben, das Gottes Geschöpfe seinem Plan nach genießen sollen –, ist ohne die Errettung unseres Gottes nicht möglich. *„Ich bin der Herr, und außer mir gibt es keinen Retter"* (Jesaja 43,11).

Errettung kommt von Gott allein, und doch werden wir Menschen gebraucht, um sie der Welt zu bringen. Gott pflanzte den Garten Eden, aber Adam sollte ihn pflegen. Wir können den Dürstenden das Wasser der Errettung bringen. *„Und der Geist und die Braut sagen: Komm! Und wer es hört, spreche: Komm! Und wen dürstet, der komme! Wer da will, nehme das Wasser des Lebens umsonst!"* (Offenbarung 22,17).

Wo Errettung nicht gepredigt wird, wird auch niemand errettet. Der Becher des Lebenswassers muss einer dürstenden Welt an die Lippen gelegt werden. Das ist unsere Aufgabe, eine Aufgabe, die jeder von uns erfüllen kann. Aus diesem Grunde sind wir hier auf der Erde. *„Mit Freuden werdet ihr Wasser schöpfen aus den Quellen des Heils"* (Jesaja 12,3).

Als Jesus auf der Erde war, übte er seine ganze göttliche Autorität aus, um Menschen zu retten. Die Jünger kamen einfach zu ihm, und er besiegelte die Tatsache, dass sie für immer und ewig zu ihm gehörten. Vor seiner Festnahme betete er: *„Du hast ihm* [dem Sohn] *Macht über die Menschen gegeben, damit er allen ewiges Leben schenkt, die du ihm anvertraut hast“* (Johannes 17,2 HfA). Genau das ist Jesus – unser Retter.

In den Evangelien beobachten wir den Retter Jesus bei der Arbeit; wir sehen, wie er Menschen rettet. Er ging am Ufer entlang, wo ein paar junge Fischer mit ihren Netzen beschäftigt waren. Diese lud er ein, ihm zu folgen. Das taten sie. Dann sah er Levi am Zollhaus sitzen und sagte zu ihm: *„Folge mir nach!“* Levi schloss das Zollhaus zu und folgte Jesus nach. Jeder, der zu Jesus kam, wurde angenommen und empfing Errettung, auch wenn vielleicht keiner von ihnen eine typische „evangelikale“ Bekehrung erlebt hat. Es geht nicht darum, wie wir etwas zur Rettung von Menschen tun. Jesus errettet auf seine Weise.

In seinem Gebet kurz vor seinem Tod bestätigte Jesus, dass die Männer und Frauen, die ihm gefolgt waren, Gott gehörten. *„Du hast ihm Macht über die Menschen gegeben, damit er allen ewiges Leben schenkt, die du ihm anvertraut hast. Und das allein ist ewiges Leben: dich, den einen wahren Gott, zu erkennen, und Jesus Christus, den du gesandt hast“* (Johannes 17,2f HfA). Alle Menschen dürfen zu ihm kommen. Wenn sie das tun, hat Gott sie gerufen, obschon *„viele Berufene, wenige aber Auserwählte* [sind]*“* (Matthäus 22,14). Auserwählt sind alle, die sich von Jesus rufen lassen.

Wenn ich mir die große Menge der Menschen anschaue, die zu unseren Evangelisationen kommen, fällt mir auf, dass sie alle sehr unterschiedlich sind. Dabei sind die äußeren Unterschiede der größte auffallende Faktor. Jeder Einzelne von uns stellt ein einzigartiges, individuelles, kleines Universum dar. Es gibt von Natur aus keine Klone oder Nachbildungen von Menschen. Gott allein kennt unsere wahre Natur, unseren wahren Namen, kennt unsere persönlichen Empfindungen, unsere Meinung, unsere Wünsche und Reaktionen.

Wie soll ich für so eine große Menge unterschiedlichster Persönlichkeiten predigen und sie alle wirklich ansprechen können? Das Evangelium löst das Problem. Genauso, wie jeder Mensch Wasser braucht, braucht auch jeder das Evangelium, egal, ob er Prinz oder Bettler, stolz oder verschämt, weise oder unweise ist. Das volle Evangelium ist wie ein überlaufender Becher, voll von ewigem Lebenswasser.

## Gott meint immer den Einzelnen

Gott kümmert sich immer einzeln um Menschen. Das fing schon bei Adam und Eva an. Als Jesus kam, sagte er: *„Er ruft die eigenen Schafe mit Namen“* (Johannes 10,3). Meinen Großevangelisationen liegt eine strukturierte Organisation und Routine zugrunde, damit wir uns konkret um die Menschen kümmern können, die sich für Christus entscheiden. Aber der Herr begegnet diesen Menschen auf der persönlichen Ebene. Jeder und jede hat einen eigenen Zugang zum Glauben, sein eigenes Zeugnis und seine eigene Erfahrung bei seiner Bekehrung.

Unsere Beziehung zu unserem Herrn Jesus muss persönlich sein. Es gibt keine zwischengeschaltete Vermittlung zu ihm. Gottes Errettung ist kein Massenprodukt „von der Stange“, sondern sie ist auf den Einzelnen individuell zugeschnitten. Als Jesus vom Tod auferstand, sagte er als Erstes „Maria!“ und dann „Geh und erzähle es Petrus“. Petrus und Paulus erfreuten sich derselben Errettung, doch die Bekehrungen der beiden waren vollkommen unterschiedlich. Das Evangelium haben sie jedoch beide im Glauben angenommen.

Ähnlich unterschiedlich war es bei den Frauen aus dem Umfeld Jesu: Maria Magdalena wurde von sieben Dämonen befreit. Die Frau am Jakobs-Brunnen bat Jesus, ihr die angebotene Wasserquelle zu geben. Unabhängig von den Umständen ihrer Berufung machten aber alle die eine gleiche Erfahrung: Jede Person wird dadurch errettet, dass sie Jesus kennen lernt. Offensichtlich gibt es keine Erlösung ohne Christus, sie ist ein christlicher Gedanke. Erlösung in Christus bedeutet eine stellvertretende Sühne der Schuld, Teilhabe an der Auferstehungskraft und eine totale Vergebung aller Sünden. Die Behauptung, dass eine Religion so gut sei wie jede andere, ist sehr oberflächlich. Die entscheidende Frage ist, wozu sind Religionen überhaupt gut, wenn sie nicht zu dem einzigen Retter – Jesus Christus – führen?

Ich habe darüber nachgedacht, wie Gott mit einzelnen Menschen umgegangen ist, und wie er sie errettete, bevor Jesus in die Welt kam. Das war also noch, ehe der Tag des Heils gekommen war. Hat Gott damals überhaupt errettet? Mir kamen zwei besondere Personen in den Sinn, einmal der reumütige König Manasse und zum anderen der von seiner Schuld gebeugte König David.

Der Name „Manasse" steht im Buch der Könige für Bosheit (2. Könige 24,3f), in der Chronik ist er jedoch ein Synonym für Buße (2. Chronik 33,11ff). Es besteht die Annahme, sein eigentlicher Name sei Mose gewesen und man hätte aufgrund seiner Schande seinen hebräischen Namen in Manasse umgewandelt. Als vom Glauben Abgefallener opferte er sogar seine Kinder auf den Altären seiner Götter in den Flammen. Er wurde Kriegsgefangener und siechte jahrelang in Ketten dahin, die Nase von einem Eisenring durchbohrt. Als er sich zu Gott wandte, nahm ihn der Herr an und Manasse wurde ein Beispiel dafür, wie die Gnade Gottes der grenzenlosen Bosheit eines Mannes begegnen kann. In den Apokryphen finden wir das Gebet Manasses. Trotz der Tatsache, dass es nicht der originale Wortlaut ist, klingt es so, wie wir uns das Gebet eines reumütigen Menschen vorstellen.

Das andere Beispiel ist der König David, ein hoch begabter und vielschichtiger Charakter. Er beging Ehebruch und danach sogar einen Mord (2. Samuel 11). Doch als er aus seiner Verblendung erwachte, bekannte er seine Schuld (2. Samuel 12; Psalm 51). Als Monarch stand er über dem Gesetz und ließ für einige Zeit seine persönliche Integrität links liegen, um sich seinem Verlangen nach der schönen Batseba hinzugeben. Als sie schwanger wurde, versuchte David seine Vaterschaft dadurch zu verbergen, dass er ihren Ehemann Uria von der Front zurückrief, damit er eine Nacht mit seiner Frau verbringen könne.

Doch aus Solidarität mit seinen Männern an der Kriegsfront verzichtete Uria auf die Gelegenheit. Da Davids Täuschungsmanöver nicht funktionierte, gab er den Befehl, Uria solle an vorderster Front kämpfen, wo er zweifelsohne den Tod finden würde. Kurz darauf erhielt David die Nachricht von Urias Tod. David förderte zu jener Zeit einen Propheten namens Nathan, dem Gott jedoch die Schuld des Königs offenbarte. Der Mann Gottes trat furchtlos vor den schuldigen König David und überführte ihn des mörderischen Verrats an einem großen Soldaten und hohen Offizier seines Heeres.

Ich habe diese zweite Geschichte ausgewählt, weil sie einige Schlüsselwörter für das Verständnis von Erlösung enthält.

## Buße

David tat Buße. In jenen Tagen hätte kein anderer König das, was David getan hatte, als falsch empfunden. Aber David erkannte seinen Fehltritt. Seine radikale Umkehr stand in Zusammenhang mit seiner tiefen Gotteserkenntnis. *„Gegen dich, gegen dich allein habe ich gesündigt und getan, was böse ist in deinen Augen“* (Psalm 51,6). So schüttete er sein tief erschrockenes Gewissen und sein zitterndes Herz vor Gott aus.

An dieser Stelle möchte ich zum Nachdenken anregen. Gott verändert unsere Einstellung. Im 3. Buch Mose heißt es 46-mal *„Ich bin der Herr“*. Diese Aussage macht Gott zur Grundlage für alles, was er sagt und tut. Gott ist in sich selbst das höchste Gesetz, hat das höchste Ziel und ist der einzige Grund für die ewig gültige Botschaft der Bibel. Er muss nicht erklären, warum wir dies oder das tun sollen. Er sagt einfach nur: *„Ich bin der Herr!“* und verweist damit auf die Autorität, die allen Geboten zugrunde liegt: *„Ihr sollt meine Gebote halten und sie tun. Ich bin der Herr“* (3. Mose 22,31).

Die Moral des modernen Lebens kann sich an nichts anderem orientieren, als an dem, was das „Beste“ ist. Doch Israel hatte schon tausend Jahre, bevor der Rest der Welt langsam aus dem Dunkel der Unwissenheit und

Barbarei herausgekrochen kam, einen eindeutigen Grund für sein Verhalten – Gott selbst. Die Menschheit hat sich seit jener Zeit noch nicht besonders weiterentwickelt, schon gar nicht in den Bereichen, in denen die Menschen sozusagen ihre Transparente mit der Aufschrift: „Hier ist Gott unerwünscht!" vor sich hertragen oder gar behaupten „Gott ist tot".

> Blumen richten ihre Köpfe auf, wenn die Sonne scheint, und Gott ist unsere Sonne. Jesus weckte einen jungen Mann von den Toten auf mit den Worten: „Jüngling, ich sage dir, steh auf!"

Auch in Israel besaßen in jenen Tagen nur wenige die tiefe Sündenerkenntnis, die David hatte. Für Mord gab es keine Vergebung, keine Sühne und kein Opfer. Der Tod war die einzige Antwort, die das Gesetz einem Mörder geben konnte. Batsebas Kind wurde krank und David erkannte, dass Gott seine Hand im Spiel hatte. Er suchte Gott, fastete, hörte auf, sich zu waschen und vernachlässigte seine Kleidung – bis die Engel kamen und das Kind mitnahmen. Dieser Verlust brachte David an den Höhepunkt seiner Reue. Er beugte sich dem Willen Gottes und verstand, dass das die natürlichen Konsequenzen seiner Torheit waren. Gleichzeitig wusste er aber auch, dass Gott ihm wirklich und wahrhaftig vergeben hatte.

Uns wird nicht berichtet, dass Davids große Sünde das Ergebnis eines satanischen Plans war. David führte sein Versagen auf seine eigene Natur zurück. Seine Schwäche war vielleicht seine Beziehung zu Frauen ganz allgemein, und er gestand: *„Siehe, in Schuld bin ich geboren, und in Sünde hat mich meine Mutter empfangen"* (Psalm 51,7). Sicherlich war Satans Freude über Davids Sünde groß, aber verantwortlich dafür war David selbst.

Im Jakobusbrief lesen wir darüber: *„Ein jeder aber wird versucht, wenn er von seiner eigenen Begierde fortgezogen und gelockt wird"* (Jakobus 1,14). Satan ist nicht allgegenwärtig. Er kann immer nur einem Menschen auf einmal begegnen. Auf David hatte er seine Aufmerksamkeit mehr als einmal gerichtet. In 1. Chronik 21,1 lesen wir zum Beispiel: *„Und Satan stellte sich gegen Israel und reizte David, Israel zu zählen."*

Das Wort „Buße" steht nicht nur für eine konsequente Umkehr, sondern auch für einen Scheidepunkt. Ein einfacher Vorgang in der Natur macht das anschaulich: Auch wenn alle Regentropfen zusammen auf die Rocky Mountains fallen, fließen die einen doch gen Osten in den Atlantik, die anderen gen Westen in den Pazifik. Das Wasser scheidet sich an einem bestimmten Punkt voneinander.

Was ist in der Bibel mit Buße gemeint? Viele Verbrecher „bereuen" ihre Tat im Gefängnis. Aber es ist eher ein Bedauern, welches durch die Strafe für ihr Verbrechen hervorgerufen wird. Wahre Buße bewirkt der Heilige Geist, indem er den schuldig gewordenen Menschen überführt und ihn davon überzeugt, dass sein Handeln falsch war: *„Und wenn er* [der Geist] *gekommen ist, wird er die Welt überführen von Sünde und von Gerechtigkeit und von Gericht"*, sagt Jesus (Johannes 16,8).

Für den Apostel Petrus war an Pfingsten der Gedanke der Buße vorrangig, weil der Heilige Geist begonnen hatte zu wirken. Er sagte: *„Diesen* [Jesus] *hat Gott durch seine Rechte zum Führer und Retter erhöht, um Israel Buße und Vergebung der Sünden zu geben"* (Apostelgeschichte 5,31).

Prediger des Evangeliums sollten nicht drohend von Buße sprechen, sondern sie vielmehr als ein Geschenk des Heiligen Geistes anbieten. Jesus sagte: *„In seinem Namen* [musste] *Buße zur Vergebung der Sünden gepredigt werden allen Nationen"* (Lukas 24,47). Buße stellt jenen Wendepunkt dar, den sich so viele Menschen wünschen, aber nicht die Kraft haben, ihn herbeizuführen. Die Gute Botschaft weckt den Wunsch nach einem guten Leben, sie stärkt den Willen, das Richtige zu tun und schenkt die Kraft zur Veränderung und völligen Erneuerung eines menschlichen Herzens.

Durch Christus können alle Menschen Buße tun. Ohne den Heiligen Geist vermögen sie es aber nicht. Deshalb muss das Evangelium im Geist gepredigt werden. Er ist die treibende Kraft. Unsere Worte mögen zwar logisch sein und sich an die Vernunft wenden, doch der Geist Gottes schenkt dem zerschlagenen Herzen die Einsicht und Reue, die zu einer tiefen und bleibenden inneren Umkehr führt.

## Gnade

Das Kind, das aus Davids Ehebruch hervorgegangen war, wurde kurz nach der Geburt krank. David betete für seine Heilung in dem festen Glauben, dass Gott dem Kind und ihm selbst gnädig sein werde. Als das Kind dann aber doch starb, sagte David nicht: „Gott ist nicht gnädig". Er wusste, dass Gott immer gnädig ist. Das ist eine der Kernwahrheiten, die David uns in den Psalmen überliefert hat. Was dieses Kind anging, war es nicht Gottes Wille, dass es überleben sollte. Gott ist voller Gnade, auch wenn Trauer unser Leben erfüllt.

David stellte nicht Gottes Gnade generell in Zweifel, sondern wollte herausfinden, ob die Gnade auch für dieses in Sünde empfangene Kind gültig war. Eigentlich war er ja derjenige, der Gottes Gnade bedurfte. Er vertraute darauf, dass Gott ihm in seiner Gnade vergeben würde, und das hat Gott tatsächlich auch getan. Es geht nicht darum, Gott etwa zu überreden, das zu tun, was wir gerne hätten. Ob Gott unsere persönlichen Bitten erfüllt oder nicht, ist kein Maßstab für seine errettende Gnade. Errettung ist die einzig wichtige und ausschlaggebende Sache, derer wir uns vollkommen sicher sein können. Gnade wurde dem David geschenkt, damit er nicht in alten Bindungen stecken blieb, sondern den Sieg über die Sünde bekommen konnte.

Der Türöffner der Errettung hat noch andere Zahlenschlüssel. Schauen wir uns 2. Samuel 12,20 an: *„Da stand David von der Erde auf und wusch und salbte sich, zog andere Kleider an und ging in das Haus des Herrn, um anzubeten"* (Zürcher). David stand von der Erde auf. Alles, was mit Gott zusammenhängt, hat mit „auf" zu tun. Wir heben unser Gesicht und Herz zu ihm auf. Der Befehl lautet: „Kopf hoch", nicht: „Lass den Kopf beschämt hängen". Blumen richten ihre Köpfe auf, wenn die Sonne scheint, und Gott ist unsere Sonne.

Jesus weckte einen jungen Mann von den Toten auf mit den Worten: *„Jüngling, ich sage dir, steh auf!"* (Lukas 7,14), und die Tochter des Jaïrus rief er mit den Worten: *„Kind, steh auf!"* ins Leben zurück (Lukas 8,49-56). Petrus gebrauchte ähnliche Worte, um die verstorbene Jüngerin Tabita vom Tod aufzuerwecken: *„Tabita, steh auf! Sie aber schlug ihre Augen auf* [und setzte sich auf]*"* (Apostelgeschichte 9,40). Wenn Menschen das Evangelium hören, wachen sie auf, setzen sich auf und stehen auf. Es stellt die Gefallenen wieder auf die Beine, richtet den Geist der Menschen auf, erhöht die Armen und ermutigt die Entmutigten – und kurbelt die Wirtschaft ganzer Nationen an.

Niemand wird durch das Evangelium depressiv, es sei denn, er ist durch Vorurteile geblendet, so wie der deutsche Philosoph Friedrich Nietzsche. Er hasste das Christentum, gerade weil es Menschen dazu inspirierte, sich aufzustellen. Er philosophierte über den „Willen zur Macht" des „Übermenschen", schwärmte von einer höheren Klasse des Menschen, der andere beherrscht und sie unterdrückt – Ansichten, die von Adolf Hitler übernommen wurden. Das Christentum brachte ihn zur Weißglut, da es einfache Menschen dazu bewegte, aufzustehen, frei zu sein, auf Gott zu vertrauen und nicht mehr die Sklaven anderer zu sein. Das Evangelium ist so viel mehr als ein schönes Gemeindegefühl. Es ist die Dynamik Gottes im gesamten Universum, die unser Leben mit Auferstehungskraft speist. Ja! Es bedeutet für jeden, der das Evangelium annimmt, in jeder Hinsicht ein „Aufstehen" und „Aufsehen".

David war so tief gefallen, wie man nur fallen kann – auch als König. Doch sein Wissen um Gottes Barmherzigkeit befähigte ihn dazu, „vom Boden aufzustehen" und den Thron erneut zu besteigen. Bekehrung hebt uns vom Boden auf, löst die Fesseln, die uns an irdische Grenzen binden, an das gemeinsame Schicksal derer, die weder Gott noch den Himmel noch eine Zukunft haben. Gott ist es, der *„aus dem Staub emporhebt den Geringen, aus dem Schmutz den Armen erhöht, um ihn sitzen zu lassen bei Edlen"* (Psalm 113,7). Hinter dem Evangelium steht das Prinzip des Wachstums, der Entwicklung, Vermehrung, Verbesserung und Veredelung sowohl des einzelnen Menschen als auch der ganzen Schöpfung.

Der Evangelist ist kein „Niedermacher“, sondern ein „Aufrichter“. Er verdammt nicht, sondern zeigt den Weg aus der Verdammnis. Er trägt einen Mantel der Freude und des Lobpreises und kein Trauergewand. Er befreit anstatt zu versklaven, bringt Licht statt Dunkelheit und Trübsal. Er hebt die Schwere weg, die das Leben bedrückt, und legt den Menschen keine religiösen Lasten auf.

## Gesundheit und Frische

David wusch sich. Während er auf dem Boden lag, wechselte er seine Kleider kein einziges Mal. Mord klebte an ihm wie das Blut an den Händen von Lady Macbeth. Doch er betete: *„Wasche mich völlig von meiner Schuld. Erschaffe mir, Gott, ein reines Herz, und erneuere in mir einen festen Geist“* (Psalm 51,4.12). David befreite sich während er sich wusch von der drückenden Last seines Gewissens. Er wusch die Vergangenheit von sich ab, seine Verwirrung, sein schmachvolles Versagen, seine Selbstverachtung und seinen Kummer.

In unserem Zeitalter der Viren und Antibiotika reicht normale Reinigung nicht mehr aus, alles muss klinisch rein sein. Reinigung bedeutet Gesundheit. Klinische Reinigung bedeutet die Vernichtung aller Bakterien. In geistlicher Hinsicht hat Gott ebenfalls ein probates Mittel gegen jede Unreinheit: Das Blut Jesu Christi beseitigt nicht nur jedes Molekül, das die Heiligkeit Gottes stört, und gegen das er empfindlich ist, es wäscht nicht nur alle Unreinheit und Verwerflichkeit ab, sondern auch all das Böse, gegen das wir selbst geistlich empfindlich sind. Gewaschen sein führt zur Annahme Gottes und zur Selbstannahme. Er vergibt uns, und wir können uns selbst wieder annehmen. Sein Blut ist das Sühneopfer, es versöhnt den Sünder mit Gott und schenkt ihm völlige Vergebung.

Gewaschen sein bedeutet willkommen sein! Während der Viktorianischen Zeit waren die Armen in England als die „Ungewaschenen“ in den stolzen Kapellen und Kirchen unwillkommen. Für sie wurden separate Missionsräume eingerichtet, doch Gott war ihr ungewaschenes

Aussehen unwichtig. Diese Missionsräume wurden manchmal durch die Nähe und Kraft Gottes zum Himmel auf Erden.

Das Gewaschenwerden im Blut Jesu ist der Schlüssel zur Tür, zum Segen Gottes, der Reisepass in das Königreich Gottes und das Passwort zum göttlichen Thronsaal selbst. Der Himmel ist voller Menschen, die durch das Blut Christi erlöst wurden. Johannes sah in der Offenbarung, dass *„sie ihre Gewänder gewaschen und sie weiß gemacht* [haben] *im Blut des Lammes"* (7,14). Abertausend Stimmen vereinten sich zum Lobpreis und sangen: *„Würdig ist das Lamm, das geschlachtet worden ist"* (5,12). Die himmlischen Klänge waren nicht in Moll geschrieben worden; alle Sänger des großen Chors waren sauber gewaschen, hatten ein reines Gewissen. Sie waren befreit von ihrem Versucher, dem Teufel. Sie sangen und sangen, frei von der bedrückenden Sündhaftigkeit der Vergangenheit. Sie waren gewaschen und willkommen!

> Prediger des Evangeliums sollten nicht drohend von Buße sprechen, sondern sie vielmehr als ein Geschenk des Heiligen Geistes anbieten.

## Kosmetik als Ritual

*„David salbte sich"*, heißt es in unserem Text (2. Samuel 12). Das hebräische Wort, das hier für „salben" verwendet wird, ist heute unser Schlüsselwort. Salbung als Ritual (mit Öl) steht nicht nur für Leistungsfähigkeit und Autorität, sondern auch für Schönheit. Zu Davids Zeiten war kein Mann gesellschaftsfähig, ohne vorher seinen Kopf eingeölt und seine Haut mit Salben eingerieben zu haben, so dass sein Gesicht glänzte. Kosmetik war nicht nur Frauensache, sondern ein wichtiger Bestandteil des Lebens. Jesus erinnerte einen seiner Gastgeber einmal daran, dass er ihm kein Öl für sein Haupt gegeben hatte (Lukas 7,46). Die erste Salbung Davids machte ihn zum König. Ohne Öl war er nicht königlich, doch nachdem ihm jetzt vergeben und er wiederhergestellt worden war, rieb er sein Gesicht mit Öl ein, um in neuem königlichem Glanz zu erstrahlen.

Ich predige die Wahrheit, dass die vollkommene Errettung auch die Salbung mit dem Heiligen Geist einschließt. Geistliche Salbung ist keine Zusatzoption, kein Luxusartikel, sondern durch sie unterscheidet sich das echte Glaubensleben von der bloß religiösen Theorie. Der Apostel Johannes erklärte den Gläubigen, dass sie die königliche Salbung in sich trugen: *„Und ihr habt die Salbung von dem Heiligen“* und *„Die Salbung, die ihr von ihm empfangen habt, bleibt in euch“* (1. Johannes 2,20.27).

> Anbetung ist der höchste Ausdruck des menschlichen Geistes, ein einzigartiger Instinkt, den man bei keinem anderen Lebewesen findet. Wenn wir anbeten, tun wir etwas ganz und gar Menschliches und sind doch mehr als Menschen, nämlich in der Tat Kinder Gottes.

Es gab nach den Weisungen Gottes verschiedene Salböle, die sich in ihrer Zusammensetzung unterschieden. Die Öle, die für die rituelle Salbung im Tempel benutzt wurden, bestanden aus geheiligten Inhaltsstoffen, die nicht für den gewöhnlichen Gebrauch zugelassen waren. Dadurch konnte ein gesalbter König, ein Hohepriester oder ein Priester an seinem ihm eigenen Duft erkannt werden.

Unser Ideal ist die unverwechselbare Gegenwart des Heiligen Geistes in unseren Versammlungen. Schäbigkeit und Nachlässigkeit passen nicht zu Gott. Farben und Schönheit werden mit Gott identifiziert – aber niemals das Chaos. Seine Herrlichkeit hat nichts mit Schmuddelei zu tun, auch wenn er den Menschen aus Erde geformt hat. Die weiten Himmel sind eine einzige große Leinwand, auf der Gott seine Sonnenaufgänge und -untergänge malt, überall ist Schönheit statt Asche. Er füllt die kosmische Leere und verleiht allem Formlosen eine Gestalt. Er selbst ist der Ursprung der Farben, der Herrlichkeit und Schönheit. *„Die Freundlichkeit des Herrn, unseres Gottes, sei über uns“* (Psalm 90,17).

Heilige Reinheit unserer Sinne und Gedanken ist ein Gnadengeschenk der Salbung des Heiligen Geistes. Sie ist ein geistliches „Parfüm“, das die Guten schön und die Gottesfürchtigen attraktiv macht. Jesus war wunderbar, wie wir lesen können: *„Alle wunderten sich über die Worte der Gnade, die aus seinem Mund hervorgingen“* (Lukas 4,22). Sind wir das auch?

## Mode in der Bibel?

*„David zog andere Kleider an.“* Er hatte also mehrere zur Auswahl. Im Verlauf der Menschheitsgeschichte gab es immer so etwas wie eine Mode. Wenn die Armen es wagten, sich wie die Reichen zu kleiden, wurden sie oft sogar bestraft. In Israel waren die Gewänder des Hohepriesters nicht nur ganz besonders gefertigt, sondern es durfte sie auch niemand anderes als Gott allein sehen. Der Volksmund sagt zu Recht: „Kleider machen Leute“.

Jakob schenkte seinem Sohn Joseph einen bunt gewebten Umhang als Zeichen seiner Zuneigung. Und Gott hatte David dazu auserkoren, König zu sein und die königlichen Gewänder zu tragen. Nachdem er eine so plumpe und zügellose Sünde begangen hatte, lag er gedemütigt in schmutzigen Kleidern wie ein Bettler auf dem Boden. Um seinen gesalbten und königlichen Status zurückzugewinnen, wechselte er seine Kleider und zog die königlichen Gewänder wieder an.

Das führt uns direkt zu dem Brief des Paulus an die Kolosser. Die Kinder Gottes sollte man daran erkennen, dass sie *„Zorn, Wut, Bosheit, Lästerung, schändliches Reden“* ablegten. Danach wurde ihnen gesagt: *„Zieht nun an herzliches Erbarmen, Güte, Demut, Milde, Langmut! Zu diesem allen aber zieht die Liebe an“* (Kolosser 3,8.12.14). Wie den Kolossern wurde auch den Ephesern gesagt: „[Zieht] *den neuen Menschen* [an]“ (Epheser 4,24).

Ein bekehrter Mensch hat *„Christus angezogen“* (Galater 3,27) und tut seinen Mitmenschen damit einen großen Gefallen. Denn auch die Welt wünscht sich insgeheim, dass Jesus wieder zurückkehren möge. Er ist die Person, die die meisten Menschen gerne treffen würden. Doch das werden sie nicht, es sei denn, sie begegnen Jesus in glaubwürdigen Christen, die seine treuen Nachfolger sind. Uns interessiert nur eine „Mode", nämlich Christus. Wir erfinden nicht unsere eigenen moralischen Werte oder Tugenden. Er ist die Vollendung. Hinter der Einladung „Zieht Christus an!" steckt für uns die Chance, seine Gewohnheiten, seine Liebe, seine Integrität und seine Freundlichkeit anzuziehen.

Wir können uns verändern. Wenn Menschen gekünstelt versuchen, vornehm zu reden, dann sagen wir, sie „tun so, als ob". Darum geht es hier aber nicht. Jesus ist unser Vorbild. Wir dürfen nicht so tun, als ob wir so wären wie er. Wenn wir uns fromm geben, in unseren Herzen aber stolz und egoistisch bleiben, betrügen wir eine ahnungslose Welt, die nicht wissen kann, wie von Gottes Wort und Geist geprägte Christen tatsächlich aussehen.

Jesus war kein Angeber. Er führte seine Autorität und Macht nicht arrogant und selbstverliebt vor. Seine Wunder zeichneten sich durch sein ruhiges und ausgeglichenes Verhalten aus. Jesus war in der Tat erstaunlich. Er konnte ohne zu prahlen sagen: *„Ich bin sanftmütig und von Herzen demütig"* (Matthäus 11,29), weil er es wirklich war. Er nahm keine gebieterische Pose ein, um Dämonen auszutreiben oder Kranke zu heilen: *„Er trieb die Geister aus mit seinem Wort"* (Matthäus 8,16).

Um seine Werke tun zu können, müssen wir seine Einstellung annehmen. Wir müssen die Freundlichkeit und Demut unseres Retters und Herrn „anziehen". Das hat natürlich nichts mit äußerlicher Mode zu tun. Welchen Kleidungsstil Menschen schön finden, ändert sich von einer Generation zur nächsten. Aber Gott hat etwas weitaus Besseres zu bieten: *„Schmückt euch mit Freundlichkeit und Güte. Das gefällt Gott"* (1. Petrus 3,4).

## Orientierung

David *„ging in das Haus des Herrn, um anzubeten"*. David wusste, wo er hingehen musste. Ohne Gott verliert sich unser Leben in einer unwegsamen Wildnis. Manchmal versuchen wir, uns einen Weg – unseren eigenen Weg – zu erschließen, haben aber kein Ziel. Die Folgen der Gottlosigkeit kommen in Psalm 107,4-7 dichterisch zum Ausdruck: *„Sie irrten in der Wüste, auf ödem Weg, sie fanden keinen bewohnten Ort. Hungrig waren sie und durstig, es verschmachtete in ihnen ihre Seele. Da schrien sie zum Herrn in ihrer Not: Aus ihren Bedrängnissen rettete er sie. Er leitete sie auf rechtem Weg, so dass sie zu einem bewohnten Ort gelangten."* David war ein Genie, aber ohne die rettende Gnade Gottes wäre auch sein Leben an der Ziellosigkeit gescheitert. Er wusste, dass ein Leben ohne Gottes Weisung nirgends ankommt, weil den Gottlosen nicht einfällt, wohin sie gehen könnten.

Selbst der geringste Anbeter findet bei Gott eine bleibende Beachtung. Von wem könnte man so etwas sonst noch sagen? Anbetung ist der höchste Ausdruck des menschlichen Geistes, ein einzigartiger Instinkt, den man bei keinem anderen Lebewesen findet. Wenn wir anbeten, tun wir etwas ganz und gar Menschliches und sind doch mehr als Menschen, nämlich in der Tat Kinder Gottes.

David, der vom Boden aufsteht, verkörpert das Gesamtziel unserer Evangelisation. Wir sammeln keine neuen Gemeindemitglieder, wollen keine neuen Anhänger gewinnen. Wir retten Seelen, richten die Menschen wieder auf, die von der Last der Vergangenheit niedergedrückt werden und in Angst und Selbstverdammnis leben. Wir bringen sie herein, damit sie die Salbung Gottes empfangen und laden sie ein, zu Jesu Füßen zu sitzen, *„bekleidet und mit einem vernünftigen Sinn begabt"*. Das gesamte Gold Südafrikas oder alle Edelsteine aus Birma sind nichts im Vergleich zum Wert einer einzigen Menschenseele. Wir gehen hin, Seite an Seite mit dem guten Hirten, um das zu suchen, was verloren ist.

## Fragen

1. Welche Rolle spielt Buße für die christliche Bekehrung?
2. David bekam nicht die erhoffte Antwort auf sein Gebet. Welche Haltung hatte er Gott gegenüber?

*So steht nun,*

*eure Lenden umgürtet mit Wahrheit,*

*bekleidet mit dem Brustpanzer der Gerechtigkeit*

*und beschuht an den Füßen mit der Bereitschaft*

*zur Verkündigung des Evangeliums des Friedens.*

Epheser 6,14f

Kapitel 10

# Sich in Bewegung setzen

*„Diese Zwölf sandte Jesus aus*
*und gab ihnen folgenden Auftrag: ‚Geht ...!'"*
Matthäus 10,5 (HfA)

## Das Prinzip des Gehens

Wenn wir irgendwohin wollen, müssen wir uns in Bewegung setzen. Gott setzt uns nicht in Bewegung, er dreht nicht einfach den Zündschlüssel herum. Entweder sind wir Selbststarter oder wir kommen gar nicht vom Fleck. Das ist eines der Grundprinzipien, die wir in diesem Kapitel genauer betrachten werden.

Wenn Sie jemand sind, der angetrieben werden muss, wird Gott das nicht für Sie tun. Er hebt Sie aus einer Grube, aber nicht aus einem Ohrensessel. Gott möchte Geher, keine Sitzer. Wir arbeiten und er leitet uns an. Wenn wir gehen, geht er mit. Wir sprechen und er gibt uns die Worte. Wenn Sie große Ziele haben, dann lassen Sie Gott Ihr Ziel sein, und er bringt Sie dorthin. Genau das sucht Gott – unternehmerische Menschen mit Vision.

Wenn wir herumsitzen und darauf warten, dass der Herr den ersten Schritt tut, dann bleiben wir für immer sitzen. Die Menschen sprechen davon, auf den Herrn zu warten, um seinen Willen zu erkennen. Sein Wille für Sie ist, sich in Bewegung zu setzen und mit anzupacken. Es ist sehr viel bequemer zu sitzen, als auf den Beinen zu sein, aber *„wie lieblich sind die Füße derer, die Gutes verkündigen"* (Jesaja 52,7; Römer 10,15).

Paulus tadelte einige Leute in Thessalonich, die vielleicht der Meinung waren, dass sie als Christen nicht mehr arbeiten müssten, weil der Herr ja doch bald kommen würde. Ihnen wird klipp und klar gesagt, dass sie sich nicht herumtreiben, sondern mit ihrer Hände Arbeit ihr Brot selber verdienen sollen. Denn wer nicht arbeite, solle auch nichts zu essen bekommen (2. Thessalonicher 3,5.10f).

Daraus lässt sich ableiten, dass das Warten auf den Herrn keine Passivität in der Gemeinde rechtfertigt. Vielmehr gehen gläubige Erwartung und mutige Aktivität bei Christen immer Hand in Hand. Das gilt auf keinem anderen Gebiet so sehr wie für das „Hingehen“ mit dem Evangelium. Alle Christen sind dazu berufen, das Zeugnis von Jesus Christus weiterzugeben.

Es liegt an uns, die Initiative zu ergreifen und Gott zu dienen. Die nötige Motivation, Anregung und Ermutigung finden wir in der Bibel. Sie ist unser bester Ratgeber. Gott zwingt uns nicht. Er rekrutiert uns nicht zur Zwangsarbeit. Wenn wir träge und faul sind, sind wir die Einzigen, die das ändern können. Jesus weinte und trauerte über Jerusalem und sagte: *„Du hast nicht gewollt.“* Die Menschen in Jerusalem hatten mehr als genug Gründe, den Herrn zu suchen und ihm zu dienen, aber er hätte sie niemals dazu gezwungen. Obwohl er die furchtbaren Konsequenzen kannte, die sie erleiden mussten, weil sie es nicht taten, zwang er sie nicht. Sie waren trotz der göttlichen Pflege wie ein fruchtloser Weinstock.

> Wenn Sie jemand sind, der angetrieben werden muss, wird Gott das nicht für Sie tun. Er hebt Sie aus einer Grube, aber nicht aus einem Ohrensessel. Gott möchte Geher, keine Sitzer.

In Johannes 5 lesen wir von einem Mann, der 38 Jahre lang nichts tun konnte, außer herumzusitzen und zu hoffen, dass jemand etwas für ihn tun würde. Er brauchte jemanden, der ihn in das heilende Wasser und dadurch zur Heilung brachte. Jesus sagte ihm einfach, er solle aufstehen, seine Matte nehmen und gehen. Er wäre wahrscheinlich noch einige Jahrzehnte länger gelähmt geblieben, hätte er nicht getan, was Jesus ihm aufgetragen hatte. Weil er aber auf das Wort Jesu hin handelte, wurde er gesund.

In Johannes 9 befahl Jesus einem Blinden, zum Teich von Siloah zu gehen und sich dort die Augen zu waschen. Die Bibel beschreibt das folgendermaßen: *„Da ging er hin und wusch sich und kam sehend“* (9,7). Er war erst geheilt, als er etwas tat, was Jesus ihm sagte, und offensichtlich tat er das im Glauben. Das Johannesevangelium liebt diese griffige Sprache. Jesus hat noch heute die Autorität, jedes seiner Worte in reale Handlung umzusetzen.

In der Grammatik bezeichnet man das Wort, das eine anhaltende Handlung ausdrückt, als Partizip. Johannes spricht nicht von dem Glauben als solchem, sondern von „glauben“, der aktiven Handlung. Das Christentum ist keine künstliche, statische Institution, die man im Kopf abspeichert. Es ist ein Baum, der vor Leben nur so strotzt; der Baum ist nicht tot, seine Blätter sind grün und rascheln im Wind.

Als Gott Israel aus der Hand Ägyptens befreite, befahl er ihnen, ein Lamm für ein Mahl zuzubereiten und sagte: *„So aber sollt ihr es essen: eure Lenden gegürtet, eure Schuhe an euren Füßen und euren Stab in eurer Hand; und ihr sollt es in Hast essen“* (2. Mose 12,11). In Epheser 6,14f wird dasselbe Drängen spürbar: *„So steht nun, eure Lenden umgürtet mit Wahrheit, bekleidet mit dem Brustpanzer der Gerechtigkeit und beschuht an den Füßen mit der Bereitschaft zur Verkündigung des Evangeliums des Friedens.“* Paulus benutzt hier viermal in vier Versen das Wort „stehen“, was „bereit sein“ bedeutet, und er fügt den Rat „wachet“ hinzu (V.18).

Als Petrus dem wundersam auftauchenden Jesus über den stürmischen See hinweg zurief: *„Befiehl mir auf dem Wasser zu dir zu kommen“*, antwortete Jesus ohne zu zögern: *„Komm!“* (Matthäus 14,28f). Es war der Vorschlag von Petrus. Das bringt alles auf den Punkt. Jesus sagt „Komm“, wenn wir kommen wollen und ihm sagen, dass wir dazu bereit sind. Jesus hatte Petrus nicht aufgefordert über das Wasser zu gehen, bis Petrus ihm gezeigt hatte, dass er es tun wollte.

Die Männer Gottes in der Bibel machten das Gehen nie zum Gegenstand ihrer Gebete; sie gingen einfach. Gott manipuliert unseren Willen nicht.

Sein Wille für uns ist nicht starr vorgeformt. Er hat kein starres Muster, an das wir uns strengstens halten und versuchen müssen, dem zu entsprechen. Jesus ist nicht so hart. Manche Christen leben in einem Zustand der Angst und Ungewissheit. Sie wollen gehorsam sein, sind sich aber nie sicher, ob sie Gottes Plan für sich verstanden haben oder ob sie irgendwie vom Weg abgekommen sind.

Die Gute Nachricht
ist keine gute Nachricht,
wenn sie keiner
verkündigt.
Gott gibt
die Frohe Botschaft
über sich selbst
nicht ohne uns weiter.
Wir sind die Verkünder.

Die Bibel lehrt uns das nicht. Er macht aus uns Menschen, die seinen Willen gerne tun (Hebräer 13,21). Unser Wille harmoniert mit Gottes Willen, wie bei zwei Menschen, die gemeinsam auf einem Weg gehen und miteinander absprechen, wohin sie gehen möchten. Als Jesus mit den Jüngern von Emmaus auf der Straße unterwegs war, war es ihre Idee, ihn zu sich nach Hause einzuladen.

Gott tut nicht etwas, wozu er uns berufen hat, und ebenso wenig tut er immer das, was wir von ihm verlangen. Es handelt sich um eine gemeinsame Absprache unter Partnern. Wir sollen das Evangelium den Menschen bringen. Das überlässt Gott uns. Egal, wie viel wir beten, Gott wird sich nie dazu bewegen lassen, das zu tun, was wir selbst tun sollen. Manche beschreiben Erweckung so, als würde Gott das Feld erstürmen und an sich reißen, während wir dabei zuschauen. Im Neuen Testament finden wir nichts dergleichen. Die Gute Nachricht ist keine gute Nachricht, wenn sie keiner verkündigt. Gott gibt die Frohe Botschaft über sich selbst nicht ohne uns weiter. Wir sind die Verkünder.

Indem man anfängt mit dem Evangelisieren, tut man schon die halbe Arbeit. Und meist ist dies der schwerste Teil der Aufgabe. Es gibt aus biblischer Sicht schlafende Menschen und schlafende Gemeinden. Jesus warnt in der Offenbarung die Gemeinden in Kleinasien, die sozusagen aufgehört hatten zu rudern und sich von der Strömung des damaligen Zeitgeistes mittreiben ließen.

Das Buch der Sprüche in der Bibel wurde geschrieben, *„um zu erkennen Weisheit und Zucht, um zu verstehen verständige Worte, um anzunehmen Zucht“* (Sprüche 1,2f). Sechsmal warnt dieses bewegende Buch den „Faulpelz“ und elfmal die Trägen und Schlafenden. Immer wieder liest man: *„Bis wann, du Fauler, willst du noch liegen? Wann willst du aufstehen von deinem Schlaf? Noch ein wenig Schlaf, noch ein wenig Schlummer, noch ein wenig Händefalten, um auszuruhen – und schon kommt wie ein Landstreicher deine Armut“* (Sprüche 6,9-11). Das gilt auch für das passive Christsein. Wir können zwar sehr aktiv sein, wenn wir uns um uns selbst kümmern, aber wenn es um die Dinge des Gottesreichs geht, kommen wir oftmals nicht vom Fleck.

„Egal, was er dir aufträgt, tu es!“ Das ist alles, was Gott möchte, und er schenkt die Antriebskraft und bleibende Ergebnisse. Paulus wollte eine schlafende Gemeinde aufwecken und sagte, dass *„die Stunde schon da ist, dass ihr aus dem Schlaf erwacht! Denn jetzt ist unsere Rettung näher, als da wir zum Glauben kamen“* (Römer 13,11). Er bezog sich dabei auf die Wiederkunft Jesu, die inzwischen für uns um 2.000 Jahre näher gerückt ist. Der Gemeinde in Ephesus sagte er: *„Wache auf, der du schläfst, und stehe auf von den Toten! Und der Christus wird dir aufleuchten!“* (Epheser 5,14). Dann fügte er hinzu: *„Seht genau zu, wir ihr wandelt, nicht als Unweise, sondern als Weise“* (V.15).

Gott kann durch uns immer und überall und bei jeder Gelegenheit Seelen retten. Er sagt, dass wir alle Dinge in seinem Namen tun sollen – dass wir schlicht und einfach leben sollen; Jesus nachfolgen und darin ein Vorbild werden, auch ohne Bühne. Es ist wie eine Radiowelle und einer der effektivsen Wege, in denen Heiliger Geist und Wahrheit wirken.

Lasst uns damit aufhören, auf eine besondere Aufgabe zu warten. Jede Art von Arbeit für Jesus ist besonders. Manche warten und sind sich ziemlich sicher, dass Gott für sie eine besondere Aufgabe vorbereitet hat – eine wichtige Aufgabe, die sie den anderen Christen und deren Engagement in der Gemeinde weit überlegen machen wird. Das Wort vom „niedrigen Dienst“ finden wir aber nicht im Wörterbuch des Gottesreichs. Jemandem ein Glas frisches Wasser zu geben, steht ganz oben auf der Liste der ehrenvollen Aufgaben. Also noch einmal: Jede Arbeit für Jesus ist eine besondere.

## Tausende von Formen

Evangelisation hat Tausende von verschiedenen Formen. Es gibt keine genau definierten Aufgaben oder Mittel dafür. Zum Beispiel hat Paulus nicht nur deshalb mit seinen Händen gearbeitet, um die Gemeinden vor Ausgaben zu verschonen. Als er und seine Mitreisenden einmal auf dem Meer Schiffbruch erlitten hatten, trug er ebenfalls eigenhändig Reisig zusammen, damit sie sich am Feuer wärmen konnten. Der Heilige Geist kann jegliche Art von Aktivität nutzen und gebrauchen. Im Reich Gottes wäre es sehr still, wenn es nur Evangelisten und Prediger gäbe. Eine ganze Armee von Menschen ist neben denjenigen nötig, die die Kernaufgabe der Verkündigung des Evangeliums willig übernehmen.

Wenn man den Herrn gefunden hat, dann findet man auch Beschäftigung. Um die Ernte einzuholen, ist jede Hand vonnöten – und ebenso jede Fähigkeit. Als Jesus wollte, dass Menschen in seine Nachfolge gerufen werden, suchte er dafür Fischer aus. Als er jemanden suchte, der lehren sollte, nahm er Paulus, einen großen Gelehrten seiner Zeit. Als er einen Sprecher brauchte, wählte er Petrus aus, der immer schlagfertig war und etwas zu sagen hatte. Egal, was wir tun können, es bildet immer die Grundlage für unsere Berufung zum Dienst in der Gemeinde Jesu. Er hat uns genau dafür geschaffen (Epheser 2,10;4,12).

Es gibt Menschen, die sich rühmen, dass Gott durch sie in besonderer Weise zur Gemeinde spreche. Müssen sie uns wirklich etwas so Wichtiges sagen? Kann die Gemeinde nicht hören, was gepredigt wird? Wenn Gott etwas Wichtiges zu sagen hat, dann wird er das so sagen, dass wir es auch verstehen. Es ist ganz gewiss kein Geheimnis. Es scheint mir arrogant und vermessen zu sein, wenn Leute annehmen, dass allein ihnen ein Geheimnis Gottes anvertraut wurde – als hätten sie eine engere Beziehung zu Gott als andere, und als seien sie seltene, geistliche Individuen.

Jesu letzte Anweisungen lauteten: *„Geht hin in die ganze Welt und predigt das Evangelium“* (Markus 16,15). Dies sollte die grundlegende Funktion der Kirche in der Welt sein. Ist ihm seitdem vielleicht etwas Besseres eingefallen? Jesus gab uns keinen Hinweis darauf, dass es später neue, geheime Instruktionen geben werde, die er – über sein gültiges Wort hinaus –, durch besondere Personen kundtun lassen würde.

Es gibt noch keine Schulen für Kurzevangelisation. Doch es gibt einen kontinuierlich fließenden Strom von Vorschlägen, Innovationen, Mitteln und Methoden, die eine sofortige Erweckung oder einen schnellen Erfolg versprechen. Wenn wir das „Schnelle“ weglassen, können sie für uns durchaus brauchbar sein. Eines ist jedoch sicher: Sie produzieren keine Ergebnisse, wenn sie niemand von uns anwendet. Gemeinden mögen auf ein bestimmtes Schema von Gemeindewachstum zugeschnitten sein. Aber wenn wir nicht aufpassen, kann das Gewinnen von Männern und Frauen für Jesus zweitrangig werden und ist nicht länger oberste Priorität.

Alles wird dann einseitig an dieses Schema angepasst, jeder wird dazu rekrutiert, um die „Maschinerie“, d. h. die vermeintlich hundertprozentig erfolgreiche Methode am Laufen zu halten. Gott gebraucht viele verschiedene Mittel und viele verschiedene Menschen. Es ist sehr schade beobachten zu müssen, dass gute Arbeiter von der Tätigkeit, die sie am besten tun können, abgelenkt werden. Neue Methoden, an Zeit und Umstände angepasst, sind Werkzeuge des Dienstes; die Gefahr dabei ist, dass sie zum Dienst an sich werden.

Gott segnet alle diejenigen, die sich ihm in seinem grundlegenden Errettungswerk anschließen. Er hat jeden von uns als individuelle Persönlichkeit für seinen eigenen Plan geschaffen. Man kann in der Geschichte der Gemeinde Jesu beobachten, dass Gott solche Männer und Frauen gesegnet hat, die vorangegangen sind. Es waren die Einfallsreichen, die Unternehmerischen, Menschen mit dem gewissen Etwas. Gott sucht Menschen, die sich so hingeben, wie sie sind, und er macht aus ihnen, was er möchte – egal, ob sie überdurchschnittlich begabte oder ganz einfache Menschen sind.

Jesus sagte: *„Folge mir nach!"* Wenn wir die Menschen heute dazu auffordern, Jesus nachzufolgen, meinen wir meistens die geistliche Nachfolge. Für die Jünger bedeutete es aber wirkliches Gehen. Jesus führte sie hierhin, dorthin und überallhin, um den Ausgegrenzten und Ungepflegten zu begegnen, um der Armen und der Reichen Freund zu werden, und um sich der Asozialen genauso wie der Herrschenden anzunehmen.

Jesus geistlich nachzufolgen bedeutet früher oder später, ihm auch physisch nachzufolgen. Er gehorchte dem Vater nicht nur auf eine „religiöse" Art und Weise. Er musste sich dafür in Bewegung setzen. Wir werden dorthin gehen, wo er uns gerne haben möchte, werden diejenigen treffen, denen er begegnen möchte. Jesus, der Mann ohne Sünde, identifizierte sich mit Sündern und ertrug ihre Schande. Er fordert uns dazu auf, das christliche Ghetto zu verlassen und die ganz realen Sorgen von ganz realen Menschen zu teilen.

So werden Gläubige erst wirklich echt und sind nicht wie ausgeschnittene christliche Pappfigürchen. Wenn wir Jesus wirklich nachfolgen, werden wir ihm immer ähnlicher. Wenn wir ihn gut kennen lernen und nah bei ihm bleiben, dann färbt seine Art und Weise auf uns ab, ohne dass wir es merken. Jeder kann ganz in Jesu Bild verwandelt werden, auch Sie.

## Fragen

1. Was würden Sie gerne für Gott tun? Warum tun Sie es nicht? Gibt es etwas, was Sie stattdessen tun?
2. Gott bringt seinen Willen mit Ihrem Willen in Einklang. Ist Ihr Wille mit Gottes Willen schon in Einklang gekommen?

CfaN
CHRISTUS FÜR ALLE NATIONEN E.V.
Afrika wird errettet werden!
Now that You are Saved

Wunderheilungen, die die moderne Wissenschaft verblüffen, sind Teil der Zeichen, die auf das gepredigte Evangelium folgen.

1.046.390 Menschen trafen während der 5-tägigen Evangelisation eine Entscheidung für Jesus.

**Wir erwarten in diesem Jahrzehnt 100 Millionen Seelen für Jesus zu gewinnen.**

Zahlreiche Gebetsanliegen aus der ganzen Welt werden vor Gott gebracht und alle Anwesenden beten dafür.

Riesige Lautsprecheranlagen ermöglichen sogar den Menschen, die kilometerweit von der Bühne entfernt stehen, jedes Wort der Predigt zu verstehen.

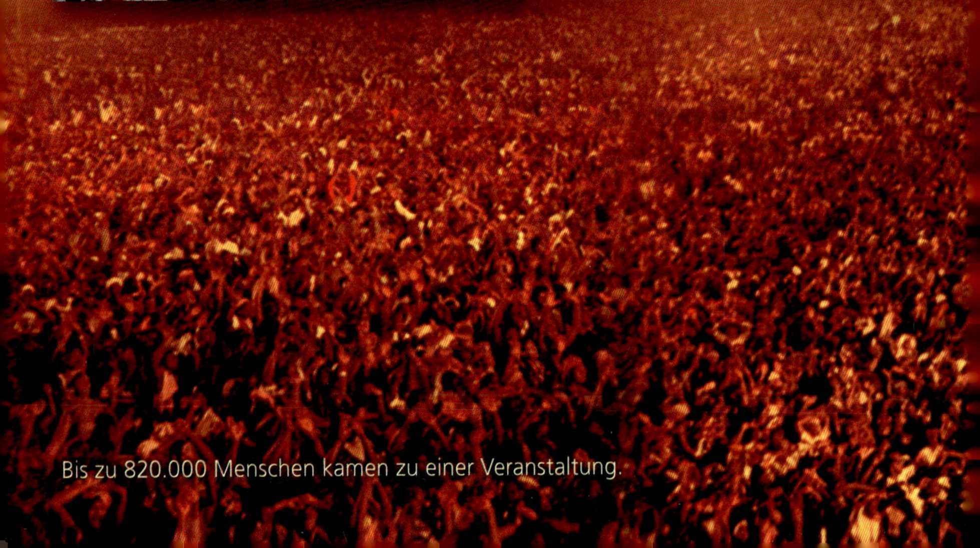

Bis zu 820.000 Menschen kamen zu einer Veranstaltung.

Evangelist Bonnke durchtrennt die Ketten eines 25-Jährigen, der geisteskrank war und von Jesus geheilt wurde.

# ADO~EKITI

1,3 Millionen Menschen sind bei
diesem Gottesdienst in Ibadan anwesend.

# LAGOS, NIGERIA

Während der 5-tägigen Großevangelisation gaben über 3,4 Millionen Personen ihre Entscheidungskarten ab und überwältigende 1,6 Millionen Menschen besuchten den Abschluss-Gottesdienst!

Die Bücher von Reinhard Bonnke wurden bereits in 142 Sprachen übersetzt. Über 185 Millionen Exemplare wurden in 53 Ländern gedruckt.

Die Nacharbeit ist ein wichtiger Bestandteil jeder Evangelisation. Jedem Neubekehrten wird das Büchlein „Now that you are saved" überreicht und er wird in eine Gemeinde vor Ort integriert.

Ein ehemaliger nigerianischer Sportler und Teilnehmer der Paralympischen Spiele, der 3 Jahre lang an seinen Dreiradrollstuhl gefesselt war, konnte wieder gehen!

# Jos, Nigeria

Während der 5 Tage der Veranstaltung bestätigten über 1,2 Millionen Menschen ihre Entscheidung für Jesus Christus mit ihrer Unterschrift!

Während der Großevangelisation in Ogbomosho wurden 1.758.144 Seelen durch Gottes Gnade gerettet.

# Ogbomosho

Musiker und Sänger der lokalen Gemeinden führten die Menschenmenge in Lobpreis und Anbetung.

# Ayangba

Über eine halbe Million Menschen folgten dem Errettungsaufruf während der 5-tägigen Großevangelisation und gaben ihre Entscheidungskarten ab.

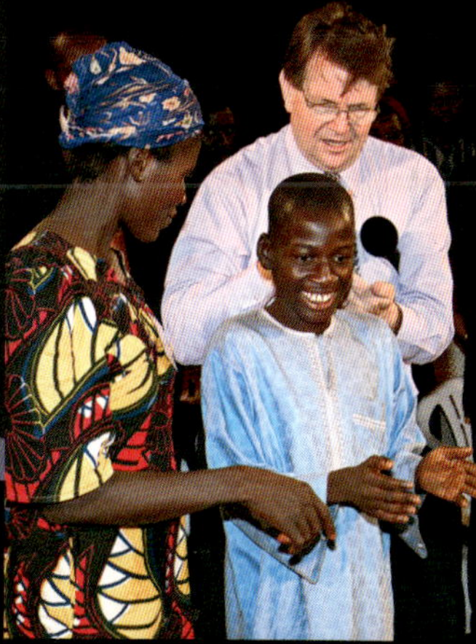

Weder dunkle Gewitterwolken noch sintflutartiger Regen konnten die Menschen davon abhalten, das Evangelium zu hören, voller Freude Gott anzubeten und sich an seinen Wundern zu erfreuen.

Neben jeder Großevangelisation lehrt Evangelist Reinhard Bonnke tagsüber bei den Feuerkonferenzen, um die Leiter und Mitarbeiter der Gemeinden vor Ort für Evangelisation durch den Heiligen Geist auszubilden und dafür zu entfachen. Bei der Feuerkonferenz in Jos kamen 50.000 Menschen für „Eine Flamme auf jedem Haupt!" zusammen.

# FEUERKONFERENZ

# TEIL 3

*Wer an mich glaubt,*

*der wird auch die Werke tun, die ich tue,*

*und wird größere als diese tun, weil ich zum Vater gehe.*

*Und er wird euch einen anderen Beistand geben:*

*den Geist der Wahrheit.*

Johannes 14,12+16

# Kapitel 11

# „Größere Werke“ tun?

*„Wer an mich glaubt, wird größere Werke als diese tun.“*
Johannes 14,12

## Wie kann ein Mensch größere Werke tun als Jesus?

Je eingehender wir uns mit den Werken und Worten Jesu beschäftigen, umso mehr Wahrheiten eröffnen sie uns auf neue Weise. Das Wort selbst ist ein fruchtbarer Garten, immergrün und wunderschön. Jesu Worte waren nie belanglos, sondern klar und deutlich: *„Die Worte des Herrn sind reine Worte – Silber, am Eingang zur Erde geläutert, siebenmal gereinigt“* (Psalm 12,7).

Jesu Worte in Johannes 14,12 sind außergewöhnlich: *„Wahrlich, wahrlich, ich sage euch: Wer an mich glaubt, der wird auch die Werke tun, die ich tue, und wird größere als diese tun, weil ich zum Vater gehe.“* Diese Aussage fordert unser Begriffsvermögen heraus, es übersteigt alle unsere Vorstellungen.

Jesu Heilungswunder haben sich im Dienst seiner Nachfolger fortgesetzt, auch wenn niemand „größere Werke“ als die seinen gesehen hat. Seine natürlichen Wunder wurden niemals wiederholt. Er verwandelte ca. 600 Liter Quellwasser zu bestem Wein, ernährte 5.000 Menschen mit dem Proviant eines Jungen und lief im schlimmsten Sturm auf dem Wasser. Diese Werke zeichnen den Sohn Gottes aus. Jesus heilte die Blinden, Tauben und Lahmen, und diese Taten stehen auch heute noch für sein physisches Wirken.

## Was meinte Jesus mit „größeren Werken"?

Wir wollen uns zunächst den Kontext anschauen. Seine Äußerung steht im Zusammenhang mit seinen Erklärungen über den Tröster, den Heiligen Geist. Er sagte uns, dass wir ohne den Heiligen Geist nichts tun können, dass wir mit dem Heiligen Geist jedoch alles vollbringen können, was er uns aufträgt. Und das schließt Heilung von Krankheiten und Austreibung von Dämonen mit ein.

Dann verheißt er uns denselben Geist, den er vom Vater erhalten hat: *„Wenn ich nicht weggehe, wird der Beistand nicht zu euch kommen; wenn ich aber hingehe, werde ich ihn zu euch senden. Noch vieles habe ich euch zu sagen, aber ihr könnt es jetzt nicht tragen. Wenn aber jener, der Geist der Wahrheit, gekommen ist, wird er euch in die ganze Wahrheit leiten"* (Johannes 16,7.12f).

## Die Kraft von Pfingsten

Das ist der Hintergrund für die erstaunliche Aussage: *„Wer an mich glaubt, der wird auch die Werke tun, die ich tue, und wird größere als diese tun, weil ich zum Vater gehe … Und Er wird euch einen anderen Beistand geben – den Geist der Wahrheit"* (Johannes 14,12.16f). Dieser Vers ist verblüffend. Und wenn wir im griechischen Text nach einem Hinweis suchen, wie Jesus das gemeint hat, werden wir herausfinden, dass das Wort tatsächlich nichts anderes als „größer" bedeutet. Jesus meinte es genau so, wie es geschrieben steht.

Seine Bemerkung über den „anderen Beistand" wirft Licht auf den vorliegenden Sachverhalt. Jesus versprach uns nicht *einen* Beistand, sondern *den* Beistand … einen *anderen* Beistand, der mit uns sein würde, so wie Jesus mit seinen Jüngern war, sie bevollmächtigte, leitete und lehrte. Mit Jesus an ihrer Seite konnten die Jünger Dämonen austreiben und den Kranken die Hände auflegen. Mit dem Heiligen Geist an ihrer Seite würden sie denselben Dienst fortführen. Genau das geschah; davon berichtet Lukas als Augenzeuge in der Apostelgeschichte.

Doch war dies nur der Anfang. Der zweite Teil der Apostelgeschichte wird seit 1.900 Jahren immer noch weitergeschrieben. Die Barmherzigkeit Gottes hat nie aufgehört.

Jesus wurde vom Heiligen Geist gesalbt und war auch in dieser Hinsicht das Vorbild all jener Christen, die den Geist noch empfangen sollten (vgl. Lukas 4,18). *„Jesus von Nazareth, wie Gott ihn mit Heiligem Geist und mit Kraft gesalbt hat, der umherging und wohltat und alle heilte, die von dem Teufel überwältigt waren"* (Apostelgeschichte 10,38). Wo Jesus war, geschahen Dinge, die man noch nie zuvor gesehen hatte. Niemand hatte je zuvor Dämonen ausgetrieben oder die Blinden, Tauben und Verkrüppelten vollkommen geheilt. Jesus sagte, diese Wunder seien das Werk des Vaters, und seine Nachfolger würden dieselben wunderbaren Taten vollbringen (Markus 16,17-20).

Der Heilige Geist, als Verheißung Jesu und Verheißung des Vaters, kam kraftvoll in diese Welt, und 120 Jünger wurden an Pfingsten überfließend damit erfüllt. Die Dynamik des christlichen Glaubens bewies, dass *„das Reich Gottes nicht in Worten, sondern in Kraft* [besteht]*"* (1. Korinther 4,20).

Den ersten Beweis dafür, dass die Jünger tatsächlich auch das taten, was Jesus zuvor getan hatte, finden wir in Apostelgeschichte 3,1-10, wo uns von der Heilung eines von Geburt an gelähmten Mannes berichtet wird. Er trat in den Tempel, was ihm vorher nicht gestattet gewesen war, *„ging umher und sprang und lobte Gott"*. Seit jener Zeit hat Gott nicht aufgehört, der Retter zu sein und unzählige Menschen freizusetzen. In Psalm 136,4 lesen wir: *„... er allein tut große Wunder"*. Die Welt ist voll von solchen wunderbaren Geschichten. Selbst die Berichte meiner Großevangelisationen in Afrika, an denen manchmal 500.000 oder noch mehr Menschen teilnehmen, lesen sich wie eine Fortsetzung der Apostelgeschichte.

Und trotzdem hat uns Jesus nicht nur seine Heilungskraft verheißen. „Größere Werke" als Heilungen sollten von seinen Jüngern getan werden. Da Jesus uns dieses Versprechen gegeben hat, erwarten wir, dass es erfüllt wird und fragen uns: Wo und wann könnte das geschehen? Hat jemand jemals etwas getan, was Jesus nicht schon vorher getan hätte? Dann stellt sich außerdem noch die Frage, was Jesus meinte, als er sagte: „*Wahrlich, ich sage euch: Es sind einige von denen, die hier stehen, die den Tod nicht schmecken werden, bis sie das Reich Gottes in Kraft haben kommen sehen*“ (Markus 9,1). Im griechischen Original steht „*in Kraft gekommen ist*“. Die Zeitgenossen Jesu würden die Kraft des Königreichs in Aktion sehen. Sahen sie das, bevor sie starben?

Ja, das taten sie! Paulus drückte es so aus: „*Das Reich Gottes* [besteht] *nicht in Worten, sondern in Kraft*“ (1. Korinther 4,20). Und für die Epheser betete er, dass sie verstünden, „*was die überragende Größe seiner Kraft an uns, den Glaubenden ist, nach der Wirksamkeit der Macht seiner Stärke. Die hat er in Christus wirksam werden lassen, indem er ihn aus den Toten auferweckt hat*“ (Epheser 1,19f). Von Pfingsten an sahen die Menschen die Kraft des Königreichs Gottes.

## Menschenmassen wenden sich Gott zu

Was für „größere Werke“ sollten das sein? Es gibt etwas, was die Jünger getan haben (und wir tun), was Jesus aber niemals getan hat: das Evangelium zu predigen und zu sehen, wie die Menschenmassen zu Gott finden. Das ist in jeglicher Hinsicht größer, als auf dem Wasser zu gehen oder 5.000 Menschen mit dem Proviant eines kleinen Jungen zu sättigen. Petrus bekam die versprochene Kraft von oben, predigte sofort das Evangelium, woraufhin nach einer einzigen Predigt 3.000 Menschen Buße taten und zu Gott umkehrten.

Weder Jesus noch irgendein anderer Prediger ist jemals mit solch einem Ergebnis belohnt worden. Noahs Predigten warnten die Menschen, doch nur seine Familie wurde gerettet. Der wortgewandte Jesaja erreichte rein gar nichts mit seinem dringenden Mahnen. Auch Jeremias inständiges Werben für Gott war vergeblich. Mose führte das rebellische Israel in die Freiheit, erlebte aber nie die Umkehr seiner schwierigen

Landsleute. Tausende hingen an Jesu Lippen, lauschten jedem seiner Worte und aßen sein Wunderbrot, doch niemand bat ihn um Errettung. Die Zeit dafür war noch nicht gekommen, denn der Heilige Geist war noch nicht vom Himmel herabgekommen.

Die Dinge änderten sich, als Jesus den Heiligen Geist sandte. Die Jünger hatten vorher auch schon das leere Grab Jesu gesehen, und einige bezeugten, dass er lebe. Trotzdem weigerten sich am Anfang die meisten von ihnen, das wirklich zu glauben. Als dann der Heilige Geist auf sie fiel, waren alle Zweifel wie weggeblasen. Die Salbung des Geistes überzeugte sie und sandte sie aus, mutig zu verkündigen, dass Jesus lebt.

Vor seiner Kreuzigung hatte Jesus versprochen, dass er den Heiligen Geist senden werde, und er hatte sein Versprechen gehalten. Die Erfahrung der Jünger mit dem Heiligen Geist war unbeschreiblich, unnachahmlich und weit entfernt von jeglicher psychologischen Selbstbeeinflussung. Sie veränderte die Jünger. Wie der brennende Busch bei Mose brannte das Feuer Gottes in ihren Herzen inmitten der geistlichen Einöde des ersten Jahrhunderts.

Petrus hatte sich vor Pfingsten vor den Menschen gefürchtet, aber jetzt fürchteten die Menschen aufgrund seiner Predigt den lebendigen Gott und flehten darum, gerettet zu werden. Das ist wichtig. Heute ist dieses christliche Zeitalter durch die Gegenwart des Geistes Gottes zum Tag des Heils geworden. Ohne dieses machtvolle Wirken des Heiligen Geistes riefen Propheten zu ihrer Zeit vergeblich zur Umkehr auf. Sie sahen aber voraus, dass mit dem Heiligen Geist im Herzen sogar *„ein kleiner Junge sie leiten“* können wird (Jesaja 11,6 Zürcher).

Jeder Christ ist heutzutage in eine besondere Situation hineingestellt. Wir befinden uns in den letzten Tagen, und Gott hat uns erwählt und durch seinen Geist ausgerüstet. Sein Wirken auf Erden hängt von uns ab. Gläubige Menschen sind alles, was er hat. Er sendet keine Engel zum Predigen aus. Wir sind Zeugen seiner Auferstehung – menschliche Beweisstücke der Kraft und Macht einer Zeit, die noch kommen wird.

Bedenken wir es recht: Jesu Wirken in der Welt hängt von uns ab. Wir Gläubigen sind es, die er gebrauchen will. Wir sind schon jetzt Zeugen seiner Auferstehung, lebendige Beweise dafür, dass sich seine Kraft und Macht zu **seiner** Zeit noch größer und herrlicher zeigen wird. Einen Hinweis darauf finden wir in Offenbarung 11,3ff, wo von zwei überaus vollmächtigen Zeugen Jesu die Rede ist, die er auf die Erde senden wird.

Heute gibt es „Befreiungsdienste" vieler Schattierungen. Man bietet den Menschen wundersame Befreiungen von jeder wahren oder eingebildeten „Bindung" an, ganz gleich, ob eine bestimmte Belastung geistlich, psychisch, dämonisch, selbst verursacht oder vererbt ist. Bei den *„größeren Werken"* in Johannes 14 geht es allerdings um die Errettung von Seelen und nicht um spektakuläre Befreiungen. Diese Arbeit, Seelen zu retten, hat Jesus als *„größere Werke"* vorausgesagt – größer als seine diesbezüglichen Werke damals sein konnten.

Es ist etwas Wunderbares, fremde Geister im Namen Jesu auszutreiben, aber Jesus sagte zu seinen Jüngern: *„... darüber freut euch nicht, dass euch die Geister untertan sind; freut euch aber, dass eure Namen in den Himmeln angeschrieben sind!"* (Lukas 10,20). Er selbst hatte ihnen die Vollmacht gegeben, Dämonen auszutreiben, doch dass ihre Namen im Himmel aufgeschrieben sind, ist weitaus größer. Und das gilt für alle, die sich Jesus im Glauben anvertrauen.

Unser Evangelium ist nicht dazu da, Spektakuläres zu vollbringen, sondern einer sündigen Welt durch die in uns wohnende Kraft und Liebe des himmlischen Ratgebers die Gnade Gottes weiterzugeben.

## Fragen

1. Aus welchem Grund sahen weder Elia noch die anderen Propheten des Alten Testamentes Bekehrungen und Heilungen, wie die Jünger sie im Neuen Testament sahen?
2. Das Wort ist die Frohe Botschaft. Was könnte ihm die Kraft rauben?

Kapitel 12

# Der gütige Gott

*„Ich lebe im Glauben, und zwar im Glauben an den Sohn Gottes, der mich geliebt und sich selbst für mich hingegeben hat."*
Galater 2,20

## Wie ist Gott?

Die wichtigste Frage des gläubigen Menschen ist gewöhnlich: „Wie ist Gott?" Wenn man die richtige Antwort darauf findet, werden viele Fragen geklärt und falsche Vorstellungen berichtigt. Die Worte von Paulus kommen mir dabei in den Sinn: *„... der Sohn Gottes, der mich geliebt hat."* Dieser Apostel und herausragende Intellektuelle kannte Gott und seinen Sohn, unseren Herrn Jesus, wirklich und wahrhaftig. Seine Reaktion ist ergreifend: *„Der Sohn Gottes liebt mich und gab sich selbst für mich hin."* Paulus liebte Jesus einfach. Seine Worte sind zwar voller Gefühl, aber sie enthalten auch eine wichtige Lehre. So ist die Bibel an sich, sie ist einfach und doch voller Tiefe, voller klarer Wahrheiten, die jeder verstehen kann, und die weiterführende Wahrheiten in sich tragen.

Es gab schon immer viele verschiedene Vorstellungen von Gott. Heutzutage hat man den Eindruck, als hätten die Leute sich sehr gemischte eigene Gottesbilder geschaffen. Wer hat Recht? Die Antwort ist für jeden Glaubenden einfach. Um herauszufinden wie Gott ist, gehen wir zurück zu dem Buch, das uns von ihm berichtet, also zur Bibel. Gott kann sich nicht von dem unterscheiden, was die Bibel über ihn sagt, sonst wäre er nicht der unwandelbare Gott.

Es gibt bekanntlich alternative Vorstellungen von Gott, selbst bei Leuten, die mit der Bibel umgehen. Ihre Gottesbilder sind aber von der menschlichen Vernunft geprägt, z. B. von heidnischen griechischen Gelehrten, die vor Christus gelebt oder die Bibel überhaupt nicht gekannt haben. Sie haben die „klassischen" Theorien über ganze Götterscharen hervorgebracht, und die werden bis heute traditionell als Kulturgut überliefert. Einige ihrer Überzeugungen sind sogar in die frühe christliche Kirche eingedrungen und haben bestimmte kirchliche Dogmen entstehen lassen. Diese haben das Leben von Menschen über Jahrhunderte hinweg – und sogar das Schicksal von Nationen – tief geprägt. Sie haben aber nicht die Verbreitung des Evangeliums gefördert.

Es gibt für uns Christen keinen Anlass, mit philosophischen Ansichten über Gott zu streiten, das möchten wir auch gar nicht. Alles was in diesem Kapitel und in diesem Buch geschrieben steht, ist fest in der Heiligen Schrift als dem geoffenbarten Wort Gottes verwurzelt. Unser Text rankt sich nicht um ein paar isolierte Bibelstellen, die als „Beweis" für verschwommene Vorstellungen von Gott zitiert werden. Das solide biblische Fundament, das sich durch dieses Kapitel und durch das gesamte Buch zieht, soll immer dazu dienen, Menschen für Gott zu erreichen.

Gott kann sich nicht von dem unterscheiden, was die Bibel über ihn sagt, sonst wäre er nicht der unwandelbare Gott.

Durch unsere eigenen Großveranstaltungen von *Christus für alle Nationen* wurden bereits viele Millionen Menschen für Jesus gewonnen. Jesus sagte, dass alle biblischen Schriften von ihm reden, und dass er so ist wie der Vater: *„Wer mich sieht, der sieht den Vater"* (Johannes 14,9).

Wir haben mit den bewegenden Worten von Paulus über den Sohn Gottes, der *„mich geliebt und sich selbst für mich hingegeben hat"*, unsere Frage, wie Gott ist, begonnen. So also ist Gott, so wie Jesus, der Sohn Gottes, ist. Er ist keine abstrakte unpersönliche Kraft und kein fernes Wesen, das in völliger Gleichgültigkeit und ohne jegliches Gefühl für die Menschen absolut unerreichbar wäre.

Nein. Gott ist ein liebender, aktiver und dem Menschen zugewandter Gott, so wie unser Herr Jesus. Von den ersten Kapiteln der Bibel an wird Gott als persönlich, fürsorglich und zugänglich dargestellt. Als Adam sündigte, machte sich Gott auf die Suche nach ihm. Er hatte ihn verloren und vermisste ihn. Er wollte ihn finden, wie jemand, der seinen Freund oder seinen Sohn suchen geht.

Das große Liebeslied der Bibel – so wird das Hohelied Salomos genannt –, vermittelt in anschaulicher Weise Gottes wundervolles Verlangen nach Liebe. Jesus sagte auch, dass Gott diejenigen sucht, die ihn anbeten (lieben). Genau so ist Gott – er möchte mit uns Menschen persönlichen Umgang haben. So bestätigt er uns Sterbliche als seine wichtigsten Partner. Er ist kein König, der mit Glanz und Gloria an uns vorüberreitet, sondern ein Freund, der an unsere Tür klopft und fragt: „Darf ich eintreten?" Gott baut eine persönliche Beziehung zu uns auf. Wir haben Gemeinschaft mit ihm und er mit uns.

Auf eine überraschende Art und Weise macht er sich von uns abhängig, und wir hängen umgekehrt voll und ganz von ihm ab. Er errettet uns und vertraut uns, dass wir ihm dienen. Seine Liebe ist süßer als Wein und er möchte seine Liebe erwidert sehen. Wir erfreuen uns an ihm und er sich an uns, selbst wenn wir uns ihm als reumütige Sünder nahen. Der ganze Himmel jauchzt und tanzt beim Anblick der liebevollen Beziehungen zwischen Gott und seinen Menschen.

Die Türen zu seinem königlichen Audienzzimmer stehen für uns Tag und Nacht offen. Die Bibel wiederholt diese Tatsache ein ums andere Mal. Wir sprechen mit Gott, und er geht mit uns. Wir beten zu ihm und er erhört uns. Unser Gebet bewegt die Hand Gottes, die doch die ganze Welt bewegt. Die Verfasser der Psalmen riefen öfter Gott an, sich zu erheben und herunterzukommen, um die Verhältnisse in der Welt zu verändern. So sahen sie Gott – mit seinem väterlichen, offenen Herzen und mit seinen offenen helfenden Händen.

Im frühen Mittelalter wurde gelehrt, dass die Sorgen der Menschen Gott überhaupt nicht berühren, denn wenn dem so wäre, dann wäre er nicht wirklich perfekt. Diese Lehre wird auch heute noch vertreten. Das ist aber eine erschreckende Logik und ein kurzsichtiger Trugschluss. Die Bibel zeigt uns, dass unsere Sorgen und Freuden Gott immer berühren. Die Wahrheit und die Zielrichtung des Evangeliums bezeugen das. Gott liebt uns! Eine Liebe ohne Gefühle wäre nicht die Liebe Gottes – ja, sie wäre überhaupt keine Liebe.

*„Denn wir haben nicht einen Hohepriester, der nicht Mitleid haben könnte mit unseren Schwachheiten, sondern der in allem in gleicher Weise wie wir versucht worden ist“* (Hebräer 4,15). Das griechische Wort für „mitfühlen“ ist *sympatheo,* aber es bedeutet mehr als mitfühlen –, es ist ein „Mitleiden“, „sich am Leiden beteiligen“. Das macht die furchtbare Tatsache des Kreuzes deutlich. Jesus trug unsere Sünden, war – mit einem alttestamentlichen Wort gesagt – unser Sündenbock. Er wurde zur Sünde für uns. Jesus wusste als „Menschensohn“, was es bedeutete, ein Sünder zu sein. Er erfuhr es, als er für uns am Kreuz hing. Doch Gott war in diesen Stunden des Leidens und Sterbens Jesu nahe bei seinem „Opferlamm“, bei seinem geopferten Sohn.

Eine junge Frau verließ ihr Zuhause und wurde eine Sexsklavin. Ihr Ehemann war hin- und hergerissen, ein unvorstellbarer Schmerz erfüllte ihn und zerriss seine Seele. Dieser Mann war der Prophet Hosea. Gott kam in Hoseas Schmerz hinein und machte ihm deutlich, dass er genauso in Bezug auf das untreue Volk Israel fühlte: *„Wie sollte ich dich preisgeben Ephraim? […] Mein Herz kehrt sich in mir um, ganz und gar erregt ist all mein Mitleid. Nicht ausführen will ich die Glut meines Zornes, will nicht noch einmal Ephraim vernichten. Denn Gott bin ich und nicht ein Mensch, in deiner Mitte der Heilige“* (Hosea 11,8f). Gott änderte aus Liebe zu seinem Volk seine Pläne, weil er kein Mensch ist, der nur ans Strafen dächte.

Jeremia wurde der „weinende Prophet“ genannt. Seine Tränen spiegelten Gottes Tränen prophetisch wider. Auch hier war Ephraim der

Grund zur Trauer: *„Ist mir Ephraim ein teurer Sohn oder ein Kind, an dem ich Freude habe?* […] *Darum ist mein Innerstes über ihn erregt. Ich muss mich über ihn erbarmen“* (Jeremia 31,20). Wenn das nicht der Wahrheit entspräche, sondern nur eine formale Art sich auszudrücken darstellte, dann wäre diese Großmütigkeit schrecklich irreführend. Doch in solchen Versen, wie dem Eingeständnis seiner leidvollen Liebe, offenbart uns Gott sein wahres Wesen.

Gott ist nicht ausdruckslos und schmerzunempfindlich wie ein Leichnam. Er ist der lebendige Gott. Ihn verbindet mit seinen Geschöpfen ein sensibler Lebensnerv, eine geistige Nabelschnur. Er zieht sich nicht in sich und seine Gedanken zurück, denn *„in ihm leben, weben und sind wir* […] *Denn wir sind auch sein Geschlecht“,* so Paulus, der mit diesen Worten in Athen die griechischen Dichter Kleanthes und Aratus zitierte (Apostelgeschichte 17,28).

## Das ist unser Gott

Er ist an unserer Seite, wenn wir für ihn arbeiten und Zeugnis geben. Wenn wir beten, sagt er: „Amen!“ Mehr noch, er selbst ist das Amen, d. h. die Gewissheit seiner Zusagen (Offenbarung 3,14). Unsere Gebete werden nicht dadurch erhört, dass wir uns selbst beeinflussen, bis eine Art seelischer Rückwirkung in uns erfolgt. Wenn wir beten, hört Gott uns, und Dinge, um die wir gebetet haben, geschehen. Wenn wir nicht beten, geschieht nichts. Manche behaupten, dass Gebetserhörungen reiner Zufall seien, aber sie, die nicht beten, erleben keine solchen „Zufälle“. Gebet bewegt Gott zum Handeln. Wenn das nicht stimmen würde, dann führte uns die Bibel in die Irre. Doch das tut sie nicht.

Mose trat in der Fürbitte für Israel vor Gott ein, als dieser sagte, dass er sie vernichten und ein neues Volk mit Mose gründen wolle. Gott gab dem Flehen des Mose nach und ließ sich umstimmen, die Strafe nicht auszuführen (5. Mose 9). Abraham flehte den Herrn ebenso für die Städte in der Umgebung von Sodom an. Und Gott sagte, er würde tun, was Abraham erbeten hatte (1. Mose 18,16-33). Das ist eine klare Lehre über das Gebet, basierend auf der Grundlage unseres Glaubens. Gott war – betrübt über die Bosheit Sodoms und der anderen Städte in der Ebene – zum Gericht herabgekommen. Genauso war er von der Verdorbenheit der vorsintflutlichen Welt zutiefst betrübt und sagte sogar, dass er es bereut habe, den Menschen überhaupt geschaffen zu haben.

Unser Herr Jesus kam, um uns Gott zu zeigen, wie Gott wirklich ist – und er weinte über den Unglauben seiner Zeitgenossen (Lukas 19,41). Die Menschen sahen, dass er voller Mitgefühl war. Jesus sagte in diesem Zusammenhang, dass er die Menschen Jerusalems vor dem göttlichen Gericht bergen wolle, doch sie wiesen ihn zurück. Sie hielten ihn davon ab, ihnen das zu geben, was er gerne geben wollte – und er weinte darüber und war tief bekümmert ihretwegen.

Christus rettet diejenigen, die glauben. Wir predigen, um in ihnen den rettenden Glauben zu wecken – ganz gleich, wie sehr die Menschen versuchen, den Glauben zu zerreden. Gott *„ist langmütig euch gegenüber, da er nicht will, dass irgendwelche verloren gehen, sondern dass alle zur Buße kommen“* (2. Petrus 3,9).

Gott selbst ändert sich nie. Er hat in alle Ewigkeit dieselben Eigenschaften, denselben Charakter und dieselbe Grundeinstellung. Was er sagt, das ist er seinem Wesen nach; er ist es immer. *„Gott … der Treue hält auf ewig“* (Psalm 146,6). Gott ermutigt uns, zu beten und zu glauben, dass er immer da ist. Unveränderlich wartet er jeden Tag darauf, uns zu helfen, uns zu segnen und sich uns zu öffnen. Gott ist immer bereit dazu und niemals verschlossen.

Wenn unsere falschen Verhaltensweisen den Herrn betrüben, können wir ihn um Erbarmen bitten, wie es Mose in dem Glauben getan hat, dass Gottes Herz immer Versöhnung sucht. Wir berühren Gott. Wir können ihn traurig stimmen, den Geist unterdrücken, ihn provozieren, verärgern und sogar verleugnen, aber wir können niemals das verändern, was er seinem Wesen nach ist.

Wir ändern unsere Meinung über viele Dinge, weil wir unbeständige Wesen sind. Aber es gibt Dinge, die sich bei Gott niemals ändern. Wer liebt und Liebe annimmt, kann kein steinerner Fels sein, unbeweglich und gefühllos. Gott ist ein wahrhaftiger Vater und reagiert auf uns in Liebe. *„Wir lieben, weil er uns zuerst geliebt hat"* (1. Johannes 4,19). Unsere Liebe spiegelt seine Liebe wider, so wie strahlendes Sonnenlicht in einem kleinen Handspiegel reflektiert wird. Evangelisation ist eine von vielen Arten, durch die wir Gottes Liebe widerspiegeln können.

Keine Ehefrau wird jemals sagen: „Ich habe mich dazu verpflichtet, über meinen Ehemann Gutes zu sprechen." Sie tut es einfach. Der schon erwähnte „weinende" Prophet Jeremia sagte: *„Und sage ich: Ich will nicht mehr an ihn* [Gott] *denken und nicht mehr in seinem Namen reden, so ist es in meinem Herzen wie brennendes Feuer, eingeschlossen in meinen Gebeinen"* (Jeremia 20,9). Für ihn war sein prophetischer Dienst keine wohl überlegte Entscheidung, sondern ein brennendes Verlangen.

Das ist der Herr, unser Gott, und der Jesus, den wir predigen. Unser Evangelium besteht nicht aus geheimnisvollen Lehren, die irgendein Guru in einer Höhle verfasst hat. Es ist die Botschaft von Jesus! Wer sonst breitet die Arme weit aus und ist bereit, die Ungeliebten und Gescheiterten aus allen Nationen zu umarmen?

## Wie Gott sich selbst bekannt macht

Nun möchte ich über den Herrn Jesus sprechen, wie ich ihn sowohl im Alten als auch im Neuen Testament sehe. Er sagte, dass alle Schriften von ihm zeugen. Wir spüren sozusagen, wie er uns durch die säuberlich gedruckten Zeilen hindurch ansieht. Gott ist wie Jesus, der *„das Ebenbild des unsichtbaren Gottes"* ist (Kolosser 1,15). Darum ist Jesus unser höchster Gedanke über Gott. *„Glaubst du nicht, dass ich in dem Vater bin und der Vater in mir ist? Die Worte, die ich zu euch rede, rede ich nicht von mir selbst, der Vater aber, der in mir bleibt, tut seine Werke"* (Johannes 14,10).

Seine Herkunft ist eindeutig: „*Ich bin von dem Vater ausgegangen und in die Welt gekommen*“ (Johannes 16,28). Einer der Jünger beschrieb ihn als den, „*der die Ausstrahlung seiner* [Gottes] *Herrlichkeit und Abdruck seines Wesens ist*“ (Hebräer 1,3). Der Apostel Paulus, der einst voller Hass auf den vermeintlichen Volksverhetzer Jesus war, begegnete ihm völlig unerwartet und bezeugte daraufhin: „*Er ist es, der in unseren Herzen aufgeleuchtet ist zum Lichtglanz der Erkenntnis der Herrlichkeit Gottes im Angesicht Jesu Christi*“ (2. Korinther 4,6).

Gott gab sich durch Mose anders zu erkennen, als er sich Abraham offenbart hatte. Gott gab sich durch Jesus zu erkennen, wie er sich Mose nie offenbart hatte. Jesus sagte: „*Ich und der Vater sind eins. Wer mich gesehen hat, hat den Vater gesehen*“ (Johannes 10,30; 14,9). Die Menschen werden immer so sein, wie sie Gott kennen lernen.

Das Wissen über ihn, das von Mose vor über 3.000 Jahren vermittelt wurde, merzte den Aberglauben aus und wurde zur Hoffnung auf eine freie Welt. Die Erkenntnis Jesu befreit eine vom Hass verblendete Welt, macht sie zu einer Welt des Friedens, der Freude und des Verstehens. Er ist der Friedefürst. Wenn wir ihn den Menschen vorstellen, vermitteln wir die Hoffnung auf eine heilbare Welt.

Wenn ich predige, denke ich oft, es könnte ein potenzieller Tyrann zuhören, vielleicht noch im Kindesalter – Tyrannen wie Hitler, Stalin, Mao Zedong, Bin Laden und ihre Handlanger des Bösen. Das Evangelium kann auch sie und die ganze Welt erretten, wenn sie daran glauben. Der Gott der Bibel ist die Liebe. Glaubte die Welt an diesen Gott, der wie Jesus Christus ist, wie wundervoll wäre sie dann!

Nachdem Mose den brennenden Busch gesehen und Gottes Stimme vernommen hatte, ging er zum Berg Sinai, um die Zehn Gebote zu empfangen. Sie sind die Weisungen Gottes für ein gelingendes Leben. Jesus zitierte als das erste und höchste Gebot Gottes 5. Mose 6,5: „*Du sollst den Herrn, deinen Gott, lieben mit ganzem Herzen, mit ganzer Seele und mit deiner ganzen Kraft.*“ Bemerkenswert ist, dass dieses höchste

Gebot nicht zu den Zehn Geboten gehört. Das ist ein äußerst erstaunlicher Gedanke: Gott ist ein Gott, der von den Menschen geliebt werden möchte!

> Er ist an unserer Seite, wenn wir für ihn arbeiten und Zeugnis geben. Wenn wir beten, sagt er: „Amen!" Mehr noch, er selbst ist das Amen.

Gott offenbarte sein Wesen zuerst dem Mose. Er sagte: *„Gesehen habe ich das Elend meines Volkes in Ägypten, und sein Geschrei wegen seiner Antreiber habe ich gehört, ja, ich kenne seine Schmerzen. Und ich bin herabgekommen, um es aus der Gewalt der Ägypter zu erretten"* (2. Mose 3,7f). Warum sollte er das tun wollen? Er sprach über *„mein Volk"*. Sein Volk! Sie beteten noch die Götter Ägyptens an! Man findet keine andere Erklärung für die Rettungsabsicht Gottes – als einzig und allein die, dass er so groß war, sie alle in seine Arme einzuschließen.

Die Worte in 5. Mose 7,7 sind herzergreifend: *„Nicht weil ihr mehr wäret als alle Völker hat der Herr sich euch zugeneigt und euch erwählt – ihr seid ja das geringste unter allen Völkern – sondern wegen der Liebe des Herrn zu euch."* Er liebte sie. Warum? Weil er sie einfach liebte.

Das ist Gott. Israel stellte sich später als ein sehr rebellisches und widerspenstiges Volk heraus und bereitete dem liebenden Gott große Mühe. Aber als sie ihre Provokation bis zum Äußersten trieben, sagte er: *„Ja, mit ewiger Liebe habe ich dich geliebt, darum habe ich dir meine Güte bewahrt"* (Jeremia 31,3). Wenn Gott uns etwas beibringen will, dann tut er das normalerweise aktiv, durch Taten. Doch in diesem Vers finden wir keinen Tadel, sondern eine leidenschaftliche Liebeserklärung. Es scheint, als hätte Gott nicht anders gekonnt, als seiner Liebe Ausdruck zu verleihen.

Aber Gott trat auch in Aktion. Er entfesselte beispielsweise die Naturgewalten gegen das mächtige Ägypten. Mose beschrieb dies als *„das Wohlgefallen dessen, der im Dornbusch wohnt"* (5. Mose 33,16). So Furcht erregend das auch war, es bewies einer Welt, die den lebendigen Gott noch nicht kannte, dessen Gunst ausgerechnet für das Volk Israel.

Wahre Liebe ist selbstlos und sucht nicht das ihre. Gott gießt seine Liebe über alle Menschen aus, wie die Sonne ihr Licht auf die Bösen und die Gerechten gleichermaßen scheinen lässt. Die Sonne fühlt nichts, aber die Liebe Gottes ist von unendlicher Gefühlsstärke. Evangelisation beweist das, ganz gleich, ob die Menschen dem Wort Gottes gegenüber offen oder verschlossen sind. Nichts konnte und kann ihn davon abbringen, nicht einmal der Tod durch die schreckliche Kreuzigung. *„Da er die seinen* [...] *geliebt hat, liebte er sie bis ans Ende“* (Johannes 13,1).

Gottes Charakter ist unveränderlich. In 2. Mose, dem Buch der Errettung, sagte er 92-mal „Ich will“. In der ursprünglichen Bedeutung beinhalten diese Worte eine Entscheidung, aber in der Schrift drücken sie einen Wunsch aus: „Ich möchte“. In Jesaja 40–46 benutzt Gott dieselben Worte 46-mal. In diesen Kapiteln wird noch ein weiterer Ausdruck verwendet: „Ich“. Gott benutzt ihn 126-mal, um seinen zuverlässigen Charakter zu betonen. An einigen Stellen sagt er: „Ich, ich selbst.“ Er bezeugt, dass er treu ist. Zu Mose sagte er: *„Ich bin, der ich bin“* (2. Mose 3,14), und bei dem Propheten Jesaja lässt er nicht den geringsten Zweifel daran: *„Ich bin der Herr – und sonst keiner“* (Jesaja 45,6).

Wir verkündigen den Gott der Bibel überall und zu jeder Zeit. Er ist das, was er selbst über sich gesagt hat. Er verändert sich nicht. Er ist sich selbst treu, steht zu der Offenbarung seiner selbst. Und Jesus ist das ebenso. Der Jesus von damals, von Galiläa und Jerusalem, der liebende, heilende Jesus, der für uns am Kreuz starb und von den Toten auferstand, auch dieser sagt: „Ich, ich selbst.“ Es gibt nur einen Jesus, es ist der Jesus des Evangeliums, der errettete und heilte, der starb und zum ewigen Leben auferstanden ist. Wenn wir einen Jesus predigen würden, der nicht mehr die Werke der Gnade tut, dann predigten wir einen anderen Jesus als den des Neuen Testamentes. Warum sollten wir das tun wollen? Der Jesus, von dem wir reden, ist *„derselbe gestern und heute und in Ewigkeit“* (Hebräer 13,8). Predigen wir den Jesus der Bibel!

## „Ja" und „Amen"

Paulus lehrte die Korinther, dass die Verheißungen des Alten Testaments in Jesus „Ja" und „Amen" sind (2. Korinther 1,20). Es waren die Versprechen des Bundes mit Israel, die nun durch Jesus für uns alle gültig gemacht worden sind. Paulus sagte den Ältesten in Ephesus, dass er den *„ganzen Ratschluss Gottes"* verkündigt hatte (Apostelgeschichte 20,27), das bedeutet das gesamte Wort Gottes. Dieses Wort ist Gottes ausgesprochenes „Ich will", das auf ewig im Himmel verankert ist.

Das Bekenntnis „Ich will" bindet Braut und Bräutigam zusammen. Gottes „Ich will" schließt uns alle in seine Arme. Dem Volk Israel sagte er: *„Denn dein Gemahl ist dein Schöpfer"* (Jesaja 54,5). Wenn Gott sagt: „Ich will", dann kann ihn nichts von seinem Vorhaben abbringen. Er sagte: *„Und danach wird geschehen, dass ich meinen Geist ausgießen werde über alles Fleisch"* (Joel 3,1), und das tut er, entgegen allem Unglauben und Widerstand. Er sagte: *„Wer zu mir kommt, den werde ich nicht hinausstoßen"* (Johannes 6,37), und das tut Jesus tatsächlich niemals. Er verbürgt sich selbst mit seinem Namen dafür, dass er unwandelbar ist. Als Gott einen Bund mit Abraham schloss, *„schwor er bei sich selbst – weil er bei keinem Größeren schwören konnte"* (Hebräer 6,13). Wir sind von Herzen gewiss, dass Gott uns die Treue hält!

Seine innerste Natur entspricht seinem Wesen und Charakter. Die Veranlagung als innerster Schlüssel prägt die Persönlichkeit eines Menschen. Wie ist es, mit dem unwandelbaren Gott zusammen zu sein? Der Psalmist sagt: *„Fülle von Freuden ist vor deinem Angesicht, Lieblichkeiten in deiner Rechten immerdar"* (Psalm 16,11). Gottes Wesensart ist Freude und überschäumendes Glück. Er ist eine ewige Quelle, aus der sein Geist der Freude sprudelt.

Jesus benutzte die Sprache der Feldarbeiter, der Hausfrauen und der Tagelöhner, und genau deshalb hörten sie ihm gerne zu. Er sprach über tiefe Wahrheiten und dennoch in einer Sprache, die so voller Bilder und Fantasie war, dass er die Menschen zum Nachdenken und zum Schmunzeln brachte.

Der Gott, der unsere Welt schuf, floss dabei nur so vor Freude über. Die Bäume auf dem Feld tanzen beschwingt im Wind. Gott hat den Tieren ihren Spieldrang und ihre Eigenheiten gegeben, den Elefanten, Giraffen, Enten, Kätzchen, Eichhörnchen und den Affen! Seine Welt ist farbenprächtig, voller Freude, Begeisterung und Überraschung. Ich habe bemerkt, dass die Bibel nur erwähnt, dass Gott den Tag und die Nacht erschuf *„und die Sterne"* (1. Mose 1,16) – als hätte er sie ganz lässig aus dem Ärmel geschüttelt.

Mein Gott ist ein ganzer Ozean voller fröhlicher Überraschungen. Sara sagte: *„Gott hat mir ein Lachen bereitet"* (1. Mose 21,6) und seitdem hat er Menschen immer wieder zum Lachen gebracht. Dennoch wurde Gott oftmals falsch interpretiert. Wie oft schalten Anbeter ihr Lächeln aus, wenn sie in eine Kirche kommen, obwohl Jesus sagt: *„Geh hinein in die Freude deines Herrn"* (Matthäus 25,21.23).

Was macht Gott glücklich? Nun, er ist immer glücklich, aber Jesus sagte: *„So, sage ich euch, es ist Freude vor den Engeln Gottes über einen Sünder, der Buße tut"* (Lukas 15,10). Da steht nicht, dass die Engel voll Freude sind, obwohl sie das zweifellos sind, sondern dass die Freude *„vor den Engeln"* ist. Gottes Engel sehen also seine Freude mit an.

Wenn wir das sind, wozu Jesus uns berufen hat, nämlich Menschenfischer, dann wird Gott sagen: *„Recht so, du guter und treuer Diener. Geh hinein in die Freude deines Herrn."* Wenn wir seine Last für diese Welt teilen, dann teilen wir auch seine Freude. Es gibt unzählige Lieblichkeiten und Freuden in jedem Leben, ungeachtet dessen, was der Teufel manchmal wie einen giftigen Pfeil auf uns werfen mag. Gott ist immer der Stärkere, der Sieger. Und das sind auch wir, wenn wir in seiner Gegenwart leben und ihn durch das beständige Anschauen Jesu immer besser kennen lernen.

## Fragen

1. Wenn Gott auf unsere Gebete reagiert und sogar seine Pläne ändert, auf welche Art und Weise ist er dann unveränderlich?
2. Wie und womit können wir Gott „berühren"?

*Das ist der Bund,*

*den ich mit dem Haus Israel*

*nach jenen Tagen schließen werde:*

*Ich werde mein Gesetz in ihr Inneres legen*

*und werde es auf ihr Herz schreiben.*

*Und ich werde ihr Gott sein,*

*und sie werden mein Volk sein.*

*Dann wird nicht mehr einer seinen Nächsten*

*oder einer seinen Bruder lehren und sagen:*

*Erkennt den Herrn!*

*Denn sie alle werden mich erkennen*

*von ihrem Kleinsten bis zu ihrem Größten.*

Jeremia 31,33f

Kapitel 13

# Wie wir Gott erkennen können

*„Sie alle werden mich erkennen!"*
Jeremia 31,34

Ohne Gott hat unser Leben keinen Sinn. Ihn kennen zu lernen bedeutet, ein erfülltes Leben zu finden.

Ohne Gott haben wir keinen Halt, werden hin und her getrieben wie Blätter im Wind. Gott erschuf uns für sich als Partner, nicht für uns selbst. Er setzte uns nicht einfach in dieser Welt aus, vergessen und verlassen wie ein gestrandeter Robinson Crusoe, um – uns selbst überlassen – so gut wie möglich mit dem Leben zurechtzukommen. Gott erhebt Anspruch auf unser Leben, denn er hat mit jedem von uns einen Plan.

„Das höchste Ziel des Menschen ist, Gott zu verherrlichen und sich seiner auf ewig zu erfreuen", heißt es im Katechismus von Westminster. Auch wenn die Freude zu unserem Leben gehört, meint Gott damit nicht nur unser ichbezogenes Vergnügen und unsere Bequemlichkeit. Wir sollen für ihn da sein. *„Alles ist durch ihn und zu ihm hin geschaffen"* (Kolosser 1,16). Es handelt sich hier um eine wechselseitige Beziehung, eine Partnerschaft mit Gott, die uns Freude bereiten soll.

## Der Gott der Liebe und der Freude

Kein Mensch weiß, was es bedeutet Gott zu kennen, bis er ihn tatsächlich erkennt. Wir haben dabei nichts zu befürchten, denn der Psalmist versichert uns, dass uns Gutes erwartet: *„Schmecket und sehet, wie freundlich der Herr ist"* (Psalm 34,9a).

Gott zu kennen ist sowohl der Beginn als auch das Ziel unserer Lebensreise. Wir beginnen durch ihn und enden bei ihm. Der erste Vers im Markus-Evangelium betont, dass Jesus Christus die Gute Nachricht **ist**. Er, Jesus, nicht nur seine Taten kommen uns zugute, sondern er selbst, der „Immanuel“ heißt, was bedeutet: „Gott mit uns“ (Matthäus 1,23). Was wollen wir noch? Sein Kommen ist alles, was die Menschen wirklich brauchen. Ohne Jesus wäre alles sinnlos. Dass er in die Welt gekommen ist, war das größte Ereignis aller Zeiten.

Jesus kam auf die Erde, durchbrach die Grenze, die den Menschen von Gott trennte, und berührte die bis dahin Unerreichten. Sein Kommen trieb den bleibenden Wert der Menschen in unermessliche Höhen. Wir sind die wertvollsten Geschöpfe, die Gott jemals erschaffen hat, darum gab er uns seinen Sohn, der sich willig für uns geopfert hat. Gott überschüttete uns mit seiner *„großen Liebe“* (Epheser 2,4).

Diese „große Liebe“ bestand nicht in Emotionen, sondern in der Person seines Sohnes. Gott liebte uns Menschen durch ihn und liebt uns mit ihm. Was wollen wir noch mehr? Wie könnten wir unsere Antwort darauf besser ausdrücken als dadurch, dass wir Jesus in unser Leben aufnehmen? *„Was ist der Mensch, dass du seiner gedenkst, und des Menschen Sohn, dass du dich um ihn kümmerst?“* (Psalm 8,5).

Beeindruckend ist jedoch nicht nur die Tatsache, dass Jesus unsere irdische Lebensweise annahm, sondern was er tat, als er kam. Das machte alles so unbeschreiblich bedeutsam. *„Wir sind in dem Wahrhaftigen, in seinem Sohn Jesus Christus. Dieser ist der wahrhaftige Gott und das ewige Leben“* (1. Johannes 5,20). Das nennt die Bibel „Versöhnung“ (2. Korinther 5,19).

> Ohne Gott haben wir keinen Halt, werden hin und her getrieben wie Blätter im Wind. Gott erschuf uns für sich als Partner, nicht für uns selbst.

Es geht hier nicht um etwas, was wir für eine Begegnung mit Gott getan haben, sondern es geht um Gottes ureigene Initiative: *„Gott hat uns mit sich selbst versöhnt“* (2. Korinther 5,18).

Das Erstaunliche daran ist, dass Gott dies tat, als wir ihm noch wie Feinde gegenüberstanden, *„als wir noch Sünder"* waren (Römer 5,8). Jesus kam nicht, um die Frommen zu retten, sondern die Gottlosen. Die Tiefen Gottes sind für uns unerforschlich. Die unfassbare Dimension seiner Barmherzigkeit wird dadurch ersichtlich, dass Jesus seine Herrlichkeit verlassen hat, um bei uns zu sein. Er hat alles in Kauf genommen, was mit seiner Menschwerdung verbunden war.

Lassen Sie mich mit Ihnen gemeinsam betrachten, welche göttlichen Aussagen im Alten Testament gemacht wurden, bevor Jesus auf die Erde kam: *„Fülle von Freuden ist vor deinem Angesicht, Lieblichkeiten in deiner Rechten immerdar"* (Psalm 16,11); *„Du hast Freude in mein Herz gegeben, mehr als jenen zu der Zeit, da sie viel Korn und Most haben"* (Psalm 4,8); *„Du sollst den Herrn, deinen Gott, lieben mit deinem ganzen Herzen und mit deiner ganzen Seele und mit deiner ganzen Kraft"* (5. Mose 6,5); *„Wie eine Hirschkuh lechzt nach Wasserbächen, so lechzt meine Seele nach dir, o Gott!"* (Psalm 42,2); *„Mein Herz und mein Leib, sie jauchzen dem lebendigen Gott entgegen"* (Psalm 84,3). Mose betete: *„Lass mich doch deine Herrlichkeit sehen"* (2. Mose 33,18). Und Gott sprach zu Abraham: *„Ich bin dein sehr großer Lohn"* (1. Mose 15,1).

Mose durfte die Anwesenheit Gottes ganz real erfahren, aber sein Gesicht durfte er nicht sehen (2. Mose 33,21-23). Im Neuen Testament sagt der Apostel Johannes: *„Und das Wort wurde Fleisch. Und wir haben seine Herrlichkeit angeschaut"* (Johannes 1,14). Für sterbende Christen gilt die große Verheißung: *„Sie werden sein Angesicht sehen"* (Offenbarung 22,4) und für die Lebenden gilt, dass die, *„die reinen Herzens sind, Gott schauen werden"* (Matthäus 5,8).

Die Apostel hatten Jesus gesehen und doch schrieb Petrus denjenigen, die dieses Vorrecht nicht gehabt hatten, dass sie über ihn *„mit unaussprechlicher und verherrlichter Freude"* jubeln durften (1. Petrus 1,8). Paulus schrieb: *„Denn das Leben ist für mich Christus"* (Philipper 1,21). Er hielt alles für *„Verlust um der unübertrefflichen Größe der Erkenntnis Christi Jesu, meines Herrn willen"* (Philipper 3,8).

Wir müssen verstehen, dass es für Johannes keinen Zweifel gab, als er die Worte schrieb: *„Wir haben seine Herrlichkeit angeschaut, eine Herrlichkeit als eines Eingeborenen vom Vater, voller Gnade und Wahrheit."* Denn Gnade und Wahrheit sind die zwei großen Eigenschaften Gottes, die schon dem Mose offenbart worden waren (2. Mose 34,6f).

Wir sollten uns nicht auch nur einen Millimeter von dieser Wahrheit entfernen. Sie ist der Dreh- und Angelpunkt unseres Seins. Jesus Christus ist der Anfang und das Ende aller heilsamen Absichten Gottes. Er ist der Weg und das Ziel, er ist die Straße und zugleich der Ort, zu dem sie führt. Unsere christliche Lehre, dass wir Sünder sind und dass Christus für unsere Schuld gestorben ist, um uns zu retten, ist absolut zuverlässig und wahr.

Gott überschüttete uns mit seiner „großen Liebe". Diese „große Liebe" bestand nicht in Emotionen, sondern in der Person seines Sohnes. Gott liebte uns Menschen durch ihn und liebt uns mit ihm.

Das ist jedoch zunächst nur eine Information, und daran zu glauben, kann eine bloße Sache des Verstandes sein. Doch wenn diese Wahrheit *„mit dem Herzen geglaubt* [wird] *zur Gerechtigkeit", dann* bewirkt sie ewiges Leben (Römer 10,10). Glaube ist eine konkrete Handlung, eine bewusste Einstellung auf das Unsichtbare und eine Entscheidung, das zu glauben, was die christliche Lehre ausmacht. Uns rettet nicht der Glaube an eine Idee, oder an etwas, was wir tun, sondern der Glaube an das, was Gott tut. Jesus rettet! Aber nicht nur das, er rettet **uns**, damit wir ihn kennen und lieben lernen.

Die Frohe Botschaft beginnt mit dem Angebot der Vergebung, aber das ist noch lange nicht alles. Der Weg wird freigemacht, damit wir *„durch das Blut des Christus Gott nahe sein können"* (Epheser 2,13). Der Zweck der Errettung ist die Wiederherstellung der Gemeinschaft mit Gott. Vielleicht sind wir stolz darauf, eine berühmte Persönlichkeit zu kennen, doch die Bekanntschaft mit Jesus geht selbst über königliche Kontakte weit hinaus. Millionen von Menschen haben alles für Jesus gegeben, sogar ihr Leben. Ihn immer besser zu erkennen, bedeutet für Christen alles, um was es ihnen gehen soll (Philipper 3,7-9).

*„Sie alle werden mich erkennen“* (Jeremia 31,34). Dieses Wort hat Gott durch den Propheten Jeremia gesprochen. Hesekiel spricht circa 70-mal darüber, den Herrn zu erkennen. Schon im Buch Exodus wird es 7-mal thematisiert. In der Gemeinde Jesu gilt es umso mehr: *„Denn sie werden mich alle kennen von dem Kleinsten an bis zu dem Größten“* (Hebräer 8,10-12). Gott persönlich zu kennen ist segensreicher als jede andere Erfahrung, es erfüllt unsere tiefsten Sehnsüchte und Wünsche.

Jeremia prophezeite: *„Der Weise rühme sich nicht seiner Weisheit, und der Starke rühme sich nicht seiner Stärke, der Reiche rühme sich nicht seines Reichtums; sondern wer sich rühmt, rühme sich dessen: Einsicht zu haben und mich zu erkennen, dass ich der Herr bin“* (Jeremia 9,22f). Gott zu erkennen ist das einzigartige Wunder des Christentums. Keine andere Religion kann damit aufwarten. Keines ihrer heiligen Bücher beinhaltet Worte wie diese Bibelverse. Die Verheißung gilt nicht etwa nur für eine weit entfernte Zukunft, sondern sie ist jetzt und hier erfahrbar. Gott und Jesus Christus zu kennen ist ewiges Leben: *„Dies aber ist ewiges Leben, dass sie dich, den allein wahren Gott, und den du gesandt hast, Jesus Christus, erkennen“* (Johannes 17,3). *„Dieser ist der wahrhaftige Gott und das ewige Leben“* (1. Johannes 5,20).

Im hebräischen Urtext gibt es kein Wort für den Begriff „Gegenwart“, stattdessen wird der Begriff „Angesicht“ verwendet. Das Hebräische verwendet konkrete und nicht abstrakte Ausdrücke. Pharao gebot Mose: *„Hüte dich, mir nochmals unter die Augen zu treten!“* (2. Mose 10,28). Gottes „Angesicht“ zu sehen bedeutet, die reale Erfahrung zu machen, dass er gegenwärtig ist.

Das Neue Testament spricht darüber, in Gottes Gegenwart zu sein. *„Gott* […] *ist es, der in unseren Herzen aufgeleuchtet ist zum Lichtglanz der Erkenntnis der Herrlichkeit Gottes im Angesicht* [Gegenwart] *Jesu Christi“* (2. Korinther 4,6). *„Sie werden sein Angesicht sehen“*, d. h. sie werden in seiner Gegenwart sein (Offenbarung 22,4).

## Das Ziel der Evangelisation

Menschen zu Jesus zu rufen ist das Ziel jeder Art von Evangelisation. Sie ist kein Ereignis, in dem Wunder und Zeichen zur Schau gestellt werden. Ganz gleich, wie groß sich Gottes Gnade in der Befreiung von körperlichen Nöten oder in spektakulären Heilungen offenbart – die absolute Priorität liegt darin, dass Menschen **Gott** erkennen. Es ist möglich, dass jemand an Wunder, aber nicht an Jesus als den auferstandenen Herrn und Heiland glaubt.

Wir sind nicht berufen, Jesus vor den Menschen zu verteidigen. Er ist kein Angeklagter, sondern Gott! Wir bezeugen ihn.

Die großen Wunder, die in unseren Versammlungen geschehen, sind nicht dazu da, dass die Leute staunend „Oh!" ausrufen, sondern dass sie beten: *„Oh Gott, ich möchte dich kennen lernen. Rette mich!"* Petrus wusste, dass ein Mensch den Herrn Jesus lieben kann, auch wenn er ihn nicht „gesehen" oder gar durch ein Wunder erlebt hat: *„Den ihr liebt, obgleich ihr ihn nicht gesehen habt; an den ihr glaubt, obwohl ihr ihn jetzt nicht seht, über den ihr mit unaussprechlicher und verherrlichter Freude jubelt"* (1. Petrus 1,8).

Wenn wir der Lehre Jesu und seiner Apostel folgen, führt sie uns unweigerlich zu ihm zurück. Er ist das, was er gelehrt hat. Er hat uns keine Straßenkarte hinterlassen, der wir unser Leben lang nachfolgen sollen, um am Reiseziel „Gott" anzukommen. Er sagte: *„Kommt zu mir. Ich bin der Weg."* Die Bibel vermittelt uns keine abstrakten Vorstellungen über Gott. Er begegnet uns leibhaftig in Jesus Christus.

Einige tausend Jahre lang gab es weder eine Bibel noch Kirchen oder Prediger, und nur vereinzelt konnten sich Menschen Gott nahen. Jahrhundertelang hatte sogar das Volk Israel nur über die Priester Zugang zu Gott. Die Familien pilgerten zwar nach Jerusalem, um dort ihre Opfer darzubringen, doch die Priester waren dabei ihre Mittelsmänner. Sogar der gottergebene Hiob betete: *„Ach, dass ich wüsste, wie ich ihn finden könnte!"* (Hiob 23,3).

In zwei biblischen Büchern der Chronik werden Familienstammbäume aufgeführt. Ein Mann namens Jabez war *„angesehener als seine Brüder"* und *„rief den Gott Israels an"* (1. Chronik 4,9f). Die Propheten beklagten sich häufig darüber, dass die Menschen in Israel Gott nicht anriefen. *„Der Herr hat vom Himmel herniedergeschaut auf die Menschenkinder, um zu sehen, ob ein Verständiger da ist, einer, der Gott sucht! Alle sind abgewichen, sie sind alle verdorben; da ist keiner, der Gutes tut, auch nicht einer"* (Psalm 14,2f).

Genau an dieser Nahtstelle zwischen Gott und den Menschen haben wir unseren Einsatz mit dem Evangelium. Wir sind nicht berufen, Jesus vor den Menschen zu verteidigen. An ihm scheiden sich zwar die Geister, aber er ist kein Angeklagter, sondern Gott! Wir bezeugen ihn so, wie Paulus es sagte: *„Wir sind Botschafter Christi."* Wenn wir Jesus predigen, mögen unsere Lehre und unsere Beweisführung in Frage gestellt werden, doch unser Zeugnis ist unangreifbar. Jeder Mensch kann vertrauen, auch wenn er nicht denken kann, selbst die Sterbenden. Genauso, wie sie die Hand eines geliebten Menschen ergreifen können, können sie auch die Hand Jesu ergreifen.

Gott zu erkennen hat nichts damit zu tun, neue Ideen und Vorstellungen anzunehmen, sondern vielmehr unser Denken verändern zu lassen. Dies geschieht nachhaltig, weil die Erkenntnis Gottes uns eine neue Lebensperspektive eröffnet. Unsere Gesichter werden dadurch, dass wir Jesus Christus in unser Leben aufnehmen, nicht so erstrahlen wie das Gesicht Moses, als er aus der unmittelbaren Gegenwart Gottes zum Volk zurückkam (2. Mose 34,29). Unser geistlicher Schatz, nämlich die uns geschenkte Herrlichkeit Gottes, befindet sich *„in irdenen Gefäßen"*, d. h. man sieht sie uns äußerlich nicht an (2. Korinther 4,7).

Dieser Vers verweist uns auf die biblische Geschichte von Gideon (Richter 6 und 7). Er hatte ein kleines Heer zusammengestellt, das er mit Fackeln ausrüstete, die zur Tarnung in Tonkrügen versteckt waren. Als das Signal zum Angriff gegeben wurde, zerschlugen die Männer die Krüge und schwenkten die Fackeln hin und her. Damit täuschten sie ihre Feinde, die in Panik gerieten, weil sie glaubten, ein großes Heer stünde ihnen gegenüber. Wir sind irdische Geschöpfe, sozusagen aus Ton gemacht und daher zerbrechlich. Aber in unseren Herzen brennt das Licht Jesu, das durch unser Zeugnis so aufleuchten soll, dass andere Menschen es sehen können.

Im Buch Prediger lesen wir in einer Allegorie von dem *„Krug, der am Quell zerbricht"* (Prediger 12,6). Gemeint ist unser Lebensende, wenn wir im Glauben entschlafen. Dann wird unser Licht frei und offen erstrahlen, heller als die Sterne am Firmament (Kolosser 3,4). Ganz gleich, wie großartig das Werk von noch so genialen Menschen in dieser Welt sein mag, es wird niemals solch ein Ergebnis hervorbringen wie die Gnade Gottes in uns Christen. Es ist *„Christus in uns, die Hoffnung der Herrlichkeit"* (Kolosser 1,27).

Saulus von Tarsus hatte Stephanus in der Kraft des Heiligen Geistes predigen gehört. Er sah aber zu, wie die Steine der hasserfüllten Gegner des Evangeliums gegen den Kopf des vollmächtigen Zeugen Jesu schlugen und seinen Leib zertrümmerten, der so ein irdener Krug und zugleich wie ein goldenes Gefäß Gottes war. Währenddessen jedoch sah Stephanus in einen geöffneten Himmel. Die verborgen gewesene Herrlichkeit des Stephanus trat bei seinem Sterben deutlich hervor und verfolgte den Saulus, obwohl er trotzdem fortfuhr, die Christen zu verfolgen. Er war wie ein Wolf unter Lämmern und wütete mit Mordgedanken in seinem Herzen gegen die Gemeinde Jesu. Auf der Straße nach Damaskus trat ihm Jesus in den Weg und ließ ihn durch seine Herrlichkeit erblinden. Als er sein Augenlicht wiedererlangte, wusste er, dass er die *„Herrlichkeit Gottes im Angesicht Jesu Christi"* gesehen hatte. Allerdings hatte er diese Herrlichkeit zuvor schon in Stephanus' Angesicht gesehen: *„Und alle, die im Hohen Rat saßen, schauten gespannt auf ihn und sahen sein Angesicht wie eines Engels Angesicht"* (Apostelgeschichte 6,15).

Jahrhundertelang lebten die Nationen in ihrem Aberglauben, dienten ihren Göttern und beteten die Sonne, den Mond, die Flüsse oder Sterne an, bis Israel den Gott des Himmels und der Erde kennen lernte und ihn den anderen Völkern bezeugte. Es bildeten sich vordem auch schon Zivilisationen heraus, wie z. B. die der Römer und Griechen mit ihren Denkern. Doch die Leitern ihres Verstandes waren zu kurz, um zu Gott zu gelangen. Menschliche Vernunft baute den Turm zu Babel, der aber den Himmel niemals erreichte. Die Unkenntnis der Menschen über Gott hielt weitere 2.000 Jahre an, auch noch nachdem Abraham den wahren Gott in seiner Umgebung schon bezeugt hatte.

Das kleine Land Israel wurde zwischen den großen Mächten des Nordens und des Südens ständig bedroht und fast aufgerieben. Das Volk Israel überlebte jedoch aus einem bestimmten Grund: Gott hatte diesem Volk das wunderbarste Geheimnis der Welt anvertraut – die Erkenntnis Gottes. Nach der Zerstörung Jerusalems – im Jahr 70 n. Chr. – bestand Israel nur noch aus einem verlorenen Haufen von Überlebenden, die über ganz Europa und Asien zerstreut worden waren.

> Eine Nation ist das, was viele Einzelne aus ihr machen. Damit eine Nation wiedergeboren sein kann, müssen ihre Menschen wiedergeboren sein.

Und dennoch galt ihnen die Verheißung: *„Das Land wird voll von Erkenntnis des Herrn sein, wie von Wassern, die das Meer bedecken“* (Jesaja 11,9). Das geschieht gerade auch in unserer Zeit. Jetzt und heute verbreitet sich die Erkenntnis des Herrn durch die Predigt des Evangeliums auf der ganzen Erde wie eine steigende Flut, die ins Land vordringt und immer mehr Menschen mit dem Willen Gottes bekannt macht.

Wir Christen kennen den Herrn Jesus allein durch das Volk Israel. Die heidnischen Völker vertrauten ihren Göttern nicht mehr, hatten keine Hoffnung und verachteten alles Jenseitige und Ewige als „sentimentales Gerede der alten Weiber“ – fast überall auf Erden. In diese Leere traf und trifft das Evangelium mit überzeugender Kraft. Heute hört das Lob Gottes bei den meisten Völkern nicht mehr auf, zu denen das Evangelium getragen worden ist. Gottes Wort wird in unseren Tagen zu den Menschen in die entferntesten Regionen und auf die kleinsten Inseln gebracht. Millionen kommen dadurch zur Erkenntnis des lebendigen Gottes.

Vor der Zeit Jesu hatten nur vereinzelte Personen eine persönliche Beziehung zu dem Gott, der Himmel und Erde geschaffen hat. Die Bibel nennt beispielsweise Noah, Abraham, Joseph, Mose, David. Nur wenige von ihnen erlebten große Wunder, aber sie alle vertrauten Gott, der sich ihnen offenbart hatte. Eine dieser großen Seelen war Esra, ein Anführer der Israeliten. Er führte eine Schar von 50.000 Menschen, die aus der babylonischen Gefangenschaft entlassen worden waren. Sie konnten sich, zum Teil mit großen Reichtümern beladen, auf eine fünfmonatige Wanderung durch Gebiete machen, die regelmäßig von plündernden Horden überfallen wurden. Trotz dieser Gefahr lehnte Esra einen polizeilichen Schutztrupp mit dem Argument ab, dass Gott sich ihrer annehmen würde – und das tat er auch.

Esra hatte Gottes Stimme nie gehört, hatte niemals eine Vision oder einen Traum gehabt, er hatte weder Wunder gesehen noch Übernatürliches erlebt. Sein Vertrauen in Gott gründete sich einzig und allein auf das, was er über ihn in der Schrift gelesen hatte. Das Ende der spannenden Geschichte ist, dass das Volk und die Schätze tatsächlich sicher in Jerusalem angekommen sind – für uns ein historisches Beispiel göttlichen Schutzes.

Noch vor der Zeit Esras prophezeite Jeremia: *„Das ist der Bund, den ich mit dem Haus Israel nach jenen Tagen schließen werde. Ich werde mein Gesetz in ihr Inneres legen und werde es auf ihr Herz schreiben. Und ich werde ihr Gott sein, und sie werden mein Volk sein. Dann wird nicht mehr einer seinen Nächsten oder einer seinen Bruder lehren und sagen: Erkennt den Herrn! Denn sie alle werden mich erkennen von ihrem Kleinsten bis zu ihrem Größten“* (Jeremia 31,33f).

Das Alte Testament berichtet uns wenig über die Bosheit einzelner Menschen. Zu der Zeit betraf Sünde für gewöhnlich die ganze Nation. Die Söhne wurden für die Sünde der Väter zur Rechenschaft gezogen, und sie lebten oder starben als Familie, als Stamm oder als ganze Rasse. Die Sünde Achans haftete wie ein Schandmal über Generationen hinweg an seiner eigenen Familie und dem ganzen Stamm Juda

(Josua 7). Dies führte dazu, dass andere Stämme sich von Juda trennten. Sie schufen sich ihre eigene Religion, unabhängig von Jerusalem und Juda und ersetzten Gott durch Götzen, was zu ihrer endgültigen Vernichtung führte. Sie verschwanden aus der Geschichte und lösten sich im Schmelztiegel der Zeit auf.

Gott erwählte Israel zu dem Volk seines Bundes, und einzelne Menschen nutzten diesen Bund, um zu tun und zu lassen, was sie wollten. Sie lebten ganz so, als ob Gott ihnen eine unbeschränkte Vollmacht für jede Bosheit erteilt hätte. Zwar hielten sie die religiösen Zeremonien der Priesterschaft und des Tempels aufrecht, dennoch sagte der Prophet des Herrn: *„Dieses Volk ehrt mich mit seinen Lippen, aber sein Herz ist fern von mir“* (Jesaja 29,13).

Und dann sprach Gott durch Hesekiel. Er erklärte, dass Gott sich den **Einzelnen** vornehmen und nicht mehr nur das ganze Volk des Bundes bestrafen würde. Gott wollte nicht mehr die Söhne für die Sünde der Väter bestrafen, sondern *„die Seele, die sündigt, sie allein soll sterben“* (Hesekiel 18,4).

Das veränderte das ganze Bild. Unsere Situation heute sieht folgendermaßen aus: *„Siehe, ich stehe vor der Tür und klopfe an; wenn jemand meine Stimme hört und die Tür öffnet, zu dem werde ich hineingehen und mit ihm essen, und er mit mir“* (Offenbarung 3,20). Auch der Prophet Joel sah den Einzelnen. Er prophezeite: *„Und danach wird es geschehen, dass ich meinen Geist ausgießen werde über alles Fleisch. Und eure Söhne und eure Töchter werden weissagen, eure Greise werden Träume haben, eure jungen Männer werden Gesichte sehen. Und selbst über die Knechte und über die Mägde werde ich in jenen Tagen meinen Geist ausgießen“* (Joel 3,1f).

Nikodemus sah in Jesus den Einen, der Israel von seinen äußeren Feinden erretten konnte. Was die Nation aber brauchte, war einer, der sie von ihrer Sünde errettete, und keinen kriegerischen Heerführer. Johannes der Täufer predigte: *„Das Reich der Himmel ist nahe gekommen“*

(Matthäus 3,2). Johannes wusste, dass Sünde eine persönliche Angelegenheit ist und taufte Hunderte im Jordan zur Umkehr und Reinigung von Sünde. Das Flusswasser war aber nicht stark genug. Gott gab ihm eine neue Botschaft über einen, der kommen und die Menschen mit Feuer und dem Heiligen Geist und nicht mit kaltem Wasser taufen würde. Jesus erklärte Nikodemus: *„Du musst aus Wasser und Geist geboren werden“* (Johannes 3,5).

Eine Nation ist das, was viele Einzelne aus ihr machen. Damit eine Nation wiedergeboren sein kann, müssen ihre Menschen wiedergeboren sein. Oft vernachlässigen einzelne Menschen die Anbetung und den Dienst Gottes – und die ganze Nation muss den Preis dafür bezahlen. Während ich dieses Buch schreibe, ergreift die britische Regierung drastische Maßnahmen, um die Kriminalität zu bekämpfen, die heute um ein 50-faches höher ist als 1950. Die Regierung meint, man müsse die Ursachen bekämpfen. So weit, so gut. Das Problem ist allerdings, dass sie selbst und jeder Bürger in Großbritannien die Ursache für Kriminalität sein kann. Die Rechtsprechung basiert auf lockeren liberalen und „politisch korrekten“ Standards und nicht auf christlichen Prinzipien, die absolut – und nicht obsolet – sind.

Weltweit müssen Menschen Gott persönlich kennen lernen. Was sie brauchen, ist eine Gotteserfahrung, keine Kirchenerfahrung. Es geht nicht darum, dass sie das Feuer auf dem Altar von Kirchen brennen sehen, sondern dass sie wissen, dass das Feuer auf dem Altar ihres eigenen Herzens brennt. Paulus spricht über die *„Augen unserer Herzen“* (Epheser 1,18). Wir müssen mit unserem Herzen und mit unserem Verstand „sehen“. Bücher vermitteln uns die Wahrheit in Worten, doch Gottes Wahrheit ist größer als Worte, größer als Poesie. Sie ist das großartigste Erlebnis des Lebens.

## Fragen

1. Was erfahren wir in diesem Kapitel darüber, wie wir Gott kennen lernen können?
2. Können Sie zwei Personen des Alten Testaments nennen, die Gott persönlich kannten?
3. Warum hat Gott durch seine allmächtige Kraft nicht **alle** Sünder gerettet?

*Die Kraft Gottes*
*ist die Kraft der Liebe.*
*Alles, was er tut,*
*wird von seinem Wesen der Liebe*
*hervorgerufen und sichtbar gemacht.*
*Alles, was Gott tut,*
*drückt seine Liebe aus,*
*denn er ist die Liebe.*
*Sein Dienst an uns Menschen*
*ist immer Ausdruck seiner Liebe.*

# Kapitel 14

# Geheimnisse des Heiligen Geistes

*„Es soll … durch meinen Geist geschehen, spricht der Herr.“*
Sacharja 4,6

Dieses Kapitel beinhaltet entscheidende Offenbarungen über den Heiligen Geist, die beinahe 1.900 Jahre unter einer dicken Schicht kirchlicher Traditionen versteckt waren. Der christliche Glaube hängt vom Heiligen Geist ab, deshalb müssen wir wissen, wer er ist und was er tut. Ohne ihn gibt es kein Christentum, und es gibt keinen Christus ohne den Geist. Der Heilige Geist setzt das Wirken Jesu in der Welt in reale Handlungen um – genau darin besteht das lebendige Christentum. Der Heilige Geist ist kein theologisches Beiwerk, sondern die Grundausstattung für alle Christen in der Gemeinde Jesu.

Das Wirken des Heiligen Geistes erregt das meiste Aufsehen und ist die auffallendste aller Tätigkeiten Gottes. Dennoch haben ihn die meisten Menschen oft als etwas bereits Vergangenes oder Entbehrliches betrachtet. Sie stellten sich bestenfalls vor, dass er still und geheimnisvoll da sei, um uns in unserem Kummer zu trösten oder wie eine sanfte Brise unsere Wangen zu kühlen, wenn es um uns herum heiß hergeht. Andere hielten ihn für einen Helfer, der in ständiger Bereitschaft am Rande des Geschehens steht und darauf wartet, bei Bedarf zur Hilfe gerufen zu werden. Seine Kraft kannten jedoch die wenigsten Christen.

Als das Evangelium des Johannes verbreitet wurde, weckte es einen neuen Hunger nach dem Heiligen Geist und nach geistlichen Gaben. Ungefähr einhundert Jahre nach dem Tode der Apostel kam eine neue dynamische Bewegung auf, der *Montanismus* – so genannt nach seinem prominentesten Verfechter Montanus (um 160 n. Chr.). Einer ihrer Anhänger war Quintus Tertullian (ca. 160–200 n. Chr.), ein Jurist und der einflussreichste Theologe seiner Zeit. Er kämpfte gegen den Verfall der urchristlichen Frömmigkeit und betonte die Gottheit des Heiligen Geistes, was später zu dem theologischen Begriff der „Dreieinigkeit" geführt hat.

Die Montanisten erwarteten von Gott die ursprünglichen Manifestationen des Heiligen Geistes und praktizierten ganz besonders die Gabe der Prophetie. Aber den im ständigen Gerangel um ihren Einfluss besorgten Bischöfen war es ein Dorn im Auge, dass einfache Gläubige weissagten. Sie dachten, dies unterminiere ihre Autorität. Der Montanismus wurde schließlich von der sich zunehmend profilierenden Kirche als Ketzerei verurteilt und verboten.

Wir erfahren über den geistlichen Aufbruch der Montanisten allerdings nur aus den Schriften ihrer kirchlichen Gegner. Doch es ist erwiesen, dass sie erkannt hatten, wer der Heilige Geist in Wirklichkeit ist. Weil die frühkatholische Kirche den Montanismus als Irrlehre ablehnte, wurde die Entwicklung der Lehre über den Heiligen Geist abgebremst. Um das Zeugnis der Montanisten vollkommen abzuwehren, bevollmächtigte die Kirche ausschließlich ihre Priester – in der Apostolischen Nachfolge – dazu, übernatürliche Kräfte zu praktizieren und kirchliche Amtshandlungen auszuüben. Doch diesen ging es mehr um politische Macht als um göttliche Vollmacht.

Der oben erwähnte Tertullian führte unter anderem den Begriff des „Sakramentes" in die theologische Sprache und Lehre ein. Das bedeutete, dass die Kräfte und Gaben des Heiligen Geistes auf die Ausübung von sieben Sakramenten beschränkt wurden. Eine andersartige, freie und spontane Wirkungsweise des Heiligen Geistes wurde von da an in der Kirche nicht mehr geduldet. Im Besonderen entwickelte sich das sakramentale Verständnis der „Eucharistie", nämlich die liturgische Feier der Verwandlung der Kommunionsoblate in den Leib Christi.

Die Bibel kennt den Begriff „Sakrament" überhaupt nicht. Darum hat es zu allen Zeiten überzeugte Christen gegeben, die Gegner dieser kirchlichen Lehre waren. Es gab immer gläubige „Laien“, die sich selbst schwerer Bedrängnis und vieler Entbehrungen ausgesetzt haben oder körperliche Leiden zugefügt bekamen, weil sie die vielfältigen Kräfte des Heiligen Geistes bezeugten. Landläufig galten sie sogar als Heilige, weil sie heilende Kräfte besaßen. Das Wunder einer Heilung war allerdings auch für die Kirche immer der notwendige Beweis für die Heiligsprechung solcher Christen, auch wenn es oft nur einfache Gemeindeglieder waren.

Von circa 200 nach Christus an verlor die christliche Frömmigkeit immer mehr an Wärme und Begeisterung und wurde zu einer formellen Kirchenroutine. Inbrünstige Anbetung wurde gemieden, da man dies als extremistisch und überemotional betrachtete. Physische Reaktionen der Gläubigen im Gottesdienst wurden als „Enthusiasmus“ verschmäht – das war die griechische Bezeichnung für Anbeter, die vermeintlich von einem Gott „besessen“ waren. Die Kirchen taten sich immer schwer mit Gläubigen, die geistliche Erfahrungen von der Art der urchristlichen Zeit konkret erlebt und freudig bezeugt haben.

Ein römisch-katholischer Gelehrter kritisierte unlängst in seinen Schriften den „Enthusiasmus“. Als Beispiel führte er die Versammlungen von John Wesley an, der die weltweite methodistische Kirche gegründet hat (1703–1791) und reale Wirkungen des Heiligen Geistes willkommen hieß. Der Kritiker ging davon aus, dass der Heilige Geist über einen Mann oder eine Frau kommen, sie mit seiner Kraft erfüllen und aus ihnen seinen „Tempel“ machen könne, ohne dass „enthusiastische“ Phänomene dabei auftreten müssten. Die Christen, denen eine solche „Erfüllung“ mit dem Geist Gottes geschenkt werde, verspürten lediglich eine sanfte Ruhe, aber keinerlei Begeisterung, behauptete der Theologe.

Diese unglaubliche Annahme eines Theologen ist ein Paradebeispiel für die fehlende oder mangelhafte biblische Lehre über den Heiligen Geist. Die Auswirkungen des Heiligen Geistes auf Propheten des Alten Testamentes und am Pfingsttage auf die Apostel Jesu Christi in Jerusalem waren so offensichtlich, dass Augenzeugen entsetzt waren oder daraus nur schließen konnten, dass die von Gott begeisterten Christen betrunken gewesen seien (Apostelgeschichte 2,1-13). Dort ging es also ganz schön „enthusiastisch" zu.

## Natürliche Beweise des Übernatürlichen

Indem sich die frühe Kirche vom Montanismus distanzierte, der – trotz mancher Unklarheiten – den Heiligen Geist als Lebensprinzip der Gemeinde Jesu bekannte, scheute sie nunmehr den Heiligen Geist überhaupt. Sie befürchtete von ihm eine fanatische Frömmigkeit. Der Heilige Geist wurde bis zum 4. Jahrhundert im Glaubensbekenntnis noch nicht einmal erwähnt. An seiner Stelle wurde die wirksame göttliche Kraft theologisch als „Gnade" definiert. Die Gnade wurde von da an zur „ausführenden Kraft" in der kirchlichen Lehre von der Erlösung. Das wäre an sich nicht falsch gewesen, wenn die Kirche sich nicht durch ihre Kleriker zur alleinigen Vermittlerin der Gnade Gottes gemacht hätte.

Anstatt zu predigen, dass Jesus errettet, sprachen die Theologen gerne von der Gnade: „Allein die Gnade errettet", war der Lehrsatz der frühen Kirche geworden, aber sie umgaben diese herrliche Wahrheit mit immer mehr kirchlichen Vorschriften. Im Mittelalter hatte die Kirche aus der Gnade eine regelrechte Ware gemacht, die der Gläubige sich mit Geld erkaufen musste.

Auch in den Kirchen und Freikirchen, die durch die Reformation und danach entstanden sind, wurde viel von der Gnade und wenig von Jesus und dem Heiligen Geist geredet. Zum Beispiel erwähnt das im angloamerikanischen Sprachraum allseits bekannte und viel gesungene Kirchenlied *Amazing Grace* („Staunenswerte Gnade") Gott und Jesus Christus nicht ein einziges Mal. Heutzutage ist Gnade immer noch das Herzstück der meisten kirchlichen Traditionen. Bestimmte kirchengeschichtliche Ereignisse, die gewöhnlich als „Erweckungen" bezeichnet wurden, schrieb man voll und ganz dem Wirken der Gnade zu.

Man glaubte, dass durch diese „Gnadenereignisse“, die sich mysteriös und souverän ergaben, die wirklich Auserwählten gesammelt würden.

Die Erweckung in Wales von 1904 war wahrscheinlich die erste Erweckung, die man als eindeutige Wirkung des Heiligen Geistes und nicht nur der autonomen Gnade anerkannt hat. Aus dieser Erweckung ist die so genannte „Pfingstbewegung“ hervorgegangen, die nach nur einem Jahrhundert über eine halbe Milliarde Menschen zum Glauben an den Herrn Jesus Christus geführt hat.

Die Bedeutung des Heiligen Geistes für die christliche Gemeinde wurde von Jesus deutlich gemacht als er sagte, dass nur die Sünde der Lästerung gegen den Heiligen Geist nicht vergeben wird (Lukas 12,10). Dennoch lehrten die Kirchen über die Jahrhunderte hinweg, dass der Heilige Geist kaum mehr als ein religiöses Gefühl sei, etwa vergleichbar mit der Ehrfurcht, die einen erfüllt, wenn man eine Kathedrale betritt. Der Geist Gottes war für sie eher ein geheimnisvoller Einfluss, der auf uns Gläubige wirkt, ohne dass wir es bemerken. Die meisten Kirchenlieder über den Heiligen Geist beschreiben ihn als einen stillen Gast, der in demütigen Herzen wohnt und sacht seinen Einfluss ausübt. Seine Stimme ist so sanft wie der Abendhauch. Er kennt jeden Gedanken und beruhigt jede Angst. Das tut der Geist Gottes natürlich auch, aber nicht nur.

Doch als die Pfingstler tatsächliche Erfahrungen und Wunder in der Kraft des Heiligen Geistes bezeugten, herrschte die Vorstellung immer noch, dass der Heilige Geist eine atmosphärische Wirkung oder etwas wie ein unsichtbarer Begleiter und Tröster sei, der geheimnisvoll wirke wann und wo er wolle, mehr nicht. Aber Jesus hat seinen Jüngern gesagt, dass der Heilige Geist zu ihnen kommen und sie zu seinen Zeugen machen werde (Johannes 14,15-21.26; 16,5-15; Apostelgeschichte 1,6-8; u. Parallelstellen).

Wie aber erkennen wir den Heiligen Geist? Den Vater und den Sohn erkennt man an ihrer charakteristischen Wirkungsweise. Der Vater gibt sich in der Schöpfung ausreichend und deutlich zu erkennen. Der Sohn

Gottes lebte als Mensch das Leben auf Erden. Er konnte gesehen, gehört, betastet und konkret erlebt werden. Beide sind Gott und wirken natürlich in allem zusammen. Den Heiligen Geist können wir uns jedoch nicht vorstellen.

Das Kennzeichen des Heiligen Geistes ist seine Tätigkeit in dieser materiellen Welt. Er ist die „Hand Gottes" oder der „Finger Gottes", der den Willen Gottes, des Vaters und des Sohnes, ausführt. Er demonstriert Gottes Macht auf Erden. Gottes Geist war von Anfang an mit der Erde in Verbindung, er schwebte über der totalen Finsternis und dem Chaos unseres Planeten und ließ die Schöpfungsworte Gottes zu dem werden, was wir „Stoff" oder „Materie" nennen (1. Mose 1,2). Noch immer schwebt der Geist Gottes wie eine Leben spendende Wolke über dem Chaos und der Finsternis in den Herzen der Menschen, um das zu bewirken, was uns nottut: Befreiung, Heilung, Gebetserhörungen und andere göttliche Handreichungen, die im Neuen Testament – und ganz besonders in der Apostelgeschichte – beschrieben werden.

Der Heilige Geist ist der Gott der physischen Dimension. Er ist der Ewige Geist, der in sterblichen Leibern wohnen will. Er ist die konkrete Auferstehungskraft Jesu Christi, die dem menschlichen Körper Leben bringt (Römer 8,11). In seiner ersten Predigt ließ Petrus keinen Zweifel an dieser schöpferischen und heilenden Kraft Gottes als er sagte, dass Pfingsten die Erfüllung des Versprechens des Vaters und des Sohnes sei. Physische Zeichen bei denen, die den Heiligen Geist empfangen, sind der natürliche Beweis des Übernatürlichen (Apostelgeschichte 2,1-13; 4,24-31; 5,12-16; 6,8-10; 8,4-13; 10,44-48; 14,8-18; 15,12 ; 16,23-31; 19,1-6).

Trotz dieser eindeutigen Berichte über die Wirkungsweise des Heiligen Geistes war der physisch-geistliche Aspekt im Christentum für lange Zeit in Vergessenheit geraten. Erst vor etwa 100 Jahren begannen wieder Geistestaufen nach biblischem Muster. Tausende und schließlich Millionen von Gläubigen machten die geistliche und physische Erfahrung, die sich auffallend im Sprechen neuer und anderer „Zungen" (Sprachen) als natürlicher Beweis des Übernatürlichen geäußert hat.

Genau das war am ersten Tag von Pfingsten geschehen: *„Und sie wurden alle mit dem Heiligen Geist erfüllt und fingen an, in anderen Sprachen zu reden, wie der Geist ihnen gab auszusprechen“* (Apostelgeschichte 2,4). Dies öffnete die Tür zu dem gesamten Bereich der Phänomene des Heiligen Geistes, die in der Lehre der Apostel öfter ausdrücklich genannt werden (Römer 12,3-8; 1. Korinther 12,1-31; Epheser 4,1-16). Was ist denn noch unmöglich, wenn „Zungen“ als Gnadengabe des Gebetes möglich sind? Selbstverständlich wirkt der Heilige Geist nicht nur Gaben, sondern auch „Frucht“, nämlich Liebe, Freude, Friede, Geduld, Freundlichkeit, Güte, Treue, Sanftmut, Keuschheit und andere geistliche Eigenschaften, die uns unserem Herrn und Heiland immer ähnlicher machen (Galater 5,23-26).

Jahrhundertelang beanspruchten die Kirchen die Macht, die Menschen durch Sakramente zu Christen zu machen. In der Schrift sehen wir jedoch, dass wir allein durch den Heiligen Geist Christen werden.

Die Geistestaufe – auch „Erfüllung mit dem Heiligen Geist“ genannt –, stellt jede christliche Doktrin in ein ganz neues Licht und verleiht ihr eine tiefere Dimension. Paulus bezeichnete die Geistesgabe auf Griechisch als *charisma* und *pneuma*, was so viel bedeutet, wie „Dinge der Gnade“ und „Dinge des Geistes“ (1. Korinther 12-14). Jede Gabe ist eine Gnadengabe, ein Zeichen der Gunst Gottes. Die Wundergaben, seien es physische oder geistliche, kann man nicht gewinnen, verdienen oder erzwingen, sonst wären sie keine Gaben. Sie zeigen sich hauptsächlich als Gaben der Heilungen, der verbalen Befähigung prophetisch zu reden oder das Wort Gottes zu lehren, und als Gaben der Erkenntnis oder als subjektive Gaben zur „Ermahnung, Tröstung und Belehrung“.

Jahrhundertelang beanspruchten die Kirchen die Macht, die Menschen durch Sakramente zu Christen zu machen. In der Schrift sehen wir jedoch, dass wir allein durch den Heiligen Geist Christen werden. Wenn dieser Geist Gottes in ein Menschenherz kommt, geschieht immer Sündenerkenntnis, Glaube an das Opfer Jesu Christi am Kreuz und Sündenvergebung.

Die Errettung impliziert die ganze Gottheit: Vater, Sohn und Heiliger Geist. Gott war in Christus am Kreuz und bezahlte das Lösegeld für alle Menschen. Der Heilige Geist überträgt dieses Werk Christi auf unsere persönliche Errettung. Wir müssen unterscheiden: Religionen sind gewöhnlich philosophische oder theologische Systeme, mit geistlichen Formeln und äußerlichen Riten verbunden. Das Christentum ist leider auch zu einer Religion gemacht worden. Christlicher Glaube ist keine Religion, sondern die Macht Gottes, die sich geistlich und physisch – also nach innen und außen – bei jedem Menschen manifestiert, der Jesus Christus als seinen persönlichen Retter annimmt. Christus *„wohnt durch den Glauben in euren Herzen"* und unsere Körper sind Tempel des Heiligen Geistes (1. Korinther 6,19; Epheser 3,17). Der „Christus in uns" kann aber nicht verborgen bleiben. Es ist reine Irreführung, wenn Kirchen etwas anderes als diese Wahrheit lehren.

Gott errettet uns nicht durch eine Doktrin oder den formalen Vollzug einer kirchlichen Amtshandlung, etwa der Kindertaufe. Sondern Gott rettet Menschen durch das ganz persönliche Wirken des Heiligen Geistes, der auch der Geist Christi genannt wird. Jesus errettet jeden Menschen ganz persönlich. Er bietet sich selbst als Vermittler zwischen dem Menschen und Gott an. Kein Gebot – auch kein Gebot Jesu – kann uns erretten. Selbst die Glaubenstaufe nach biblischem Vorbild errettet uns nicht, sondern *„so viele ihn aber aufnahmen, denen gab er das Recht, Kinder Gottes zu werden, denen, die an seinen Namen glauben, die nicht aus Geblüt, auch nicht aus dem Willen des Fleisches, auch nicht aus dem Willen des Mannes, sondern aus Gott geboren* [gezeugt] *sind"* (Johannes 1,12f). Die Taufe ist allerdings der von Gott verordnete Bekenntnisakt des gläubig gewordenen Menschen.

Das wahre christliche Zeugnis wird von geisterfüllten Menschen gelebt. Irenäus, einer der frühen Kirchenväter, nannte die Apostel „Träger des Geistes". Das sollte auf alle Nachfolger Christi zutreffen. Einzig und allein der Heilige Geist bringt den gläubigen Christen hervor, und nur solche Gläubige können Zeugnis von ihrer erneuerten Existenz ablegen. *„Wer aber Christi Geist nicht hat, der ist nicht sein"* (Römer 8,9b) und

*„Der Geist* [Gottes und Jesu Christi] *gibt Zeugnis unserem Geist, dass wir Gottes Kinder sind“* (Römer 8,16).

Der Heilige Geist ist das einzig effektive Element, durch das wir auf das Leben der Ungläubigen einwirken können. Es gab keinerlei sichtbare Auswirkungen der Apostel auf ihre Umgebung bis zu jenem Tag an Pfingsten, als der Heilige Geist auf sie herabkam. Deshalb sagte Jesus: „[…] *getrennt von mir könnt ihr nichts tun“* (Johannes 15,5). Auch wir Christen des 21. Jahrhunderts haben ein zweifaches Zeugnis, nämlich das, was wir **sagen**, und das, was wir **sind**. Die zwölf Apostel hatten durch die Nähe Jesu vorübergehend Vollmacht zum Predigen und Heilen ausgeübt (Lukas 10,1-20). Aber nach seiner Himmelfahrt mussten sie auf den Heiligen Geist warten, bevor sie die Enden der Welt mit der Guten Nachricht erreichen konnten.

An Pfingsten wurde der Heilige Geist als Zeuge der Auferstehung Christi in die Herzen der Jünger ausgegossen, und zwar nicht nur, um ihnen Mut und Kraft zu geben, sondern auch, um ganz persönlich in ihnen zu wirken. Petrus bezeugte: *„Diesen Jesus hat Gott auferweckt, wovon wir alle Zeugen sind“* (Apostelgeschichte 2,32). Tatsächlich sah niemand Jesus von den Toten auferstehen, aber eines gab den 120 Jüngern und Jüngerinnen – einschließlich Maria, der Mutter Jesu – an Pfingsten den Beweis dafür, wahre Zeugen Jesu geworden zu sein: Sie wurden voll des Heiligen Geistes. Christus hatte ihn wie versprochen gesandt, und nun hörte sie jeder weissagen und in verschiedenen Sprachen die großen Taten Gottes verkündigen (Apostelgeschichte 2,7-11).

Wir müssen als heutige Christen nicht anders als die ersten Zeugen sein. Der erste *„war ein Mensch, von Gott gesandt, sein Name war Johannes“* – Johannes der Täufer (Johannes 1,6). Er bezeugte, dass Jesus mit Heiligem Geist und Feuer taufen würde. Wir haben kein Recht dazu, einen anderen Jesus zu bezeugen, außer dem, der mit Heiligem Geist und Feuer tauft. Er ist kein Christus des kalten Wassers. Unser Zeugnis beinhaltet viel mehr als die Glaubenstaufe mit Wasser. Johannes taufte mit Wasser, aber er kündigte an, dass Jesus mit „Geist und Feuer“

taufen würde. Die Schrift sagt: *„Wenn jemand nicht aus Wasser und Geist geboren wird, kann er nicht in das Reich Gottes hineingehen“* (Johannes 3,5).

Jesus hatte nicht vorgesehen, dass Menschen ohne den Heiligen Geist ein Zeugnis für ihn sein sollten. Er versprach: Selbst inmitten von Verfolgungen „[…] *wird euch gegeben, was ihr reden sollt*“ – das bedeutet, gegeben durch den Heiligen Geist (Matthäus 10,19). Der Erfolg in der Evangelisation wird nicht durch Überredungskunst, Logik oder Argumentation hervorgerufen, sondern durch den Heiligen Geist: *„Nicht durch Macht und nicht durch Kraft, sondern durch meinen Geist, spricht der Herr der Heerscharen“* (Sacharja 4,6). Natürlich gebrauchen wir unsere Worte, da sie das Instrument des Heiligen Geistes sind, aber das wahre Zeugnis, genauso wie das Wort Gottes, bestätigt sich selbst. Christus ist auferstanden und in den Himmel aufgestiegen, deshalb muss unsere Botschaft von seiner Auferstehung und unsere persönliche Erfahrung mit dem Heiligen Geist diese Predigt glaubhaft machen.

## So ist Gott

Vater, Sohn und Heiliger Geist arbeiten zusammen, wie in einer Art heiligem Wettbewerb. Es gilt, dass einer des anderen Diener sein will und sich einer dem anderen unterordnet. Jedenfalls ist die Einheit Gottes in dem Geheimnis von Vater, Sohn und Heiligem Geist absolut vollkommen. Christus wirkte durch den Geist Gottes, des Vaters. Der Geist Gottes wird zugleich auch Geist Christi genannt. Der Geist wurde vom Vater gesandt, genauso wie er Jesus gesandt hat, als die Zeit erfüllt war. Der Vater sandte seinen Geist „auf alles Fleisch“, weil der Sohn ihn darum bat. Es ist eine Dreieinigkeit des gegenseitigen Dienstes, das ideale göttliche Vorbild für all unsere christlichen Beziehungen, das auf alles anwendbar ist, was wir im Namen Jesu unternehmen.

Wenn wir als Christen böse Geister austreiben oder Kranke heilen, steht die gesamte Gottheit hinter uns, gemäß dem Willen des Vaters, durch den Heiligen Geist und im Namen Jesu. In der Autorität des

Namens „Jesus“ erleben wir *„die überragende Größe seiner Kraft an uns, den Gläubigen“* (Epheser 1,19). Wir empfangen die Kraft und Autorität jedoch nicht vollkommen unabhängig oder willkürlich. Es ist immer Gott, der **in** uns und **durch** uns wirkt, und zwar allein dann, wenn unser Handeln in seinem Willen liegt. Wir erhalten kein Kraftpaket, das wir nach unserem persönlichen Belieben gebrauchen könnten. Die Kraft des Heiligen Geistes erfüllt uns nach dem Willen Gottes, wenn wir seine offenen Kanäle sind und von ihm abhängig bleiben. Der Einzige, der jederzeit über die Kraft Gottes verfügen kann, ist Jesus Christus, der auferstandene Sohn Gottes. Wir sind lediglich seine Diener.

Der Heilige Geist schuf am Anfang der Schöpfung eine Welt, in der er wirken kann. Gott schloss sich nicht aus der Schöpfung aus, sondern blieb in ihr wie in seinem eigenen Haus. Der Schöpfergeist bewahrte allezeit seine Rechte als Schöpfer. Er kann alles bestimmen, wie er es in seiner eigenen Welt für richtig hält. Er schuf die Welt als Ort für den Menschen, an welchem das Gebet ständig nötig sein würde. Deshalb sind Wunder immer möglich. Die Bibel ist voll davon. Und sie geschehen noch heute zur Ehre Gottes und zum Heil der Menschen.

Ein anschauliches Beispiel dafür, wie Gott im materiellen Bereich der Welt wirkt, war die Befreiung Israels aus der ägyptischen Knechtschaft. Dafür öffnete er sogar einen Weg durch ein Meer. Die Wasser wurden durch *„einen starken Ostwind“*, *„beim Schnauben seiner Nase“* aufgetürmt (2. Mose 14,21; 15,8). Das hebräische Wort für Wind, Atem oder Geist ist *ruach*. Die griechische Entsprechung dafür ist *pneuma*. Jesus bewirkte seine Wunder einzig und allein durch den Heiligen Geist, der auf ihn herabgekommen war (Matthäus 3,16).

Der Geist wirkt niemals alleine. Er benutzt physische, d. h. körperhafte „Kanäle“ und „Werkzeuge“, und das sind wir Menschen. Lediglich als der Sohn Gottes zum Menschensohn und der göttliche „Logos“ zum Fleisch wurde, wirkte der Geist Gottes frei durch und mit Jesus. Er bezeugte, dass der **Vater** die Wunder und Heilungen bewirkte, die durch seinen vollmächtigen Dienst geschahen (Johannes 14,10f).

Dies ist eine Gesetzmäßigkeit, die niemals gebrochen wird. Die Gottheit wirkt in Einheit, aber jede Person spielt dabei eine spezifische Rolle. So ist Gott.

Der Geist ist nicht nur Kraft, nicht nur Energie oder Dynamis. Er ist der Geist der Liebe. Die Kraft Gottes ist die **Kraft der Liebe**. Alles, was er tut, wird von seinem Wesen der Liebe hervorgerufen und sichtbar gemacht. Alles, was Gott tut, drückt seine Liebe aus, denn er ist die Liebe. Sein Dienst an uns Menschen ist immer Ausdruck seiner Liebe. Kraft ist seine Fähigkeit, aber Liebe ist sein Motiv. Er möchte, dass unser eigener Dienst wie der seine ist; dass wir Quellen der Liebe sind, die Gott *„in unsere Herzen durch den Heiligen Geist“* ausgegossen hat (Römer 5,5). Diese Liebe ist nicht unser eigenes Wesen, das durch den Geist Gottes nur ein bisschen wärmer, herzlicher oder frömmer gemacht worden wäre. Die Liebe des Geistes kommt direkt von Gott. Unsere schwachen menschlichen Gefühle können stark mit Stolz, Hochmut oder sogar mit Habgier vermischt sein. Darum sollen wir Christus anziehen, damit sein Wesen in uns offenbar wird. Das ist eine überlegte, bewusste und beständige Entscheidung, die wir im Glauben treffen müssen.

Gott ist alles in allem, aber wir selbst werden in diesen Gesamtkomplex mit einbezogen. Jesus sagte, seine Jünger sollen in Verbindung mit dem Reich Gottes bitten, *„was ihr wollt“* (Johannes 15,7). Gott tut, worum ihn seine Kinder bitten. Unser Wille kann seinen göttlichen Plan nicht überstimmen, aber er hat seinen Willen offen gelassen und mit dem Willen seiner gläubigen Kinder verbunden: *„Seine Ohren sind gerichtet auf ihr Schreien“* (Psalm 34,16). Mit seinen Ohren ist sein Herz, er selbst, gemeint.

Gottes Aufmerksamkeit ist auf uns gerichtet und er entscheidet nichts, bis wir ihm unsere Bitte vorbringen. *„Was ihr den Vater bitten werdet in meinem Namen, wird er euch geben. Bittet und ihr werdet empfangen“* (Johannes 16,23). Dieses Versprechen wäre ein Ding der Unmöglichkeit, wenn Gott bereits alles im Voraus festgelegt hätte.

Fromme Gefühle sind nicht schon Wirkungen des Heiligen Geistes, obwohl seine Gegenwart auch Gefühle hervorruft. Offensichtlich kann Gottes Gegenwart viele verschiedene Auswirkungen haben. Genauso, wie wir von den Gemütslagen unserer Freunde beeinflusst werden, ganz gleich ob sie traurig, lustig oder ernst sind, so beeinflusst uns auch Gott auf die Art und Weise, wie er uns persönlich begegnen möchte.

Der Heilige Geist kann auch gegenwärtig sein und wirken, ohne dass wir eine physische Auswirkung verspüren. Der Grund Seines Handelns ist nicht Sensationslust. Gott ist kein Stimulans oder Rauschmittel, das uns glücklich machen oder beruhigen will. Er gibt uns einen gesunden, erleuchteten Verstand. Drogen oder andere Rauschmittel betäuben den Verstand. Gott wirkt aber nicht wie eine Droge und beeinflusst uns nicht wie eine Beruhigungsspritze. Menschen werden von Drogen high (berauscht), aber nicht von Gott. Gott macht uns nüchtern.

Gottes Geist gibt uns die Freude am Herrn, die unsere Stärke ist. Das ist eine natürliche Konsequenz, wenn er in uns lebt. *„Und berauscht euch nicht mit Wein, […] sondern werdet voll des Geistes“* (Epheser 5,18). Dieser Vers besagt nicht, dass wir vom Heiligen Geist anstatt vom Wein betrunken werden sollten. Hier ist ein Gegensatz ausgedrückt, kein Vergleich. Trunkenheit entspricht keinesfalls dem Wirken des Heiligen Geistes. Wir sind sein Tempel, keine Kneipe. An Pfingsten sagte Petrus: *„Denn diese sind nicht betrunken, wie ihr meint“* (Apostelgeschichte 2,15). Petrus war ganz sicher nicht betrunken. Er predigte aber in der Kraft des Heiligen Geistes eine Botschaft, die die Welt verändert hat.

Die seit gut 100 Jahren bekannte pfingstlich-charismatische Erweckung hat der Kirche und der Welt die Kraft des Heiligen Geistes wieder deutlicher gezeigt. Es gibt keine Kraft, die ihr gleicht oder sie ersetzen könnte. Ich erwähnte bereits, dass manche Kirchen die von Gott ausgehende Kraft lieber Gnade nennen. Aber die Gnade in Aktion ist nichts anderes als der Heilige Geist. Er spendet uns die ausgeübte heilende Gnade und Gunst Gottes.

Einige Menschen haben von der Kraft Gottes so gesprochen, als wäre sie eine neu entdeckte, besondere Quelle – irgendwo in den Sternen oder im Unterbewusstsein der Menschen verborgen. So etwas gibt es nicht. Jesus sagte, dass in **ihm alle** Macht ist und dass sie im Heiligen Geist kräftig wirkt. An dieser Stelle tappen alle Esoteriker im Dunkeln, die ihre Lebenshilfe von Sternbildern oder kosmischen Mächten erwarten.

Der Heilige Geist war um seiner Gemeinde willen ein Grund für die Himmelfahrt Christi. *„Denn wenn ich nicht weggehe, wird der Beistand nicht zu euch kommen"* (Johannes 16,7). Die frühe Kirche hatte den verheißenen Geist Gottes und die Notwendigkeit der Himmelfahrt nur bruchstückhaft verstanden. Es war ein beinahe unbekanntes Thema in der Theologie. Bis in die Neuzeit hinein musste sie sich ihre katastrophale „Geistvergessenheit" immer wieder eingestehen.

Christus wirkte durch den Geist Gottes, des Vaters. Der Geist Gottes wird zugleich auch Geist Christi genannt. Der Geist wurde vom Vater gesandt, genauso wie er Jesus gesandt hat.

Wie schon mehrfach erwähnt, hat die Pfingst- und Charismatische Bewegung seit einem Jahrhundert zu einem besseren Verständnis dieses wichtigen Aspektes beigetragen.

Christus fuhr physisch in den Himmel auf, um den Heiligen Geist „physisch" als einen Strom von oben weiterzugeben. Der Mensch Jesus Christus vereinte Himmel und Erde. Er repräsentiert zur Rechten Gottes im Himmel Männer und Frauen auf Erden, die ihn lieben und ihm dienen. So wie die Leiter in Jakobs Traum vom Himmel bis auf die Erde herabkam, so verbindet sich Jesus als das Haupt im Himmel mit den Gliedern seiner Gemeinde auf Erden durch den Heiligen Geist (1. Mose 28,12; Johannes 1,51). Der beste aller Himmel wurde für alle wahrhaften Christen durch den wundersamen Geist Gottes zugänglich gemacht.

Darum gilt uns das Wort des Apostels Paulus:

*„Seid erfüllt mit dem Heiligen Geist!"*

## Fragen

1. Was war über viele Jahrhunderte hinweg der „fehlende Bestandteil“ in der Lehre über die Errettung?
2. Was benötigen wir, um ein effektives Zeugnis Jesu zu sein?

*Ich gedenke euer in meinen Gebeten,*

*dass der Gott unseres Herrn Jesus Christus*

*euch die Augen eures Herzens erleuchte,*

*damit ihr wisst,*

*was die überragende Größe seiner Kraft an uns,*

*den Glaubenden, ist.*

*Die hat er in Christus wirksam werden lassen,*

*indem er ihn aus den Toten auferweckt hat.*

Epheser 1,16-20

# Kapitel 15

# Wenn Gott redet ...

*„Der Sohn kann nichts von sich selbst tun."*
Johannes 5,19

## Kommunikation durch Sprache

Alle Lebewesen „sprechen" auf ihre eigene Art. Wir Menschen sind nach Gottes Ebenbild dazu erschaffen, miteinander zu kommunizieren. Gott ist der lebendige Gott, und er kann selbstverständlich sprechen. Seine Worte können sogar aus dem Nichts alles erschaffen, was er haben will. Dagegen haben *„die Götzen der Nationen einen Mund, können aber nicht reden"* (Psalm 135,15f).

Gott erschuf uns nach seinem Ebenbild und gab uns ein Sprachzentrum im Gehirn und einen Mund zum Sprechen. Damit können wir eine Beziehung zu ihm und zu unseren Mitmenschen herstellen. Das ist ein wesentliches Merkmal des Menschen. Tiere, die auf unterschiedlichen Kontinenten leben, können weder miteinander kommunizieren noch eine Beziehung zueinander aufbauen.

Die Bibel zeigt uns, dass unsere Fähigkeit, mit Gott zu kommunizieren, durch den Sündenfall verloren gegangen ist. Jesus hat uns durch sein Opfer am Kreuz den Zugang zu Gott wieder geöffnet. *„Wenn wir aber im Licht wandeln, wie er im Licht ist, haben wir Gemeinschaft miteinander, und das Blut Jesu reinigt uns von jeder Sünde"* (1. Johannes 1,7). Dieser Vers lehrt uns, was die Grundlage für eine Gemeinschaft mit Gott ist: Reinigung durch das kostbare Blut des Erlösers. Auch zwischen Menschen kann Gemeinschaft nur hergestellt werden und gedeihen, wenn Kränkungen vergeben worden sind. Leider beruht Gemeinschaft in unserer Welt oft nur auf konkurrierendem Wettstreit.

Kommunikation besteht jedoch aus viel mehr als nur aus Worten. Häufig stellen wir unseren Freunden die Frage: „Was willst Du eigentlich sagen?“ Aus ihren Worten allein können wir nicht immer genau erschließen, was sie meinen. Je besser wir Menschen kennen, umso besser verstehen wir sie auch. Das geredete Wort hängt sehr stark von Gestik und Mimik – also von Körpersprache ab. Ein Lächeln kann einer Aussage eine vollständig andere Bedeutung verleihen, ebenso der Tonfall, in dem etwas gesagt wird.

In der Bibel steht nichts darüber, dass Jesus gelacht hätte. Er hat es aber bestimmt getan, und sein Lächeln hatte wohl auch Einfluss darauf, wie die Menschen ihn verstanden. Er weinte aber auch am Grabe des Lazarus, und das brachte eine Seite an ihm zum Ausdruck, die durch Worte möglicherweise niemals hätte vermittelt werden können. Seine Tränen zeigten jedem, dass er Lazarus lieb gehabt hatte (Johannes 11,35f).

Es passiert so schnell, dass wir Menschen missverstehen, wenn wir ihre Persönlichkeit und ihre Herkunft nicht kennen. Worte funktionieren wie Codes. Wir müssen den Sprecher kennen und wissen, was er mit dem Gesagten wahrscheinlich sagen möchte.

> Jesus ist das Wort Gottes. Er ist keine verschlüsselte Botschaft, sondern die sichtbare Verkörperung des Vaters. Er stellte sich selbst in wundervoller Liebe als das Wort vor. Anstatt uns einen Brief per Post zu schicken, kommt er noch heute selbst und klopft höchstpersönlich an die Tür unseres Herzens.

Das Gleiche trifft auch auf die Bibel zu. Wir verstehen sie besser, wenn wir Gott kennen, der hinter ihren Aussagen steht. Je besser wir den Herrn kennen, umso besser verstehen wir, was er in seinem Wort sagt. Er spricht durch das Wort zu uns, und wir lesen und verstehen es als die Botschaft eines Freundes. Wie sollten wir verstehen, was Gott mit seinem Wort beabsichtigt, wenn er uns gleichgültig wäre?

Vor Gericht wird das, was eine Person aussagt, manchmal öffentlich wiedergegeben. Die Zuhörer kennen den Sprecher überhaupt nicht. Diese Gerichtspraxis ist umstritten, denn sie fördert Missverständnisse. Wenn wir Gottes Wort gebrauchen, ohne eine Beziehung zu ihm zu haben, sind Fehlinterpretationen jeglicher Art vorprogrammiert.

Wenn wir sprechen, vertrauen wir uns einer anderen Person an und sind in gewisser Weise für das, was wir sagen, verantwortlich. Andere hören uns reden oder sie lesen etwas von uns und nehmen uns beim Wort. So spricht auch Gott durch berufene Propheten zu uns. Er vertraut uns seine Absichten an und wartet auf unsere Reaktion. Gott geht „an die Öffentlichkeit" – er setzt sich also dem Menschen aus. Wenn wir ihn bei seinem Wort nehmen, übernimmt er die Verantwortung für das, was er sagt. Auf dieser Gegenseitigkeit von Gottes Reden und dem Hören des Menschen auf sein Wort beruht die ganze Heilsgeschichte.

## Gott spricht mit einer Absicht

Die Bibel ist das Wort Gottes. Manche Menschen lesen sie zwar, glauben ihr aber nicht. Sie lesen ohne den Glauben, dass es sich dabei um **Gottes** Wort handelt. Viele lesen die Bibel mit einem bloß intellektuellen Interesse. Andere tun es in kritischer Einstellung, als ob sie lediglich ein literarisches Werk vor sich hätten, das ihnen Aufschluss über Traditionen und Verhältnisse vergangener Zeiten geben könne. Selbstverständlich sollen wir unseren Verstand einschalten, wenn wir die Bibel lesen und sorgfältig studieren, ganz so, als ob wir den Brief eines Freundes lesen würden. Die Bibel sollte von jedem Menschen in dem Bewusstsein gelesen werden, dass Gott durch sie mit uns kommunizieren will. Seine dahinter stehende Absicht ist die erwünschte Gemeinschaft mit den Menschen.

Die Worte der Bibel sind, wie ich bereits gesagt habe, so etwas wie Codes, „Passworte" für Menschen, die sich von Gott Weisungen für ihr Leben geben lassen wollen. Um die Worte der Bibel verstehen zu können, muss uns **Gott** bekannt sein, ganz gleich, wie gut uns der kulturelle und geschichtliche Hintergrund der Bibel bekannt ist. Wie wir den Code entschlüsseln, sagt etwas darüber aus, wie wir sind; ob wir Gott vertrauen und ihn lieben oder nicht. Jesus sagt: *„Liebt ihr mich, so haltet meine Gebote"* (Johannes 14,15).

Genau aus diesem Grunde brauchen wir den Heiligen Geist, der uns die Wahrheiten der Heiligen Schrift offenbart. Er kennt den Sohn Gottes in- und auswendig. Jesus sagte: *„Der Geist nimmt von dem Meinen und wird es euch verkündigen"* (Johannes 16,15). Gottes Geist vermittelt uns Jesus in geistlicher Vertrautheit – Dinge, die tiefer gehen, als es Worte zu erklären vermögen. Gottes diesbezügliches Versprechen lautet: *„Du wirst den Herrn erkennen"* (Hosea 2,22).

Gottes Reden ist immer auch Handlung. Gott spricht mit einer bestimmten Absicht. Er spricht, um etwas für uns und an uns zu tun. Wir müssen das Wort mit einer offenen, aufnahmebereiten und ergebenen Haltung lesen. Gott spricht nicht ohne einen Grund zu uns. Jedes einzelne Wort in der Bibel wurde für uns geschrieben. Es hat die Kraft, uns für jedes gute Werk auszurüsten, wie Paulus das an Timotheus schrieb (2. Timotheus 3,17). Jedes an uns gerichtete Wort Gottes ist kreativ. Es legt Dinge in uns hinein, die wir nirgendwo anders erhalten können. Es stärkt uns in dem heiligsten Glauben, und wir wachsen in der Gnade und in der Erkenntnis Christi (1. Johannes 2,5).

Das geschriebene Wort spricht schon im Alten Testament über das **lebendige** Wort, das in Jesus Christus Gestalt angenommen hat. Genau die Person, über die die Worte der Bibel berichtet haben, kam auf die Erde. Die geschriebenen Wortcodes im Alten Testament hatten die Bedeutung, auf Jesus hinzuweisen. Er war die Erklärung der Absicht Gottes, die hinter den geschriebenen Worten stand. Er offenbarte sich selbst seinen Jüngern *„in allen Schriften"*. *Jesus war* das lebendige Wort, das den Sinn des geschriebenen Wortes erläuterte (Lukas 24,27; Johannes 5,39).

Als Gott sprach: „Es werde Licht!", kam das Licht. Es kam für immer, nicht nur für einen Augenblick oder für einen Tag. Und wir leben in diesem Licht.

Jesus ist das Wort Gottes. Er ist keine verschlüsselte Botschaft, sondern die sichtbare Verkörperung des Vaters. Er stellte sich selbst in wundervoller Liebe als das Wort (der „Logos Gottes") vor. Anstatt uns einen Brief per Post zu schicken, kommt er noch heute selbst und klopft höchstpersönlich an die Tür unseres Herzens. Wenn wir diese Worte lesen, ist es, als ob wir ihn hören könnten.

Gottes Worte werden verwirklicht, sie werden zu Handlungen. Sie sind keine Töne, die vom Wind davongetragen werden. Sie haben schöpferische Kraft, zeigen Wirkung, schaffen Situationen. Unsere Welt ist das materialisierte Wort, das er gesprochen hat. Sie ist durchdrungen von seiner schöpferischen Stimme. Jesus sagte: *„Meine Worte werden nicht vergehen"* (Lukas 21,33). Seine Worte sind mehr als Gedanken oder Informationen. Sie sind viel besser als in Stein gemeißelte Worte, da sie genauso existieren wie das Leben selbst – für immer und niemals endend. Es sind Dinge, die uns durch den Glauben zugänglich sind: *„Durch den Glauben erkennen wir, dass die Welt durch Gottes Wort geschaffen ist, so dass alles, was man sieht, aus nichts geworden ist"* (Hebräer 11,3).

## Die Einheit von Wort und Geist

Das Wort Gottes und der Geist Gottes sind eins. Gott spricht und der Heilige Geist handelt. Wenn Gott spricht, offenbart er uns immer etwas über sich selbst, und das ist von grundlegender Bedeutung für das menschliche Leben. Als Gott sprach: *„Es werde Licht!"* (1. Mose 1,3), kam das Licht für immer, nicht nur für einen Moment oder für einen Tag. Und wir leben in diesem Licht. Sein Wort gebietet der Natur und gibt ihr die Gesetze, die wir Menschen nicht ändern können. Wir können aber in seinem Wort leben, und sein Wort lebt in uns, wenn wir darauf hören und es tun.

Gottes Stimme ist immer noch am Wirken. Das DNS-Molekül bestimmt die Form und den Aufbau jedes Körpers. Es ist die Stimme Gottes, die im Zentrum der DNS-Spirale festgehalten wurde. Sie bestimmt das Leben aller Geschöpfe. Gottes Befehl programmierte das System aller Lebewesen: *„Er trägt alle Dinge durch das Wort seiner Macht“* (Hebräer 1,3). Der Heilige Geist ist der schöpferische Geist, die Zentralfigur jeder Handlung Gottes. *„Wenn er spricht, so geschieht es* [was er haben will], *wenn er gebietet, so steht es da“* (Psalm 33,9).

Zweitausend Jahre lang manifestierte sich der Heilige Geist bei nur wenigen besonderen Gelegenheiten. Er wartete aber darauf, voll und ganz in Aktion zu treten. Dann, 50 Tage nach der Auferstehung Jesu von den Toten, kam dieser Moment, den die Bibel den „Kairos“, d. h. den gewollten Zeitpunkt Gottes nennt. Der Geist Gottes kam wie ein Feuersturm herab, um hier zu bleiben. Er bezog seine Wohnung in seinem Volk, in der mit Blut erkauften Gemeinde, die sein lebendiger Tempel und sein „Haus“ auf Erden ist. Der Geist ist das Erbe, das Jesus ohne Maß ausgeteilt hat, nachdem er zum Vater aufgestiegen war.

In der langen Zeit von Adam bis auf Jesus haben immer nur einzelne Menschen den Geist Gottes erfahren. Er kam dann nur für kurze Augenblicke, um sie zu bestimmten Aufgaben zu befähigen, z. B. die Propheten und die Könige Israels. *„Noch war der Geist nicht da, weil Jesus noch nicht verherrlicht worden war“* (Johannes 7,39). Heute ist der Geist Gottes voll und ganz bei uns und verlässt uns nicht mehr (Johannes 14,15-17).

Tatsächlich werden in den 39 Büchern vom 1. Buch Mose bis zum Propheten Maleachi – in einem Zeitraum von fast 4.000 Jahren – nur wenige Wunder beschrieben. Die Evangelien und die Apostelgeschichte halten indessen den wahren Rekord an übernatürlichen Zeichen und Wundern. Vor diesen Geschehnissen im Dienst Jesu und seiner Apostel erlebte Israel schon manches Wunderbare, z. B. die Flucht aus Ägypten. Das Volk sah, wie der Berg Sinai unter der Schwere der Gegenwart Gottes erbebte und der Rauch seines Feuers die Wüste erfüllte.

Dabei fällt uns allerdings etwas Seltsames auf: Keine der göttlichen Manifestationen bewirkte damals eine Veränderung in den Menschen. Pharao sah Gottes Wundertaten, aber er verhärtete sein Herz. Israel wurde durch das Wunder der Feuersäule geführt, starb aber dennoch in der Wüste, weil es dem Wirken Gottes immer widerstrebt hatte. Nicht eine Seele tat Buße für ihren Unglauben. Keiner erzeigte vor Gott eine ehrliche Dankbarkeit. Alles, was das von Gott zu hoher Aufgabe berufene Volk haben wollte, waren Zwiebeln und Gurken und die Fleischtöpfe Ägyptens. Die Gegenwart Gottes scheint das auserwählte Volk wenig beeindruckt zu haben.

Wir befinden uns heute in einer privilegierten Position. Wir haben *„die Kräfte des zukünftigen Zeitalters geschmeckt"* (Hebräer 6,5). „Geschmeckt",(!) heißt es. Selbst Mose, der berufene Knecht Gottes, sah zwar die Wunder, aber „schmeckte" er auch? Er brachte weder Freude über vergebene Sünden noch über das ewige Leben zum Ausdruck. Er sah zu, wie Gottes Atem das Rote Meer teilte, aber er erlebte nie, dass Gott ihn so anhauchte, wie Jesus das mit seinen Jünger tat, oder wie der Sturmwind Gottes an Pfingsten über sie daherbrauste.

Man nimmt an, dass Mose den Psalm 90 geschrieben hat, aber es ist kein fröhlicher Psalm. Er oder ein anderer Autor beklagt dort, wie kurz das Leben sei und hat vor dem hohen Alter Angst, das er aus der gängigen Erfahrung auf 70 oder 80 Jahre festlegt. Tatsächlich aber wurde Mose 120 Jahre alt! Er sah das, was wir heute durch die Gnade Jesu Christi haben, damals allerdings nur verschwommen und unklar.

In den Tagen des Alten Testaments kam und ging der Geist Gottes zu Menschen und verließ sie wieder. Jesus aber versicherte seinen Jüngern, dass der Geist kommen und bei ihnen bleiben würde. Die Apostelgeschichte berichtet davon, wie die Jünger ihr Werk voll des Heiligen Geistes fortführten. Sie beginnt mit den Worten: *„Den ersten Bericht habe ich verfasst, Theophilus, von allem, was Jesus angefangen hat zu tun und auch zu lehren, bis zu dem Tag, an dem er in den Himmel aufgenommen wurde."* Wir sollten das Wort *angefangen* nicht übersehen. Das heißt also, der Dienst Jesu hatte bis zu seiner Himmelfahrt gerade erst begonnen und sollte in der Kraft Gottes weitergehen.

Wie sollte sein Dienst denn fortgeführt werden, nachdem er zu Gott aufgestiegen war? Um diese Frage beantworten zu können, müssen wir nicht auf Spekulationen zurückgreifen. Die letzten beiden Verse im Markus-Evangelium geben uns die überraschende Antwort. Zuerst lesen wir dort: *„Der Herr wurde nun, nachdem er mit ihnen geredet hatte, in den Himmel aufgenommen und setzte sich zur Rechten Gottes“* (Markus 16,19). Danach wird von den Jüngern berichtet: *„Jene aber zogen aus und predigten überall, während der Herr mitwirkte und das Wort durch die darauf folgenden Zeichen bestätigte“* (Markus 16,20). Jesus war erhöht worden, saß zur mächtigen Rechten (Hand) Gottes und war gleichzeitig bei seinen Jüngern, wo auch immer diese hingingen. Bezeichnenderweise rief er die Jünger zuerst zu sich, *„damit sie bei ihm seien“*, (um von ihm zu lernen), danach erst sandte er sie aus, damit sie ihm dienten (Markus 3,13f).

Wie konnte das möglich sein? Der Heilige Geist war die Kraft im wohltuenden Dienst Jesu. Die wunderbare Wahrheit ist, dass er verhieß, derselbe Geist würde auf denjenigen ruhen, die an ihn glaubten. Er würde ihnen einen *„anderen Beistand“* senden (Johannes 14,16), der bei denen sein sollte, die ihm nachfolgten. Sie sollten auch die Werke tun, die er getan hatte. Jesus selbst nannte den Geist „Paraklet“ (Griechisch: *allos* und *parakleetos*, „der zur Hilfe Herbeigerufene“). Der Geist begleitete die Jünger nun genauso, wie Jesus es getan hatte, als er noch auf der Erde war. Das Werk Christi sollte durch seine Jünger fortgeführt werden – mit demselben Geist im Herzen.

Es ist großartig, dass wir durch den Heiligen Geist das Werk fortführen können, das Jesus vor 2.000 Jahren auf der Erde begonnen hat. Aus diesem Grunde sind wir hier: *„Alles, was ihr tut, im Wort oder im Werk, alles tut im Namen des Herrn Jesus“* (Kolosser 3,17). Wir tun sein Werk, wenn wir immer und überall in seinem Namen handeln und nicht nur, wenn wir in der Kirche sind. Und das ist etwas Wundervolles: Was auch immer wir in seinem Namen tun, es ist eine Fortsetzung seines Werkes – sowohl seines rein irdischen Werkes als Zimmermann (wir in unserem Beruf), als auch seines Werkes als vollmächtiger Prediger (wir als seine Zeugen).

Der Heilige Geist ist die Essenz eines lebendigen Glaubens. Er ist die geheime Triebfeder hinter jeder christlichen Bestrebung und kein Bonus oder Belohnung nur für diejenigen, die sich für das Evangelium bemühen und interessieren. Er ist vielmehr die garantierte Gabe Gottes für jeden Gläubigen. Die Kirchen haben ihn oft als etwas wie einen Heiligen Gral oder eine Belohnung für die besonders Frommen dargestellt, die sich selbstlos und hart im Glauben anstrengten.

Wir sind schwach, ganz und gar nicht perfekt, und genau aus diesem Grunde sandte Jesus den Heiligen Geist. Er befähigt die Schwachen. Wenn wir den Eindruck haben, uns fehle etwas in unserem Glaubensleben, sollten wir erkennen und zugeben, dass uns der Heilige Geist fehlt! Ohne den Heiligen Geist haben wir nichts als leere Vorstellungen, leere Worte und als Ersatz gewöhnlich nur Ansätze von Moral und Humanität. Mit dem Heiligen Geist ist unsere Lehre und unser Leben dynamisch und lebendig, ohne ihn sind wir hilflos und geistlich wie tot.

## Der Geist wartet auf das Wort

Ein wichtiger und bemerkenswerter Aspekt ist, dass der Heilige Geist dem Wort auf dem Fuße folgt. Gottes Wort und Geist werden häufig in engem Bezug zueinander genannt und in ihrer dynamischen Wechselwirkung dargestellt. Im Folgenden sollen einige bezeichnende Bibelstellen das deutlich machen:

*„Alle Schrift ist von Gott eingegeben* [gottgehaucht]*“* (2. Timotheus 3,16). Der Geist und das Wort arbeiten zusammen. Dieses „Hauchen“ ist der Geist, der Atem Gottes. Er haucht das Wort Gottes ein.

*„Der Geist Gottes schwebte über den Wassern. Und Gott sprach: Es werde Licht! Und es wurde Licht“* (1. Mose 1,2f).

*„Und Mose streckte seine Hand über das Meer aus, und der Herr ließ das Meer die ganze Nacht durch einen starken Ostwind zurückweichen … Damals sangen Mose und die Söhne Israel dem Herrn dieses Lied: Beim*

*Schnauben deiner Nase türmten sich die Wasser, du bliesest mit deinem Atem … das Meer bedeckte den Feind; sie versanken wie Blei in gewaltigen Wassern"* (2. Mose 14,21; 15,1,8-10).

*„Und er sprach zu mir: Weissage dem Odem, weissage, Menschensohn und sprich zu dem Odem: So spricht der Herr, Herr: Komm von den vier Winden her, du Odem, und hauche diese Erschlagenen an, dass sie lebendig werden!"* (Hesekiel 37,9).

*„Denn niemals wurde eine Weissagung durch den Willen eines Menschen hervorgebracht, sondern von Gott her redeten Menschen, getrieben von dem Heiligen Geist"* (2. Petrus 1,21).

In jedem der zitierten Verse agiert der Geist gemeinsam mit dem gesprochenen Wort. Dieses Prinzip ist eine wichtige Wahrheit: Der Geist bewegt sich, wenn das Wort gesprochen wird, nicht spontan aus sich selbst heraus. Er erfüllt einzig und allein den Willen Gottes, der durch das Wort Gottes ausgedrückt wird, ganz gleich, wer es ausspricht. Der Heilige Geist handelt in Übereinstimmung mit dem Wort Gottes, unabhängig davon, ob **wir** das Wort aussprechen oder Gott selbst.

Bei der Schöpfung schwebte der Heilige Geist über den dunklen Wassern unseres alten Planeten. Er ist der schöpferische Geist, der aber nicht einen Finger wahrnehmbar rührte. Als Gott sprach, wirkte sein Wort und verwandelte das Chaos (Hebräisch: *tohu wa bohu*) in Schönheit und Ordnung. Auch wenn die Propheten das Wort Gottes aussprachen, inspirierte sie der Heilige Geist. In Apostelgeschichte 2,4 haben wir gelesen, dass die 120 Gläubigen anfingen, in verschiedenen Sprachen zu reden und die mächtigen Taten Gottes zu verkünden, wozu der Heilige Geist sie auf übernatürliche Weise befähigt hat.

Der Geist und das Wort sind untrennbar miteinander verbunden: *„Wenn der Beistand gekommen ist, den ich euch von dem Vater senden werde, der Geist der Wahrheit, der von dem Vater ausgeht, so wird er von mir zeugen. Er wird mich verherrlichen, denn von dem Meinen wird er nehmen* *und euch verkündigen"* (Johannes 15,26; 16,14). Jesus sagte: *„Der Sohn kann nichts von sich selber tun, außer was er den Vater tun sieht.* [...] *so macht auch der Sohn lebendig, welche er will"* (Johannes 5,19+21).

Das beste Beispiel ist der Heilige Geist in Zusammenarbeit mit Jesus, dem lebendigen Wort. Der Heilige Geist hat sich dem Wort voll und ganz verpflichtet und ist untrennbar mit ihm verbunden. Er ist keine unabhängige Macht. Er ist *„der Geist der Wahrheit".* Wenn wir die Bibel lesen, ist er die Wahrheit, die sich hinter und **in** dem Wort Gottes verbirgt.

Der Geist hat sich dem Wort Gottes für immer verpflichtet – allerdings nicht dem menschlichen Wort. Ungeachtet dessen, wie brillant, humorvoll oder interessant es vorgetragen wird – es wirkt nur, wenn wir in Übereinstimmung mit der Wahrheit des Wortes sprechen. *„Hin zur Weisung und zur Offenbarung! Wenn sie nicht nach diesem Wort sprechen, dann gibt es für sie keine Morgenröte!"* (Jesaja 8,20).

Der Heilige Geist war weder in der Welt noch wirkte er übernatürlich, bis *„das Wort Fleisch wurde und unter uns wohnte"* (Johannes 1,14). Wir sahen schon, dass nur einige wenige auserwählte Männer und Frauen seine Hilfe vorübergehend für bestimmte Aufgaben erfuhren. Dann kam aber Jesus, das lebendige Wort, und der Heilige Geist kam mit ihm. Der Geist wartete auf das Wort, bevor er vor der Welt in Erscheinung trat. Nachdem Johannes der Täufer Jesus im Jordan getauft hatte, berichtete er: *„Ich schaute den Geist wie eine Taube aus dem Himmel herabfahren, und er blieb auf ihm* [Jesus]*"* (Johannes 1,32).

Der Geist wartete das Kommen des Wortes ab und daraufhin kam das Wort des Geistes als Bestätigung. Das ist die normale Abfolge der Dinge. In 1. Petrus 1,12 lesen wir, dass die göttlichen Dinge verkündet wurden durch die, *„welche euch das Evangelium verkündigt haben im Heiligen Geist, der vom Himmel gesandt ist".* Anders macht es auch nicht viel Sinn. Es ist nutzlos, ohne den Geist über den Geist zu predigen. So war es von Anfang an auch gar nicht geplant. Jesus sandte seine Jünger erst dann aus, das Evangelium zu predigen, als der Heilige Geist auf sie gekommen war.

Wir staunen heute über die ersten Christen. Die ersten zum Glauben an Jesus bekehrten Menschen hatten vorher keinerlei Ahnung vom Christentum. Abgrenzung gegenüber der Welt bedeutete für sie, sich von sexueller Sünde, von Unehrlichkeit und Diebstahl loszusagen. Würden anständige Gemeindemitglieder heutzutage solche Anweisungen erhalten, wie Petrus und Paulus sie den Gemeinden in jenen Tagen gaben, wären viele von ihnen höchst empört. John Wesley wies seine Prediger an, darauf zu achten, dass sie keine Läuse hatten – das war ein gesellschaftliches Übel seiner Zeit. Der Lebenswandel der Bekehrten in Korinth verlangte allerdings eine andere Art von Ermahnung. Und obwohl die Jungbekehrten noch vieles falsch gemacht haben, ließ Gott sein Wort in dieser Stadt durch den Heiligen Geist mächtig wirken.

Wenn wir darauf warten, bis wir mit uns selbst, mit unseren Gewohnheiten und unserer Heiligung zufrieden sind, beginnen wir nie und nimmer damit, unser Zeugnis von Jesus Christus abzulegen. Sollten wir allerdings eines Tages glauben, besonders geistlich zu sein, dann leiden wir an nichts anderem als an Einbildung. Diese Haltung wird der Heilige Geist kaum unterstützen. Richtig ist, dass das gepredigte oder gelesene Evangelium der Auslöser der Macht Gottes ist. Predige das Wort und es setzt den Geist Gottes frei. Das Wort Gottes ist perfekt, nicht wir Gläubigen. Das Wort ist der Schlüssel, der Same und das Geheimnis der Wirksamkeit in Vollmacht.

Wenn wir den Geist in unserem Leben haben wollen, müssen wir mit dem Wort beginnen. Die Erfahrung der Geistestaufe ergibt sich aus der Überzeugung durch das Wort. Den Heiligen Geist zu suchen und das Wort Gottes zu vernachlässigen, bedeutet, nach Macht zu streben, ohne einen Plan dafür zu haben. Dann geht es uns einzig und allein um die eigene Genugtuung. Wollen wir das wirklich?

Die Botschaft Christi ist für die Menschheit allerdings brisant. Sie steht immer auf Alarmstufe Rot. Es ist unwahrscheinlich, dass Gott grundlos Hilfe zurückhält, wo sie gebraucht wird. Viele sprechen über Erweckung und erstellen zig Theorien darüber, warum sie so lange auf sich warten lässt. Sollte Gott wirklich so sein? Was für ein Gott würde zulassen, dass Menschen ungehindert in ihr Verderben laufen, nur weil er Makel an den Gemeindemitgliedern entdeckt hat? Lässt der Heilige Geist sich tatsächlich von unserer mangelnden geistlichen Ausbildung aufhalten, wenn es gilt, die ganze Welt zu retten?

Jesus sandte uns Charles T. Studd, der vor 70 Jahren mit absoluter Hingabe als Pionier mit der Missionsarbeit in Afrika begonnen hat. Er sagte, wir bräuchten keinen anderen Auftrag, um zu gehen, als das Wort Gottes. Loszugehen ist der Weg zur Vervollkommnung. Letztere ist ohne das Erste nicht möglich. Folgen wir deshalb Jesus treu nach. Gehen wir dorthin, wohin er gegangen ist, voller Liebe und Anteilnahme für die Menschen. Während wir gehen, werden wir von ihm lernen, ihn selbst besser kennen lernen und verstehen, wer er ist. Ihn besser kennen zu lernen, während wir mit dem Evangelium hingehen, ist die richtige Art, in das Bild Jesu umgestaltet zu werden.

## Wie der Heilige Geist wirkt

In den ersten Versen der Bibel erfahren wir Dinge über den Geist Gottes, die sich wie der sprichwörtliche „rote Faden“ durch die ganze Heilige Schrift hindurchziehen.

*„Im Anfang schuf Gott den Himmel und die Erde. Und die Erde war wüst und leer, und Finsternis war über der Tiefe; und der Geist Gottes schwebte über den Wassern. Und Gott sprach: Es werde Licht! Und es wurde Licht“* (1. Mose 1,1-3).

Die wichtigsten Aspekte, die der Text aufzeigt:

1. Gott erschuf den Himmel und die Erde.
2. Die Erde war wüst und leer, finster und ohne Leben.
3. Gottes Geist war da, er schwebte über den Wassern.
4. Gott sprach und der Heilige Geist wurde aktiv.

Die Erde war wüst und der Geist Gottes schwebte über ihr. Er tat aber nichts. Wir erfahren nichts darüber, wie lange der Geist Gottes wartete. Irgendwann sprach Gott: *„Es werde Licht!" Da trat* der Heilige Geist in Aktion und *„es wurde Licht"*.

Der Heilige Geist wirkte erst, als Gott sprach. Er legte kein Solo ein, agierte nicht selbstständig. Er wartete auf das Wort. *„Am Anfang war das Wort. Alles wurde durch das Wort geschaffen, und nichts ist ohne das Wort geworden"* (Johannes 1,1-3 HfA). Wo in 1. Mose 1 steht, dass Gott **sprach**, war es das **Wort**, durch das der Schöpfungsakt ausgelöst worden ist – so erklärt es uns Johannes. Das lebendige Wort gab den Befehl und der Heilige Geist führte den Willen des Vaters aus.

*„Durch des Herrn Wort ist der Himmel gemacht und all sein Heer durch den Hauch seines Mundes ... Denn er sprach, und es geschah, er gebot, und es stand da"* (Psalm 33,6+9).

*„Am Anfang war das Wort. Alles wurde durch das Wort geschaffen"* (Johannes 1,1+3 HfA).

„[...] *von jeher waren Himmel und eine Erde durch das Wort Gottes"* (2. Petrus 3,5).

*„Durch ihn* [den Sohn] *schuf Gott Himmel und Erde. Sein Wort ist die Kraft, die das Weltall zusammenhält. Durch unseren Glauben verstehen wir, dass die ganze Welt durch Gottes Wort geschaffen wurde"* (Hebräer 1,2f; 11,3 HfA).

Der Heilige Geist reagiert immer auf das Wort. Das Wort ist immer mit dem Geist verbunden und dieser handelt nie ohne das Wort. In der Offenbarung wurde Johannes von Jesus dazu aufgefordert, zu schreiben. Er schrieb sieben Briefe an sieben Gemeinden und in jedem Brief kommen die Worte vor: *„Wer ein Ohr hat, der höre, was der Geist den Gemeinden sagt."* Der Heilige Geist sprach das, was Jesus dem Apostel Johannes aufzuschreiben geboten hat. Wort und Geist leben in einer andauernden Partnerschaft. *„Und nun hat der Herr, Herr, mich gesandt und seinen Geist“* (Jesaja 48,16). *„So wird mein Wort sein, das aus meinem Mund hervorgeht. Es wird nicht leer zu mir zurückkehren, sondern es wird bewirken, was mir gefällt, und ausführen, wozu ich es gesandt habe“* (Jesaja 55,11).

Alles, was Gott tut, nicht nur innerhalb der Schöpfung, wird durch das Wort eingeleitet. Psalm 29 rühmt die Kraft und Macht des Herrn und nennt dabei zehn Dinge, die sein Wort vollbringt. Es richtet auch den einzelnen Menschen auf, der es im Glauben hört: *„Er sandte sein Wort und heilte sie“* (Psalm 107,20).

Das gepredigte Evangelium ist der Auslöser der Macht Gottes. Predige das Wort und es setzt den Geist Gottes frei.

Am Anfang handelte der Geist aufgrund des **gesprochenen** Wortes. Heute handelt er durch das **geschriebene** Wort. In Psalm 119,50 sagt der Psalmist: *„Deine Zusage hat mich belebt.“* Dieser Psalm stellt das Wort als Regel, als Zeugnis, als Satzung und Vorschrift dar. Der Geist, der aufgrund des Wortes handelt, lässt es wirksam und zu einer Quelle des Lebens werden. Die Schrift ist der Kanal für den Heiligen Geist. Wir beschäftigen uns mit der Bibel, um uns an dem zu erfreuen, was Gott ist, was er sagt und was er tut; sie ist der Kanal des Heiligen Geistes und bewirkt beim Leser starke Impulse für eine Erneuerung seines Lebens. Eine solche Wirkung geht von keinem anderen Buch aus.

Der Heilige Geist hat sich mit dem gesprochenen Wort Gottes verbunden und arbeitet jetzt mit dem **geschriebenen** Wort zusammen. Die strikte Aufgabe des Geistes besteht darin, das Wort Gottes lebendig zu machen. Er hört nicht auf andere Stimmen.

Als Jesus kam, war er die Verkörperung des Wortes, und der Geist wirkte sobald Jesus sprach. Jesus bezog Jesaja 61,1 auf sich selbst, wo es heißt: *„Der Geist des Herrn, Herrn, ist auf mir.“* Jesus machte klar, dass er seine Worte in göttlicher Autorität gesprochen hat: *„Die Worte, die ich* *zu euch geredet habe, sind Geist und sind Leben … Wer mein Wort hört und glaubt dem, der mich gesandt hat, hat ewiges Leben"* (Johannes 6,63; 5,24). Das Wort aus des Vaters und des Sohnes Mund ist dazu bestimmt, auch von uns im Glauben ausgesprochen und angewandt zu werden. Und das Geheimnis für das Gelingen unsrer Arbeit mit dem Wort ist die zuverlässige Wirksamkeit des Heiligen Geistes. Das Wort Gottes ist wie ein Gefäß voll lebendiger Wahrheit. Das Lebensblut Jesu strömt durch das „Buch der Bücher", dem Gott seinen Lebensatem eingehaucht hat.

Die Bibel existiert heute, weil sie lebendig ist. Lebewesen müssen nicht konserviert werden. Nicht die Synagoge und die christliche Kirche haben die Bibel am Leben erhalten, sondern es war umgekehrt: Die Bibel hat die jüdische und die christliche Gemeinde über die Jahrtausende am Leben erhalten. Die Bibel ist kein veraltetes Dokument, kein Fossil. Sie hat eine Botschaft für jede Zeit, auch für die unsere. Sie ist das einzige Buch voll Kraft und Freude, durch das wir leben können. Sie ist der Sauerstoff für unsere Seelen, sie schafft eine Atmosphäre, in der unser Leben gedeihen kann. Die Gemeinde ist kein Verein für den Erhalt heiliger Gebeine. Sie ist die Gemeinde des lebendigen Gottes, die Säule und Grundlage der Wahrheit. Für die Kommunikation mit Gott hat der Mensch die Fähigkeit bekommen zu **glauben** – nicht an irgendetwas Mysteriöses, sondern das zu glauben, was **Gott** ihm sagt.

## Erweckung – Neubelebung

„Erweckung" bedeutet von seiner sprachlichen Wurzel her eine Art Aufwachen und eine neue Belebung. Sie geschieht, wenn der Heilige Geist das gepredigte Wort bestätigt. Er tut nichts ohne das Wort. So war es schon am Anfang der Verkündigung des Evangeliums: *„Sie aber zogen aus und predigten an allen Orten. Und der Herr wirkte mit ihnen und bekräftigte das Wort durch die mitfolgenden Zeichen"* (Markus 16,20). Jedes der außerordentlichen Geschehnisse, die man als Erweckung bezeichnet hat, und jeder echte Fortschritt des christlichen Glaubens geschah dadurch, dass das Wort Gottes gepredigt wurde. Dieses Muster zeichnet sich im Neuen Testament ohne Wenn und Aber ab.

*„Nicht von Brot allein soll der Mensch leben, sondern von jedem Wort, das durch den Mund Gottes ausgeht“* (Matthäus 4,4). Deshalb ermutigen wir jedermann: Liebe das Wort, lebe von ihm, lebe mit ihm, in ihm und durch es; wenn wir das tun, finden wir ein „lebendiges“ Leben. Ohne das Wort leiden wir an geistlicher Magersucht. Viele moderne Menschen reduzieren ihre Nahrungsaufnahme, hungern sich selbst aus oder ernähren sich so, dass sie nicht übergewichtig werden. Dieser Vorgang lässt sich auch auf Christen im Blick auf den Umgang mit dem Wort Gottes übertragen. Sie leben nur von Krümeln, Brosamen oder Resten, nicht von der „festen Speise“, oft nicht einmal von der „Milch des Wortes“, wie die Grundwahrheiten des Evangeliums von den Aposteln genannt werden (1. Korinther 3,2; 1. Petrus 2,2; Hebräer 5,12).

Solche Menschen sind „Wüstenchristen“. Sie ernähren sich von Tagesandachten wie mit einem Manna, das ihnen Tag für Tag geschickt wird. Gott möchte aber, dass sie die Früchte des verheißenen Landes genießen, d. h. in das Leben mit dem Heiligen Geist hineinfinden. Manchen „schmeckt“ das Wort Gottes nicht. Sie möchten gerne eine leichtere Kost. Im Alten Testament murrten die Israeliten über das Manna, das sie vom Himmel her erhielten: *„Unserer Seele ekelt es vor dieser elenden Nahrung“* (4. Mose 21,5). Wenn manche meiner Leser die Bibel durch ein Losungsbuch oder einen Abreißkalender ersetzt haben: Regen Sie doch Ihren Appetit für das Wort wieder an, indem Sie auch die empfohlenen Bibelstellen für jeden Tag sorgfältig lesen!

Wir müssen verstehen, dass der Geist ohne das Wort nur wenig an uns tut. Dagegen können wir durch das Wort das sein, was wir als Christen sein sollen und unser ganzes Potenzial als Persönlichkeiten entfalten, die „das Salz der Erde“ sind. *„Seine göttliche Kraft hat uns alles zum Leben und zur Gottseligkeit gegeben, die kostbaren und größten Verheißungen“* (2. Petrus 1,3f). *„Alle Schrift ist von Gott eingegeben, damit der Mensch Gottes richtig sei, für jedes gute Werk ausgerüstet“* (2. Timotheus 3,16f). *„Das Wort des Christus wohne reichlich in euch; singt Gott Psalmen“* (Kolosser 3,16).

Uns wird dringend geraten, voll des Geistes zu sein. Das bedeutet immer auch, voll des **Wortes** zu sein! Es ist unmöglich, das eine ohne das andere zu haben. Jesus sagte: *„Dies habe ich zu euch geredet, damit meine Freude in euch sei. Wenn meine Worte in euch bleiben, so werdet ihr bitten, was ihr wollt, und es wird euch gegeben"* (Johannes 15,11;7).

> Der Heilige Geist reagiert immer auf das Wort. Das Wort ist immer mit dem Geist verbunden und dieser handelt nie ohne das Wort.

Kolosser 3,16 weist uns dazu an, *„mit Psalmen, Lobliedern und geistlichen Liedern Gott zu singen"* während *„das Wort des Christus reichlich in uns wohnt"*. Sind unsere Lieder vom Wort Christi inspiriert und lernen wir durch sie, Gott in geistlicher Freiheit und Freude anzubeten?

Der Heilige Geist hat nicht den Auftrag, unsere eigenen Einfälle zu „salben", d. h. zu bekräftigen. Christen beten häufig: „Herr, segne mich!" Da ist aber oft zu viel „mich" und zu wenig „das Wort" gemeint. Jesus sagte: *„Glückselig, die das Wort Gottes hören und befolgen"* (Lukas 11,28). In Jeremia 17,7f steht: *„Gesegnet ist der Mann, der auf den Herrn vertraut und dessen Vertrauen der Herr ist! Er wird sein wie ein Baum, der am Wasser gepflanzt ist und am Bach seine Wurzeln ausstreckt und sich nicht fürchtet, wenn die Hitze kommt. Sein Laub ist grün, im Jahr der Dürre ist er unbekümmert, und er hört nicht auf, Frucht zu tragen."* Auch Psalm 1 beschreibt den gottesfürchtigen Menschen als einen Baum, der am Flussufer gepflanzt ist und zeigt, was es bedeutet, Gott zu vertrauen: *„Glücklich der Mann, der seine Lust hat am Gesetz des Herrn und über sein Gesetz sinnt Tag und Nacht"* (Psalm 1,1f).

Die Bibel ist von Gott eingegeben (2. Timotheus 3,16) – durch seinen Geist. Sie ist wie ein blühender Garten, jede ihrer Seiten wie ein Blumenbeet voller Schönheit. Die Sonne scheint und die Blumen öffnen ihre Blüten mit der Sonnenwärme. Sie nehmen ihr Licht auf und wachsen durch eine wundersame Fotosynthese. Sie atmen ein und atmen aus. Ihr Duft strömt aus und erfüllt die Luft. Dieses idyllische Bild erinnert an das, was geschah, als der Duft aus Marias Alabasterfläschchen das ganze Haus erfüllte, in dem Jesus sich aufgehalten hat (Johannes 12,3f).

Geistlich geschieht mit uns etwas Ähnliches, wenn wir das Wort Gottes „aufbrechen", indem wir es tun. Es ist von wohltuendem Geruch und von durchdringender Schönheit für uns und für unsere Mitmenschen (2. Korinther 2,15f; Epheser 5,2).

## Der Geist und das Wort in Aktion

Von dem Augenblick an, da die Jünger den Geist empfangen hatten, aktivierte er in ihnen das Wort Gottes. *„[...] die, welche euch das Evangelium verkündigt haben im Heiligen Geist, der vom Himmel gesandt ist"* (1. Petrus 1,12). So etwas hatte man noch nie zuvor gehört. Die großen hebräischen Propheten hatten keine Bekehrten gewonnen. Hesekiel sagte, Gott würde die Dinge *„zu Trümmern machen"* (Hesekiel 21,32). Jeremia beklagte am Ende seines Dienstes die schwelenden Ruinen Jerusalems und sah seine Voraussagen auf tragischste Weise erfüllt. Jesus sagte, er würde seinen Geist senden und dieser würde die Welt von Sünde, Gerechtigkeit und Gericht überführen (Johannes 16,7-11). Als Petrus seine erste Predigt hielt, taten 3.000 Menschen Buße und glaubten an den gekreuzigten und auferstandenen Herrn Jesus als den von Gott verheißenen Messias (Apostelgeschichte 2,37f).

Johannes der Täufer, der größte aller Propheten, *„tat keine Zeichen"* (Johannes 10,41). Er war der letzte Prophet des Alten Bundes. Jesus aber sagte, dass selbst die Kleinsten im Reich Gottes größer sein werden als Johannes, weil sie einem neuen Zeitalter angehören, nämlich dem des Heiligen Geistes. Dieser Geist ist der Herr der Wunder. Er wirkt, wenn wir den Kanal dafür zur Verfügung stellen, nämlich das von uns gepredigte, gelebte und geglaubte Wort. *„Was er hören wird, wird er reden"* (Johannes 16,13). Was hörte der Geist Gottes, wo und wann? Er hört auf nichts anderes als auf das **Wort**. Wenn er es hört, spricht er es aus und macht es zu einer dynamischen Aktion. Er hört das Wort, wenn wir es aussprechen, und er verherrlicht Jesus in allem, was das Wort über ihn sagt, sobald wir von ihm reden.

Der Heilige Geist ist der Geist Christi, der schon in den alten Propheten wirksam war: „[…] *der Geist Christi, der in ihnen war*“ (1. Petrus 1,11), „*der Geist Jesu*“ (Apostelgeschichte 16,7), „[…] *des Geistes Jesu Christi*“ (Philipper 1,19). Der Geist Christi gehört selbstverständlich zu Christus, dem Wort, und arbeitet mit ihm zusammen. Jesus erklärte den Jüngern: „*Wenn der Beistand gekommen ist, den ich euch von dem Vater senden werde, der Geist der Wahrheit … der wird Zeugnis geben von mir.*“ „*Wenn ich nicht weggehe, wird der Beistand nicht zu euch kommen; wenn ich aber hingehe, werde ich ihn zu euch senden*“ (Johannes 15,26; 16,7). Er sagte außerdem auch: „*Er wird mich verherrlichen, denn von dem Meinen wird er nehmen und euch verkündigen*“ (Johannes 16,14). Der Geist soll für alle Christen das sein, was Jesus für seine Jünger war: die Anwesenheit Gottes auf der Erde.

Jesus gibt den Geist in voller Harmonie mit dem Vater. Einerseits bittet er den **Vater**, seinen Jüngern einen anderen „**Tröster**“ zu senden (Johannes 14,16). Andererseits sagt Jesus, dass **er** seinen Jüngern den Heiligen Geist senden werde (Johannes 16,7). Doch es ist Jesus, der mit Heiligem Geist tauft. Kein anderer hat die Autorität, den Heiligen Geist weiterzugeben. Wir Christen können zwar Hände auflegen, doch der Heilige Geist kommt von Christus. Wir empfangen den Geist nur für uns selbst und nicht etwa eine Extraportion von ihm, die wir an andere beliebig weitergeben könnten. Johannes schrieb: „*Aus seiner Fülle haben wir alle empfangen eine Gnade um die andere*“ (Johannes 1,16) – nicht aus der Fülle eines anderen. Die Erfüllung mit dem Heiligen Geist (Salbung) ist nicht per ritualisierter Amtshandlung übertragbar, wie es von einigen Kirchen behauptet und praktiziert wird.

Wenn das Wort gepredigt wird, steht der Heilige Geist uns bei. In Philipper 1,18f spricht Paulus darüber, dass das Wort Christi gepredigt wird und dass „*dies mir zum Heil ausschlagen wird* […] *durch den Beistand des Geistes Jesus Christi*“. Das Evangelium ist nicht wie die bloße Vermeldung einer Nachricht, sondern es ist die Kraft Gottes. Wer es glaubt, der merkt selbst, dass er es mit dem lebendigen Gott zu tun hat (Johannes 7,17).

Vor kurzem kam es in Los Angeles zu Stromausfällen. Die Kraftwerke konnten nicht genug Strom erzeugen, um den Bedarf zu decken. Das kann uns zu einigen wichtigen Überlegungen anregen: Die Wissenschaft lehrt uns, dass die Materie des Universums aus Energie besteht. „Masse ist gleich Energie", so lautet die berühmte Gleichung des genialen Physikers Albert Einstein. Jedes Atom ist ein Energiebündel. Die Industrie versucht herauszufinden, wie sie die unendlichen Energieressourcen der Natur anzapfen könnte.

Die Sonne ist ein gigantisches kosmisches Atomkraftwerk. Wissenschaftler wissen, wie sie funktioniert und kennen die physikalische Formel dafür. Aber sie waren bisher nicht in der Lage, die atomare Kernspaltung in unserer Sonne nachzuahmen. Die Probleme sind immens. Der Energiebedarf der ganzen Welt könnte gedeckt werden, wenn der Mensch die Geheimnisse kosmischer Vorgänge erforschen könnte. Die fossilen Brennstoffe auf unserer Erde müssten nicht länger verbrannt und die Atmosphäre nicht länger verschmutzt werden.

Handeln manche Gemeinden nicht auch so? Verwenden sie nicht allenthalben künstliche Kraft anstatt der Kraft des Heiligen Geistes? *„Jede gute Gabe und jedes vollkommene Geschenk kommt von oben herab, von dem Vater der Lichter"* (Jakobus 1,17). Gottes unendliche **geistliche** Ressourcen stehen uns zur Verfügung. Viele Menschen zitieren die Worte Jesu: *„Mir ist alle Macht gegeben im Himmel und auf Erden"* (Matthäus 28,18). Dabei sprechen sie dann über die Allmacht Gottes. Es scheint, dass viele Christen unter einem geistlichen Stromausfall leiden. Paulus schrieb im Blick auf diesen Mangel: „[...] *ich gedenke eurer in meinen Gebeten ..., dass der Gott unseres Herrn Jesus Christus euch die Augen eures Herzens erleuchte ..., damit ihr wisst, was die überragende Größe seiner Kraft an uns, den Glaubenden, ist. Die hat er in Christus wirksam werden lassen, indem er ihn aus den Toten auferweckt hat"* (Epheser 1,16-20).

Manche Gläubige denken, dass es die Größe der Kraft, über die Paulus hier spricht, nur in der Zeit der Apostel gegeben hat. Sie lesen sogar ihre eigenen Gedanken und Theorien in die Heilige Schrift hinein – Ideen, die dort schlicht und ergreifend nicht genannt werden. Es handelt sich dabei um Theorien des Unglaubens, die uns weismachen wollen, dass die Tage der Wunder und Zeichen vorbei seien. Ganze Textpassagen des Neuen Testaments seien nachträglich geschrieben worden, behaupten die ganz schlauen Gelehrten. Das heutige Christentum müsse anders als zu seinen Anfängen vor fast 2.000 Jahren gedeutet und dem modernen Menschen dargestellt werden. Neuerdings lehren sie, dass wir die Bibel nicht dem lebendigen Gott, sondern dem uralten religiösen Schamanentum verdanken.

Andere meinen, die Wunder in jener ersten Zeit seien realer gewesen als die Wunder von heute – als ob der Heilige Geist zwar gekommen wäre, seine Kraft mit der Zeit jedoch nachgelassen hätte. Die Wahrheit aber ist: Die „Stromleitung" ist nicht tot. Wenn wir glauben, was Jesus über sich selbst und über seine Gemeinde sagt, werden wir die Herrlichkeit Gottes sehen. Kritiker monieren, dass Evangelisten bei ihren Zuhörern die Erwartung von Wundern wecken. Das tun aber nicht sie – die **Bibel** tut es!

Manche Christen meinen, sie müssten die Kraft Gottes durch ihre eigene Anstrengung aktivieren. Sie selbst müssten an der Schraube drehen, um den göttlichen Strom zu erzeugen. Sie messen die in ihnen wirkende Kraft an der Anzahl der Stunden, die sie mit Gebet verbringen, an ihrer gefühlten Heiligkeit oder an der Größe ihrer geistlichen Anstrengungen. Sie verwechseln den menschlichen Einsatz mit dem göttlichen Geschenk.

Die Kraftquellen des Kreuzes und der Auferstehung sind niemals versiegt. Jesus ist heute genauso lebendig wie vor 2.000 Jahren, das Wort Gottes noch genauso wahr. Die Wahrheit Gottes ist zeitlos: *„Seine Treue* [Wahrheit] *ist von Geschlecht zu Geschlecht"* (Psalm 100,5). Die Kraft des Heiligen Geistes, die Macht des Blutes Christi, das pulsierende Auferstehungsleben, die Offenbarung Christi zur Rechten Gottes – das alles zusammen ergibt eine mächtige Botschaft, welche dem Glaubenden die Erfahrung der großen Kraft Gottes schenkt.

Gottes Macht ist heute so groß wie in den Tagen der Apostel, und wir brauchen sie heute genauso dringend wie jene. Die Apostel sahen sich mit einer misstrauischen und ungläubigen Welt konfrontiert – genauso wie wir. Sie ließen sich von der Welt nicht beirren – wir auch nicht. Die Welt entbehrte schon immer jeder Hoffnung, war vollkommen ziellos und konnte für das Lebensende nichts anderes bieten als Sarg und Grab. Dagegen waren die Gläubigen zu allen Zeiten in Kraft gekleidet, ihr Verstand war durch Hoffnung erleuchtet und ihr ganzes Leben durchdrungen von der belebenden Kraft des Geistes Gottes. Halleluja!

Allerdings gibt es noch eine simple Tatsache zu bedenken: Ganz gleich wie hoch die Stromleistung ist, wenn wir sie nicht anzapfen, sie nicht freischalten, wird kein Strom in unser Haus fließen. Wir brauchen das, was die Apostel brauchten, und wir werden es bekommen, wenn wir tun, was sie getan haben. Übrigens hat jedes Haus einen Stromanschluss. In den Kabeln fließt die Kraft der Elektrizität in alle Räume. Wo ist unser Stromanschluss? An welcher Steckdose haben wir unseren Stecker festgemacht? Unser Stromanschluss ist das Wort Gottes. Schließen Sie sich an die Leitung an – lesen Sie die Bibel und glauben Sie!

Der Geist und das Wort sind wie die beiden Hände des Vaters, die seinen Willen tun. Wir lesen von der rechten Hand Gottes, aber nichts von seiner linken. Warum? Normalerweise hat unsere linke Hand weniger Kraft, ist nicht so leistungsfähig wie unsere rechte. Gott hat keine schwache linke Hand. Er ist nicht unfähig, wichtigste Dinge auch „mit links" zu vollbringen. Der Psalmist sagt: *„Du hast einen gewaltigen Arm"* (Psalm 89,14). Christus sitzt zur rechten Hand Gottes. Das bedeutet, er **ist** Gottes rechte Hand. Er übt seine ganze Macht aus. Er ist das Wort und durch ihn vollbringt der Heilige Geist Wunder. Vielleicht haben jene jüdischen Gottesgelehrten Recht, die sagen, dass Gott mit seiner linken Hand gleichzeitig Schutz und Segen für sein Volk darreicht.

Gott hat noch nie Schwäche gezeigt. Er hat keinen Schwachpunkt und ist niemals unvorbereitet, unaufmerksam oder gleichgültig. Gottes Kraft verändert sich nicht. Wir können nicht auf das Gaspedal drücken, um

Gottes Kraft zu steigern. Sie ist in der einen Versammlung nicht größer als in der anderen. Jesus sagte nicht: „Wo zwei oder drei beieinander sind, bin ich bis zu einem gewissen Grad zugegen, je nach Atmosphäre." Es gibt nur eine Leistungsstufe: *„Ich, der Herr, habe mich nicht geändert"* (Maleachi 3,6). Er mutet sich selbst nie mehr zu, als seine Liebe tragen kann, und er hält nie etwas für später zurück, bis wir seine väterliche Gunst verdient hätten. Unsere häufig verwendeten Redewendungen, „mehr von Gott" oder „mehr Kraft" haben zu wollen, stehen nirgendwo in der Bibel. Veränderungen der geistlichen Temperatur liegen stets an uns, nicht an Gott.

Wir werden betont dazu angehalten, den Heiligen Geist nicht zu dämpfen. Er wird jedoch gedämpft, wenn wir ohne den Geist oder ohne das Wort predigen: *„Denn der Buchstabe tötet, der Geist aber macht lebendig"* (2. Korinther 3,6). Ohne den Geist sind Predigten nichts als Vorträge, durch die Information weitergegeben wird, die das geistliche Leben der Gemeinde aber außer Acht oder ganz verkümmern lassen. Manche Prediger sprechen mit der Gemeinde wie Ärzte mit kranken Patienten, anstatt die Flammen der Leidenschaft von Glauben, Hoffnung und Liebe anzufachen. Natürlich produzieren körperlicher Einsatz und laute Stimmen nicht den Heiligen Geist. Aber genauso wenig weckt eine „verkopfte" Haltung und liturgische Genauigkeit irgendeinen geistlichen Impuls bei den Zuhörern.

Der Herr hat nichts gegen Eigenheiten in Gestik und Ausdruck, wenn dadurch seine Freude sichtbar wird. Er interessiert sich jedoch nicht für simulierte Effekte am Altar oder auf der Kanzel. Er weicht ausgeklügelten Predigten, manipulierender Psychologie, egoistischen Tricks und demagogischem Gehabe ohne Kommentar aus. Der Geist Gottes kommt mit dem Wort. Jede Seite der Bibel liefert Material für fünfzig Predigten. Warum sollten wir die Reste unserer Vorratskammer für unsere Predigten verwenden? Ich meine die komplizierten Konzepte. *„Predige das Wort"* heißt es immer wieder – es ist eine niemals versiegende Quelle.

Der Anfang einer Predigt besteht darin, dass ein Mensch für sich selbst die Bibel aufschlägt und beim Lesen eine Erfahrung mit dem Geist Gottes hat. Wenn sich Ihnen das Wort eröffnet, werden Ihre Erfahrungen mit Gott zur Predigt. Das nennt sich Salbung – eine geistliche Erfahrung, um die Engel uns vielleicht beneiden. Sie ist so wunderbar, dass sie eher Engeln gestattet sein sollte als uns. Ein Wort der Bibel wirklich zu verstehen, ist die größte Freude für einen Christen. Das geschieht immer auch dann, wenn wir Zeugnis geben von dem inneren Reichtum der Erlösten. Auch das ist genauso erfüllend und befriedigend wie jedes Wort der Bibel, das uns durch den Heiligen Geist aufgeschlossen wird.

## Fragen

1. Warum haben die Kirchen den Heiligen Geist so lange vernachlässigt?
2. Der Geist wartet auf das Wort.
   Können Sie drei Beispiele dafür nennen?
3. Welches ist das beste Beispiel für die Wechselwirkung zwischen dem Wort und dem Geist Gottes?

*Über wen sollte Jesus denn als König der Könige regieren,*

*wenn alle Ungeretteten gerichtet würden und sterben müssten?*

*Sein Kommen wird den Nationen zum Segen sein*

*und sie werden sich dann zu Gott bekehren.*

# Zusammenfassung

*„Dann wird das Ende kommen."*
Matthäus 24,14

Die materielle Welt existiert nicht nur für eine begrenzte Zeit. Wenn diese jetzige Erde vergeht, wird es eine neue geben. Menschliche Wesen sind besondere Geschöpfe aus Körper und Geist, und das werden sie auch in der Auferstehung sein. Es wird genau so sein, wie bei Jesus, der auch in künftigen Äonen weiterhin der Menschensohn bleiben wird. Die Schöpfung ist Gottes ganzer Stolz – für immer.

Jesus, der Sohn Gottes, wird als Sohn des Menschen auf diese Erde zurückkehren (Markus 13,26, Matthäus 24,37). Als er unsere Welt bei seiner Auffahrt in den Himmel physisch verließ, erklärten die Engel den Jüngern: *„Dieser Jesus, der von euch weg in den Himmel aufgenommen worden ist, wird so kommen, wie ihr ihn habt hingehen sehen in den Himmel"* (Apostelgeschichte 1,11). Unser Herr ist Teil der physischen und materiellen Schöpfung geworden – die doch seine eigene Schöpfung ist.

Durch seine Menschwerdung kam er das erste Mal auf die Erde, als Gott in einem menschlichen Körper. Das zeigt uns, dass Gottes sichtbare, materielle Ordnung durchaus von Bedeutung ist: Gott begegnet uns nicht nur als geistigen Wesen, sondern als menschlichen Wesen aus Fleisch und Blut. Die Welt sah mit eigenen Augen, wie Jesus Christus unsere Erlösung sichtbar errungen hat. Seine Leiden durch reale körperliche Anstrengung, durch sein flehentliches Gebet und durch das Vergießen seines echten Blutes an einem wirklichen Kreuz wurden von den Menschen in Jerusalem objektiv wahrgenommen. Der Jesus, den man tot vom Kreuze nahm, war derselbe, der aus dem Grab des Todes auferstand. Er war der echte Jesus aus Fleisch und Blut wie wir. Die Erde ist Gott nicht fremd. Er ist hier genauso zu Hause wie im Himmel. *„Die Erde ist des Herrn und ihre Fülle"* (1. Korinther 10,26).

In diesem Buch wurde erklärt, dass das Evangelium dem Körper und der Seele gilt, sowohl physisch als auch geistlich. Die sichtbare Welt ist so aufgebaut, dass geistliche Kräfte in ihr wirken können. Wunder sind möglich, weil Gott sie bei der Schöpfung eingeplant hat. Die Erde wurde als kosmischer Ort erschaffen, an dem Gebet erhört wird. Und das Gebet war von Anfang an ein Teil des göttlichen Plans für das korrekte Funktionieren unserer wunderbar gemachten Welt.

Ein einzelner Mensch ist nicht in der Lage, die Welt zu retten. Seit Beginn unseres 21. Jahrhunderts wächst die christliche Botschaft so rasant, dass inzwischen rein statistisch jeder zehnte Mensch auf dieser Erde Christ ist. Es ist möglich, die ganze Welt zu evangelisieren. Also dann, Hand ans Werk – unser Ziel ist schon in Sicht! Gott wird mit uns sein.

Wenn Menschen nicht beten, befinden sie sich außerhalb der Realität des Universums. Die Welt ist auf Gottes Ordnung aufgebaut. Wir Menschen haben die Macht, in der Natur Dinge zu verändern, ohne Unordnung zu schaffen. Und Gott kann das noch viel mehr. Unser Gebet bewegt die Hand Gottes, die die ganze Welt bewegt. Das ist die Ordnung, nach der Dinge zwischen Gott und uns Menschen ablaufen.

Jesus kehrt in unsere Welt zurück, weil er hier als Mensch geboren wurde, hier geatmet und gegessen hat, und weil sein Blut diese unsere Erde getränkt hat. Die Erde ist die Heimat des Menschensohns, und er ist überall dort zu Hause, wo Menschen ihn lieben. *„Wenn jemand mich liebt, wird mein Vater ihn lieben, und wir werden zu ihm kommen und Wohnung bei ihm machen“* (Johannes 14,23).

Man kann nicht ein Evangelium predigen, das einzig und allein die gute Nachricht über den Himmel enthält, und dann wiederum über Jesus sprechen, der auf die Erde zurückkehren und hier regieren wird.

Als die Pfingstbewegung begann, brachte sie ein revolutionäres Bibelverständnis mit sich. Die Sprache der Christen war zu jener Zeit sehr fromm. Man sprach besonders gerne über „Gnade“ als eine Art unpersönliche mystische Kraft. Nur Gnade konnte Geistliches bewirken. Die seltsamen Ereignisse der „Erweckung“ waren auf die geheime Wirkung der Gnade zurückzuführen. Wenn ein Mensch sich zu Gott bekehrte, war auch das das Werk der Gnade.

Aber die Pfingstler erzählten uns vom Heiligen Geist. Und dieser wiederum ist uns seit jeher bekannt als die dritte Person des dreieinigen Gottes. Es ist deren Auftrag, auf der Erde zu wirken, und das ausgesprochen übernatürlich. Denn Jesus wirkte sowohl in der geistlichen als auch in der physischen Dimension des Lebens, als er auf der Erde war. Als er zum Vater zurückging, übernahm der Heilige Geist diese Aufgabe.

Satan würde uns nur zu gerne einschläfern, während wir auf Jesus als den Bräutigam warten. Schon zu den Zeiten des Petrus fragten die Menschen: *„Wo ist denn nun euer Christus. Hat er nicht versprochen, dass er wiederkommt?“* (2. Petrus 3,4 Hfa). Petrus erinnerte sie daran, dass für Gott die Zeit keine Rolle spielt. Für ihn sind tausend Jahre wie ein Tag. Jesus wird dann kommen, wenn es der Vater für richtig hält. Er ist nicht an einen bestimmten Zeitplan gebunden. Sein Kommen ist nicht der Endpunkt einer langen Reihe von bestimmten Zeichen der Endzeit. Denn das Reich Gottes existiert parallel zu unserer Welt, und Jesus kann jederzeit auf die Bühne unseres Weltgeschehens treten.

Jesus warnte uns und sagte, dass vor seiner Rückkehr Verwirrung aufkommen und falsche Lehrer auftreten würden – falsche Propheten und falsche Messiasse. Die herrliche Wahrheit der Rückkehr Jesu auf die Erde ist von Menschen missbraucht worden. Man hat entsetzliche, in der Zukunft liegende Geschehnisse prophezeit, hat Termine errechnet, Szenarien vorausgesagt und wortgewandt beschrieben. Der Zeitpunkt seiner Rückkehr wurde schon oft festgelegt, und wenn dieser nicht eintraf, wurde einfach ein neues Datum „errechnet“.

Die geheimnisvollen Symbole im Text des letzten Buches der Bibel, der Offenbarung, haben zahlreiche fantastische Deutungen hervorgebracht.

Viele haben sich selbst zu Propheten erklärt und die Prophetien der Heiligen Schrift auf sich gemünzt. Immer neue religiöse Bewegungen entstanden auf der Grundlage von Vorhersagen des zweiten Kommens Jesu. Sie basieren allerdings auf reinen Spekulationen und ihre Vertreter versuchen die grundlegenden Fehler ihrer Theorien so zu manipulieren, dass sie von ihnen trotzdem aufrechterhalten werden können.

Die Welt ist reif für ein böses Erwachen. Derzeit ignoriert besonders die westliche Welt die Werke des Heiligen Geistes. Die Medien finden immer eine Lücke in ihren Kolumnen und Sendungen, um noch einen seichten Beitrag oder eine kurzlebige Show einzubauen. Über einen Mord kann stundenlang berichtet und gesprochen werden. Aber dem, was Gott tut, wird auch nicht ein Funke Aufmerksamkeit geschenkt.

Man macht die Bibel mundtot, als ob sie ein gefährliches Buch wäre. Das ist sie allerdings für ungläubige Menschen tatsächlich, wenn sie darin lesen. Denn das Wort Gottes dringt in die Herzen und Gewissen der Menschen. Doch wer liest die Bibel noch? Jesus sagte: *„Wenn der Menschensohn kommt, wird es auf der Erde zugehen wie zur Zeit Noahs. Selbst als Noah in die Arche stieg, glaubten die Leute nicht an das Unheil, bis die Flut sie alle mit sich riss“* (Matthäus 24,37-39). Die Menschen sind freiwillig ignorant und das Kommen Jesu wird sie vollkommen überraschen.

Wie wir in einem der vorangegangenen Kapitel dargelegt haben, wird Jesus zurückkehren und seine segnenden Hände über unserer Erde ausstrecken. Die Behauptung, dass er bei seiner Rückkehr all jene vernichten wird, die nicht an ihn geglaubt haben, steht so nicht in der Bibel. Als er das erste Mal in freiwilliger Niedrigkeit kam, geschah das nicht, um Menschenleben zu vernichten, sondern um sie zu retten: *„Gott hat seinen Sohn nicht in die Welt gesandt, dass er die Welt richte, sondern dass die Welt durch ihn gerettet werde“* (Johannes 3,17).

Über wen sollte Jesus denn als König der Könige regieren, wenn alle Ungeretteten gerichtet würden und sterben müssten? Sein Kommen wird den Nationen zum Segen sein und sie werden sich dann zu Gott bekehren. Wem sollte er Frieden bringen, wenn nicht den Menschen aller Völker und Nationen auf der ganzen Welt? Isaak Watts schrieb zu Recht:

*Wo er regiert, fließt Segen in Strömen.*
*Der Gefangene wird von Fesseln befreit,*
*die Müden finden ewige Ruh,*
*und alle Bedürftigen werden gesegnet.*[1]

Das ist in der Tat die Verheißung seines Kommens. Ich sage „in der Tat", weil Jesus Christus gestern, heute und in Ewigkeit derselbe ist. Er ist die große Liebe in unser aller Leben. Wenn ungläubige Menschen predigen, dass Jesus nicht mehr derselbe ist, dass er nicht mehr heilt, nicht mehr im Geist tauft und den Menschen keine Gaben mehr schenkt, dann ist das eine falsche Lehre. Es würde bedeuten, dass Jesus nicht mehr derselbe ist und sein Versprechen nicht gehalten hat. Dann könnten Menschen nicht mehr länger erwarten, dass er mit seinem Segen kommt, um sie zu retten. Dann hätten sie und wir mit ihnen keine Zukunft mehr. Allerdings setzen wir unsere ganze Hoffnung auf Jesus, auf seine barmherzige Fürsorge für seine Menschen. Er ist der Gott der Hoffnung.

Die pfingstlich-charismatische Erweckungsbewegung will uns auf den wiederkehrenden Jesus vorbereiten. Wir wissen genau, welche Art König er ist. Denn durch seinen Geist wird sein Kommen schon jetzt durch Werke der Barmherzigkeit und der Kraft angekündigt. Das ist der Jesus, auf den wir warten und der Jesus, der seine Rückkehr keine Sekunde länger als nötig hinauszögern wird. Er sagt, dass er plötzlich kommen wird, und so wird es auch sein.

Allerdings wird kein Mensch ungeschoren davonkommen. In seinen Gleichnissen vom Reich der Himmel in Matthäus 13 sagt Jesus, dass die Engel sein Königreich durchstreifen werden. Die Bösen werden sie

[1] Englisches Original: Blessings abound wher´er he reigns; the prisoner leaps to loose his chains, the weary find eternal rest, and all the sons of want are blest.

daraus entfernen und jede Institution des Bösen und der Ungerechtigkeit wird vernichtet werden. Wenn Menschen das Evangelium gehört haben und es ablehnen oder mit Gott Schindluder treiben, werden seine Worte ihnen kein Trost für die Zukunft sein. Dort wo das Evangelium jede Woche gepredigt wird und die Menschen gleichgültig daran vorbeilaufen, wird das göttliche Gericht sehr viel strenger sein. Denn obschon sie das Licht haben konnten, blieben sie weiter in der Dunkelheit. Darum wird Dunkelheit auf sie warten, wenn Jesus kommt.

Das zweite Kommen Jesu Christi ist die bleibende Grundlage für Evangelisation. Als die ersten Prediger sich auf den Weg machten, war diese Botschaft von zentraler Bedeutung für sie. Petrus predigte das Kommen Jesu in der ersten Evangeliumspredigt aller Zeiten. Und Paulus tat es vor den Machthabern der Religion und des Staates sowie vor den Intellektuellen Athens. Dieser Apostel verbrachte drei Wochen bei den Thessalonichern und lehrte sie. Aus den Briefen, die er ihnen danach schrieb, ist ersichtlich, dass die Rückkehr Christi wesentlicher Bestandteil seiner Botschaft war. Gleich am Anfang ihres Glaubenslebens erfuhren die ersten Christen, dass Jesus wieder auf die Erde zurückkommen wird. Die letzte Botschaft der Bibel, die alles zu einem einheitlichen Ganzen zusammenfügt, lautet: *„Ich komme bald“* (Offenbarung 22,20).

Wer das Wort Gottes predigt, findet eine ganze Reihe von Bibelversen über die Wiederkunft Jesu. Sie ist ein unverzichtbarer Bestandteil der Guten Nachricht. Darum predigen wir das Wort zu gelegener und zu ungelegener Zeit. Mögen wir dadurch mit allen uns möglichen Mitteln „einige“ unserer Mitmenschen retten! Gott kann machen, dass es viele werden.

Jedes einzelne Kapitel dieses Buches – mein drittes Buch über das Thema Evangelisation – wurde mit der Absicht geschrieben, so viele Aspekte der Wahrheit des Evangeliums wie möglich aufzuführen. Sie sollen den Mann oder die Frau Gottes ausrüsten, sollen ihm und ihr eine umfassende, fundierte Botschaft in den Mund legen, sie stärken und ihren Glauben beleben.

Ein einzelner Mensch ist nicht in der Lage, die Welt zu retten. Selbst die größten Evangelisten und Missionare aller Jahrhunderte wussten sich von gläubigen Mitchristen getragen und ermutigt. Doch zu Beginn unseres 21. Jahrhunderts wächst die christliche Botschaft rasant, so dass inzwischen rein statistisch jeder zehnte Mensch auf dieser Erde ein bekennender Christ ist. Es ist technisch möglich, die ganze Welt zu evangelisieren. Also dann, Hand ans Werk – unser Ziel ist schon in Sicht! So wollen wir voll des Geistes und voll Glaubens sein und uns vor niemandem fürchten. Gott wird mit uns sein.

*Mein Herr Jesus, hilf mir zu verstehen, welch ein Vorrecht und welch eine Freude es ist, mit dir gemeinsam durch den Heiligen Geist die Werke des Vaters zu tun. Gib mir dein Wort in seiner lebendigen Form, damit ich es mit meinem Leben zeigen und diese dunkle Welt erhellen kann. Ich möchte das sein, was du möchtest, dass ich sein soll. Ich weiß, dass wir Gläubige deine einzigen aber auserwählten Werkzeuge sind, durch die du deine Wunder wirkst. Amen!*

*Glücklich der Mann,*

*der nicht folgt dem Rat der Gottlosen,*

*den Weg der Sünder nicht betritt und nicht im Kreis der Spötter sitzt,*

*sondern seine Lust hat am Gesetz des Herrn und*

*über sein Gesetz sinnt Tag und Nacht!*

*Er ist wie ein Baum, gepflanzt an Wasserbächen,*

*der seine Frucht bringt zu seiner Zeit,*

*und dessen Laub nicht verwelkt;*

*alles was er tut, gelingt ihm.*

Psalm 1,1-3

# Überleitung zu Band 2

Es gibt nicht die „richtige“ Art und Weise zu evangelisieren, es gibt nur richtige Prinzipien, solche, die im Neuen Testament zu finden sind. Der Apostel Paulus sagte: *„… damit wir auf alle Weise einige erretten.“* Ob etwas „richtig“ ist, merkt man daran, dass der Heilige Geist es zu seinem Streitwagen macht, d. h. dass Gott dadurch Menschenherzen öffnet.

Es ist bedauerlich, dass bestimmte Methoden beinahe schon sakrosankt geworden sind. Wir können über althergebrachte Methoden diskutieren oder neue ausprobieren, wenn wir nur nicht den Fehler begehen, die Maschine an sich mehr zu umhegen und zu bewundern als das Produkt. Es ist nicht dasselbe, ob einer treu oder phlegmatisch ist. Treusein als Christ bedeutet, der Botschaft Jesu treu zu sein. Die Umstände verlangen von uns vielleicht einen neuen oder radikalen Glaubensschritt, etwas, was riskant sein kann. Aber unser grundlegendes Ziel muss immer sein, überall Menschen mit der Botschaft der Errettung zu erreichen und sie mit der Liebe Jesu zu berühren.

Ich bin manchmal vom Scharfsinn der heutigen weltweiten Gemeinde Jesu beeindruckt. Gleichzeitig wird mir bewusst, dass bloßer Scharfsinn auch nichts weiter als eine intellektuelle Übung – am eigentlichen Leben vorbei – sein kann. Im Gegensatz dazu steht die meist sehr harte Arbeit auf dem Erntefeld. Leider wird in vielen Fällen zu viel gedankliche Energie in doktrinäre Spitzfindigkeiten, technische Verfahren und das Üben der philosophischen Debatte investiert. Wenn wir alle hinausgehen sollen, damit wir *„einige erretten“*, ist es natürlich ganz legitim, sich über das Wie der Verkündigung Gedanken zu machen. Begabung und Scharfsinn sind willkommen und haben eine wichtige Rolle bei der Predigt des Evangeliums. Problematisch wird es allerdings dann, wenn unsere Bemühungen nicht darüber hinausgehen, sondern bei der Klärung der Vorgehensweise stehen bleiben.

Dieses zweibändige Werk besteht aus 32 Kapiteln. Ursprünglich war es nur als ein Band gedacht, aber bald war klar, dass das Thema von Himmel und Hölle, von Errettung und Verlorensein, so viel Material ergibt, dass ein zweiter Band erforderlich war. Es gibt so viele Bereiche, die eng mit der Verkündigung des Evangeliums verbunden sind. In diesen zwei Büchern ist das enthalten, was ich in mehr als 30 Jahren leidenschaftlicher und engagierter Arbeit gelernt habe. Mein einziges Ziel war immer, Männer und Frauen in das Reich Gottes zu bringen und sie für die Mitarbeit in Gottes Reich zu motivieren.

Diese unsere Arbeit kann sehr viel befriedigender sein, wenn wir verstehen, was wir da eigentlich tun; wenn wir unsere Aktivitäten anhand der Maßstäbe messen, die das Wort Gottes selbst aufstellt. Das Wort so beleuchtet zu bekommen, wie es in diesen Kapiteln geschieht, bewirkt erfahrungsgemäß eine große Effizienz. Der erste Psalm verspricht dem Gläubigen: *„Alles, was er tut, gelingt ihm."* Über wen spricht der Psalmist hier? Die vorangegangenen Verse haben die Person bereits identifiziert – es ist der Mensch, der über dem Wort meditiert, der es in seinem Herzen bewegt.

Mehr davon im zweiten Band:

**Evangelisation mit Leidenschaft**

*Den Auftrag erfüllen*

# Notizen

# FULL FLAME

## FILMSERIE

*Christus für alle Nationen*, das Missionswerk des international tätigen Evangelisten Reinhard Bonnke, hat in Zusammenarbeit mit *E-R Productions* diese außerordentliche Filmserie produziert.

Das Ziel dieser Filme und des dazugehörigen Arbeitsmaterials ist es, in jedem Gläubigen ganz neu eine Flamme der Leidenschaft zu entfachen, um das Evangelium in die ganze Welt hinauszutragen.

Die dramaturgische Umsetzung der Inhalte dieser außergewöhnlichen Filmserie ist das Werk eines hoch qualifizierten Expertenteams, das erstmals für ein derartiges Projekt zusammengearbeitet hat.

Durch eine gelungene Kooperation zwischen den Universal Studios Florida Productions Group, den American Zoentrope Studios, den Abbey Road Studios und dem London Philharmonic Orchestra entstand ein filmisches Meisterwerk, von dem christliche Gemeinden weltweit profitieren werden.

## 8 begeisternde und inspirierende Wochen für Ihre Gemeinde.

**Gemeinde-Paket**

für 48 Teilnehmer

**Hauskreis-Paket**

für 12 Teilnehmer

## Inhalt des Gemeinde-Paketes:

4 Sets mit je 4 DVDs
4 Leiterhandbücher
48 Teilnehmerhefte
1 Sonderausgabe des Buches „Gegen die Zeit"
1 CfaN-Bonus-DVD
1 Info-Set

ISBN 978-3-937180-64-9

## Inhalt des Hauskreis-Paketes:

1 Set mit 4 DVDs
1 Leiterhandbuch
12 Teilnehmerhefte

ISBN 978-3-937180-66-3

Weitere Informationen:

**fullflame.net**
www.fullflame.net

**Gottes Wort in der Disco?**
**Blinder wird sehend**
**Rollstuhl ade!**

Inhalt:

1. Heilung eines Taubstummen
2. Ein Disco-Betreiber predigt
3. Eine Gelähmte kann wieder gehen
4. Ein Blinder kann wieder sehen
5. Geheilt von lähmenden Schmerzen
6. Dämonische Mächte gebrochen
7. Vom Tod zurück ins Leben
8. Jesus bekennen im Angesicht des Todes

ISBN 978-3-937180-07-6

„Du bist ein Gott, der Wunder tut" lautet das Fazit dieser DVD. Anhand von Interviews werden 7 Heilungswunder und eine Totenauferweckung dokumentiert und von Evangelist Reinhard Bonnke kommentiert. Besonders beachtenswert ist eine Märtyrer-Geschichte aus unseren Tagen, die deutlich macht, dass Christen bereit sind, noch im Angesicht des Todes Jesus Christus als ihren Herrn zu bekennen.

In 30 Jahren seines evangelistischen Dienstes erlebte Reinhard Bonnke zahllose Wunder. Er gibt Gott allein die Ehre für dessen übernatürliches Eingreifen im Leben so vieler Männer und Frauen, die einfach dem Wort Gottes glaubten.

Wie echte, tiefe Freude, die uns erfüllt ...

Freude ist etwas Wunderbares, das Gott durch seinen Heiligen Geist in uns immer mehr wachsen lassen will – denn Freude gehört zur Frucht des Geistes (Galater 5,22).

Jesus will uns Freude geben, die nichts und niemand rauben kann. Lassen Sie sich von den „erfreulichen“ Botschaften von Evangelist Reinhard Bonnke ermutigen.

CD 1 **O** Die ersten Christen – unser Vorbild
CD 2 **O** Göttliche Prägung
CD 3 **O** Was Gott verspricht
CD 4 **O** Gottes Regeln für Erfolg
CD 5 **O** Wie kann Jesus sichtbar werden?

**Set mit 5 CDs** • ISBN 978-3-937180-57-1

Wie ein Blick nach oben ...

Nichts ist glaubensstärkender und erbaulicher, als auf Jesus zu schauen, den Anfänger und Vollender unseres Glaubens (Hebräer 12,2).

Wenn wir ihn im Blick haben, kommen alle Dinge in die richtige Relation.

Die kompromisslosen Botschaften von Evangelist Reinhard Bonnke weisen auf Jesus hin. Lassen Sie sich für ihn begeistern.

CD 1 **O** Gerufen und gesandt
CD 2 **O** Gewinn und Verlust
CD 3 **O** Gottes überragende Pläne
CD 4 **O** Das Grab ist leer
CD 5 **O** Jesus – keiner ist wie du!

**Set mit 5 CDs** • ISBN 978-3-937180-56-4